中华经典藏书

郭丹 译注

左传

中华书局

图书在版编目（CIP）数据

左传/郭丹译注. —北京：中华书局, 2016.3（2025.8重印）
（中华经典藏书）
ISBN 978-7-101-11559-8

Ⅰ.左… Ⅱ.郭… Ⅲ.①中国历史-古代史-编年体②《左
传》-译文③《左传》-注释 Ⅳ.K225.04

中国版本图书馆 CIP 数据核字（2016）第 032844 号

书　　名	左　传	
译 注 者	郭　丹	
丛 书 名	中华经典藏书	
文字编辑	王水涣	
责任编辑	刘胜利	
装帧设计	毛　淳	
责任印制	管　斌	
出版发行	中华书局	
	（北京市丰台区太平桥西里 38 号　100073）	
	http://www.zhbc.com.cn	
	E-mail：zhbc@zhbc.com.cn	
印　　刷	高教社（天津）印务有限公司	
版　　次	2016 年 3 月第 1 版	
	2025 年 8 月第 14 次印刷	
规　　格	开本/880×1230 毫米　1/32	
	印张 14⅜　插页 2　字数 230 千字	
印　　数	157001-161000 册	
国际书号	ISBN 978-7-101-11559-8	
定　　价	29.00 元	

前　言

　　《左传》是《春秋》三传之一，大概成书于战国中前期。西汉时期，《左传》曾立为学官，后几经废立，成为"十三经"中的一部。作为儒家经典中的一部，过去常把它看成是经书。它记载了春秋时期二百四十多年的历史，又是一部重要的史书。经书也好，史书也好，《左传》对传统文化的影响是巨大的。

承载着传统文化中众多价值观的经典

　　《左传》所记载的春秋时期，是一个急剧变化的时代，也是思想大解放的时代。许多先进思想和价值观，在《左传》里面得以体现。民本思想，《左传》中最为鲜明。《尚书》已有"敬天保民"的思想，强调"天视自我民视，天听自我民听"，"民之所欲，天必从之"。（《尚书·周书》）但是，到了春秋时期，全盛于殷商、西周时代的天道观已经动摇，人们对"天""人"关系作出新的解释，从重视天道转而重视人事，以民为本的思想越来越突出。桓公六年随国大夫季梁说的"夫民，神之主也。是以圣王先成民而后致力于神"，就是突出的代表。虽然还有一个"神"在，但季梁提出"敬神保民"，实质是借"敬神"来表达他的"保民"理论。敬神告神，都离不开民力、民和、民心；只有民力普存、民和年丰、民心无违，才能取信于神，也才能取得神的福祐。民心向背、得民与否也是战争胜败的决定因素，曹刿论战揭示的就是这个道理。春秋中期以后，有关"保民"、"爱民"、"得民"、"恤民"、"成民"、"抚民"、"利民"的论述越来越多，哀公元年认为"国之兴也，视民如伤，是其福也。其亡也，以民为土芥，是其祸也"，都说明民本思想越来越为统治者和进步思想家所重视，成为人们普遍的价值观念。今天我们提倡"以人为本"，正是对以民为本传统思想极好的弘扬。

《左传》昭公十二年记载了晏子论"和同"的一段话。晏子所论之"和""同"，从哲学意义上来说，是具有朴素辩证法思想的一对范畴。晏子认为，"和"与"同"异。"和"是指众多相异事物的相成相济，即集合许多不同的对立因素而成的统一，譬如调羹："水、火、醯、醢、盐、梅以烹鱼肉，燀之以薪，宰夫和之，齐之以味，济其不汲，以泄其过。君子食之，以平其心。""同"是指同一事物的简单相加，简单的同一。所以"和"是对立统一，"同"则是单一。"和"就是要适中，要和谐。各种相异的对立的东西相成相济，达到适中，才能和谐统一。晏子论"和""同"，体现了对事物一与多、单纯性与丰富性多样性的统一认识。"和""同"思想的提出，对于建构和谐社会，有重要的启发意义。

《左传》还记载了"大上有立德，其次有立功，其次有立言"即所谓的"三不朽"说（襄公二十四年）。此说首先是崇尚道德，把道德作为最高的价值取向。其次倡导建功立业，为国家做出贡献。再次是建言立说。"立言"之不朽，应该在"立德"、"立功"的基础之上，"立言"与其时代价值和社会功利是紧密相连的。"立言"之不朽，显示了人们对于言论和思想教育重要性的认识。

此外，还有如"民生在勤，勤则不匮"（宣公十二年）、"多行不义必自毙"（隐公元年）、"居安思危。思则有备，有备无患"（襄十一年）、"人谁无过，过而能改，善莫大焉"（宣公二年）、"骄奢淫逸，所自邪也"（隐公三年）、"俭，德之共也；侈，恶之大也"（庄公二十四年）、"为政者不赏私劳，不罚私怨"（昭公五年）、"兄弟虽有小忿，不废懿亲"（僖公二十四年）、"苟利社稷，死生以之"（昭公四年）等等，无不体现出传统文化中影响深远的价值观，和中华民族生生不息的精神追求与崇高的精神原动力。

开创了宏大历史叙事的先河

朱自清说："《左传》不但是史学的权威，也是文学的权威。"（《经典常谈·春秋三传第六》）"史学的权威"，在于《左传》开创了宏大历史叙事的先河。

首先，《左传》是一部"言事相兼"（刘知几语）的史著。《汉书·艺文志》说，古代"君举必书，所以慎言行，昭法式也。左史记言，右史记事，事为《春秋》，言为《尚书》，帝王靡不同之。"《尚书》重在记言，《春秋》专于记事，单一的记言或记事，共同的缺陷就是忽视了历史发展的主体——人。而《左传》却摈弃了单一的记言或记事的"古法"，博考旧史，广采佚闻，集记言记事于一身，以"言事相兼"的崭新面貌呈现在世人面前。

恩格斯说："有了人，我们就开始有了历史。"人是"一切社会关系的总和"。历史是人的社会实践留下的轨迹。人是历史实践的主体，也是历史认识的主体。《左传》有意识地集中写出形形色色的历史人物，上至天子诸侯、王公卿相，下至行人商贾、皂隶仆役，共有三千多个，写得特别出色的有一百多人。其中有春秋五霸、吴王阖闾、楚灵王等诸侯君王，赵盾、子产、晏婴、伍员等臣子，还有许多妇女人物和下层人物。《左传》作者不但详细地写出这些人物的活动，而且揭示他们在春秋时期历史进程中的作用，赋予人物鲜明的历史意义。《左传》全方位的写人，它相对于"言事分纪"的《尚书》和《春秋》，在史学方法论上是一个质的飞跃。梁启超称赞说"左丘可谓商周以来史界之革命也，又秦汉以降史界不祧之大宗也"。（《中国历史研究法》）在认识论上，它还可以给人们一个启示，即文学是人学，史学也是人学。

我们说《左传》开创了宏大历史叙事的先河，还在于它全方位的展现了历史。它把春秋时期从王纲解纽、诸侯蜂起，到大夫专权、陪臣执国命，直至家臣篡夺的整个过程都详细描述出来。春秋初年的郑庄公小霸，敢与周王争锋，宣告周天子王权下落、王纲解纽的开始。其后齐桓公尊王攘夷，晋文公一战而霸，秦穆公独霸西戎，显示出诸侯霸权的迭兴。而后"三桓"擅权鲁国，四分公室，却不料阳虎崛起，一个下人家臣击碎了季孙氏篡权的美梦。从西周沿续下来的以嫡长子继承制为核心的宗法制，随着社会生产力的发展受到了冲击和挑战，意识形态里传统的宗法思想和君臣观念遭到了普遍的冲击。《左传》揭示了春秋时期权力下移思想观念急剧变化的详细过程。

春秋时期是诸侯争霸的时代，因此战争不断。《左传》全书中共记录了四百九十二起战争，写得较详细的大战有十四次，如韩原之战、泓之战、城濮之战、殽之战、邲之战、鞌之战、鄢陵之战、柏举之战等，详细叙写了战争中的奇计与谋略，这些奇计与谋略，可以成为孙子兵法的实践注脚，有的在今天也有启发意义。

《左传》还展现了春秋时期社会生活的方方面面。我们从《左传》的记载中，可以看到周王室到诸侯宫廷中的日常生活、宫闱斗争，甚至夫妻密谈、床笫之语。春秋时期诸侯国之间外交频繁，《左传》对盟会制度，包括礼乐制度，外交中的赋诗用诗，都记载得详细而生动有趣。此外，像妇女生活，宗法制度，典章文物制度，皂隶制度，坐贾行商，无不应有尽有。

还应该注意到的是，《左传》是一部儒家经典。《春秋》三传之中，《左传》开创了以史实解经的先河。《春秋》三传，指的是《左传》、《公羊传》与《榖梁传》。《公》《榖》二传，通篇设为问答体，着重开发《春秋》经文中的微言大义，不注重叙述史实。《左传》解释《春秋》，以叙事为主，通过历史事实的记述，让人们理解《春秋》的内涵。这种以史实说话的解经方式，对于理解孔子《春秋》的微言大义，更有说服力。对后世的经学研究产生很大影响，如南宋的吕祖谦，其研读《左传》，虽还恪守先经后史的原则，却是更重视《左传》中的史学价值。

文学的权威

说《左传》是文学的权威，是说它同时是一部杰出的文学著作。《左传》的文学价值，得到了多少后人的击节赞赏。严复、夏曾佑曾说："书之纪人事者谓之史。"就此而言，文学和史学找到了它们的契合点。

《左传》是以人物、情节与细节来解释历史的。《左传》作者记载历史，非常注重情节。一个情节常常是一则有趣生动的小故事，众多的情节构成了历史事件，犹如花团锦簇，琳琅满目，读之趣味盎然。如晋文公重耳流亡这一春秋中前期重要的历史事件，就是由奔狄、季隗待子、乞食野人、醉遣、观裸、过郑、答楚、谢罪怀嬴、河边誓舅、寺人披进见、介之推不言禄等一系列的情节构成。（《左传》僖公二十三、二十四年）尽管许多情节的叙述非常简略，但是情节的链条却非常清晰。这一连串的情节，还为日后晋文公的称霸诸侯以及所采取的内政外交政策埋下伏笔。这些情节又是历史发展过程中不可少的一环。于是情节成为解释历史运动过程的工具。

《左传》写战争，也是以情节取胜的，由众多的情节组成波澜壮阔的战争场面，并且写出人在战争中的活动。这就使战争描写更具有小说意味。托尔斯泰在谈他写《战争与和平》时说：艺术家要写战争，就应"描写千万个人的动作"。《左传》作者正是这样的艺术家。

《左传》叙事写人的文学手法，可谓应有尽有。如文学手法中的细节描写，桓公二年，华父督路遇孔父之妻，作者用"目逆而送之，曰：'美而艳'"来表现华父督对孔父之妻的贪色丑态；用"染指于鼎，尝之而出"的细节，写公子宋未能吃到

前言

五

鼋羹的羞怒；用"投袂而起，屦及于窒皇，剑及于寝门之外，车及于蒲胥之市"等动作写楚庄王狂怒之状，都是以细节写人的精彩之笔。此外，善于在激烈的矛盾冲突中叙事写人，白描手法，人物心理描写，对比烘托，皆臻善境。《左传》作为史传文学中杰出的一部作品，直接影响到后世的小说创作。钱锺书称赞的"纯乎小说笔法"（《管锥编》第一册）在《左传》中比比皆是，像昭公元年的"郑徐吾犯之妹美"的描写，简直是最早的三角恋爱小说。

《左传》中的外交辞令，历来被人们所称道，刘知几说它是"其文典而美，其语博而奥，指意深浅，谅非经营草创，出自一时，琢磨润色，独成一手。"（《史通·申左》）又说是"或腴辞润简牍，或美句入咏歌，跌宕而不群，纵横而自得"（《史通·杂说上》）。《左传》行人辞令之变化机巧，闳丽钜衍，如修辞艺术中之委婉蕴藉，折之以理，惧之以势，服之以巧，针锋相对，绵里藏针，乃至排比对偶，虚构夸张，铺张扬厉，至战国皆为纵横之士所袭用，且有更大的发展。

清人章学诚说"后世之文，其体皆备于战国"。多种文章体裁的萌芽，可以在《左传》中看到。据笔者统计，刘勰《文心雕龙》文体论二十篇，"原始以表末"，追溯各体文章之始，举《尚书》、《左传》、《国语》、《战国策》之例者多达四十余处，涉及乐府、诠赋、颂赞、祝盟、铭箴、诔碑、哀吊、谐隐、史传、诸子、论说、檄移、章表、议对、书记各体。其中举《左传》之例为最多。这些文体的萌芽，为后代文章的发展奠定了基础。

本书的选编，主要选取《左传》中所记载的重大历史事件和具有很强文学性的篇章，以窥见《左传》文章的特点。选文和注译一定有许多不尽如人意的地方，敬请读者不吝赐教！

郭丹

2015 年 10 月

目 录

郑伯克段于鄢　隐公元年

　　本文记述了春秋前期小霸郑庄公平定家族内乱的一段史实。春秋初期，王纲解纽，诸侯争霸，郑国率先崛起，与此同时郑国内部也发生了争夺权利之斗争，庄公之弟共叔段联合其母姜氏欲篡位夺权。郑庄公得知此事后，处心积虑，欲擒故纵，最终一举挫败共叔段的政变。本文叙述层次清晰、繁略得当，详细地描写了郑庄公兄弟、母子之间错综复杂的矛盾和斗争，并成功地塑造了虚伪老辣的郑庄公、狂妄贪婪的共叔段以及机智聪颖的颍考叔等形象，体现了《左传》长于叙事的特征，其中遣词用字的含蕴及精准，尤显作者之匠心。

初，郑武公娶于申①，曰武姜②，生庄公及共叔段③。庄公寤生④，惊姜氏，故名曰"寤生"，遂恶之⑤。爱共叔段，欲立之。亟请于武公，公弗许。

【注释】

①郑武公：姬姓，名掘突。申：申国，姜姓，故城在今河南南阳。

②武姜：武公妻姜氏。

③共（gōng）叔段：郑庄公弟，名段；兄弟间年岁小，故称"叔段"。段后出奔共地，又称"共叔段"。共，本为国名，在河南辉县。

④寤（wù）生：难产，指胎儿倒着生出来，寤，同"牾"。

⑤恶（wù）：厌恶。之：此指郑庄公。

【译文】

当初，郑武公娶了申国的女子，名叫武姜。武姜生了庄公和共叔段。庄公是难产生的，使姜氏受了惊吓，所以取名为"寤生"，姜氏因此讨厌他。姜氏喜欢共叔段，想立他为太子。她多次向武公请求，武公没答应。

及庄公即位，为之请制①。公曰："制，岩邑也②，虢叔死焉③。佗邑唯命④。"请京⑤，使居之，谓之京城大叔⑥。

【注释】

①制：地名，又名虎牢关，在今河南荥阳。

②岩邑：险要的城邑。

③虢（guó）叔：虢仲之后。虢，有东虢和西虢，此指东虢。

④佗：同"他"。唯命：惟命是从。

⑤京：地名，故城在今河南荥阳东南。

⑥大：同"太"。

【译文】

到了庄公即位，姜氏为共叔段请求制这个地方作为封地。庄公说："制，可是个险要的地方，虢叔就死在那里。其他的地方任他挑选吧。"姜氏就替他请求京地，并让共叔段住在那里，大家都称他"京城太叔"。

祭仲曰①："都，城过百雉②，国之害也。先王之制：都，不过参国之一③；中，五之一；小，九之一。今京不度④，非制也，君将不堪⑤。"公曰："姜氏欲之，焉辟害⑥？"对曰："姜氏何厌之有⑦？不如早为之所，无使滋蔓⑧！蔓，难图也。蔓草犹不可除，况君之宠弟乎？"公曰："多行不义，必自毙⑨，子姑待之。"

【注释】

①祭（zhài）仲：郑国大夫。

②城：指城墙。过：超过。雉（zhì）：古代城墙长三丈高一丈为一雉。

③参国之一：国都的三分之一。参，同"叁"。

④不度：不合法度。

⑤不堪：受不了。

⑥辟：同"避"。

⑦何厌之有：有何厌。厌，满足。

⑧滋蔓：滋生蔓延。

⑨毙：倒仆，跌跤，此指失败。

【译文】

祭仲对庄公说："都城的城墙周围超过三百丈，就会成为国家的危害。先王的制度，大的都城，不得超过国都的三分之一；中等的，不超过五分之一；小的，不超过九分之一。现在京地的城墙，不符合规定，不是祖制所允许的，国君将受不了。"庄公说："姜氏要这样，又哪能避免祸害呢？"祭仲回答说："姜氏什么时候会满足啊！不如早点给他安排一个处所，免得其贪欲蔓延滋长。一旦蔓延，就难以对付了。蔓延的野草尚且难以除掉，何况是国君您宠爱的弟弟呢。"庄公说："多行不义之事，必定要失败。且等着瞧吧。"

既而大叔命西鄙、北鄙贰于己^①。公子吕曰^②："国不堪贰^③，君将若之何？欲与大叔^④，臣请事之；若弗与，则请除之。无生民心。"公曰："无庸，将自及^⑤。"大叔又收贰以为己邑^⑥，至于廪延^⑦。子封曰："可矣，厚将得众^⑧。"公曰："不义不暱^⑨，厚将崩。"

【注释】

①既而：不久。鄙：边境之邑。贰：两属。

②公子吕：郑大夫，字子封。

③不堪贰：不能容忍两面听命的情况。

④与（yǔ）：给予，指把君位让给太叔。

⑤无庸，将自及：用不着，他会自食其果。庸，用。
　　自及，自己遭祸。

⑥贰：指上述两属之邑，即西鄙、北鄙。

⑦廪（lǐn）延：地名，在今河南延津。

⑧厚：势力雄厚。得众：得民心。

⑨不义：不义于君。不暱（nì）：不亲于兄。暱，同
　　"昵"，亲。

【译文】

　　不久，太叔命令西部和北部边境既听庄公的命令，又听自己的命令。公子吕说："国家不能忍受这种两面听命的情况，您打算怎么办？您要把君位让给太叔，下臣就去事奉他；如果不给，那就请除掉他，不要让老百姓产生其他想法。"庄公说："用不着，他会自食其果的。"太叔又收取原来两属的地方作为自己的封邑，并扩大到廪延地方。子封（即公子吕）说："可以动手了。势力一大，将会争得民心。"庄公说："没有正义就不能号召人，势力虽大，反而会崩溃。"

　　大叔完、聚①，缮甲、兵②，具卒、乘③，将袭郑④，夫人将启之⑤。公闻其期，曰："可矣！"命

子封帅车二百乘以伐京。京叛大叔段^⑥，段入于鄢，公伐诸鄢。五月辛丑^⑦，大叔出奔共。

【注释】

①完：修缮城廓。聚：收集粮草。

②缮：修补。

③具：备足。

④袭：偷袭。

⑤启：开启城门。

⑥京：此指京邑人。

⑦五月辛丑：五月二十三日。辛丑，二十三日，古代以干支纪年、月、日。

【译文】

太叔修理城郭，储备粮草，补充武器装备，充实步兵车兵，准备袭击郑国都城，姜氏则打算作为内应打开城门。庄公听到太叔起兵的日期，说："可以了。"就命令子封率领二百辆战车进攻京城。京城的人反对太叔。太叔逃到鄢地。庄公又赶到鄢地进攻他。五月辛丑日，太叔又逃到共国。

书曰："郑伯克段于鄢。"段不弟，故不言弟^①；如二君，故曰克^②；称郑伯，讥失教也：谓之郑志^③。不言出奔，难之也^④。

【注释】

①"段不弟"二句：指段不守弟道，所以《春秋》不

称他为庄公之弟。不弟，不像兄弟，不守弟道。

②"如二君"二句：指段与庄公的对立，如同两个国君。庄公取胜，所以说"克"。

③郑志：郑庄公的意志。这里指阴谋。

④"不言出奔"二句："出奔"是有罪之辞。段出奔共国，有罪，庄公有意养成段之罪，也有罪，不说"出奔"，是史官下笔为难之处。以上说明经文何以这样记述。即所谓的"春秋笔法"。

【译文】

《春秋》说："郑伯克段于鄢。"太叔所作所为不像兄弟，所以不说"弟"字；兄弟相争，好像两个国君打仗一样，所以用个"克"字；把庄公称为"郑伯"是讥刺他没有尽教诲之责；《春秋》这样记载就表明了庄公的本来的意思。不说"出奔"，是因为史官下笔有困难。

遂寘姜氏于城颍①，而誓之曰："不及黄泉，无相见也②。"既而悔之。颍考叔为颍谷封人③，闻之，有献于公，公赐之食，食舍肉④。公问之，对曰："小人有母，皆尝小人之食矣，未尝君之羹⑤，请以遗之⑥。"公曰："尔有母遗，繄我独无⑦！"颍考叔曰："敢问何谓也？"公语之故，且告之悔。对曰："君何患焉？若阙地及泉⑧，隧而相见⑨，其谁曰不然？"公从之。公入而赋⑩："大隧之中，其乐也融融⑪！"姜出而赋："大隧之外，其乐也洩洩⑫！"遂为母子如初。

【注释】

①寘（zhì）：同"置"。城颍（yǐng）：地名。在今河
南临颍。

②"不及黄泉"二句：这两句犹言不死不相见。黄泉，
地下之泉。

③颍考叔：郑大夫。颍谷：地名。在今河南登封。封
人：管理、镇守边疆的地方官。

④食舍肉：颍考叔吃肉时留下肉不吃。舍，置，谓食
肉时将肉另置一边。

⑤羹（gēng）：有汁的肉。

⑥遗（wèi）：赠送。

⑦繄（yī）：发声词，无义，可译为"咳"等语气词。

⑧阙：同"掘"。

⑨隧：动词，挖成地道。

⑩赋：赋诗。

⑪融融：和乐相得的样子。

⑫洩（yì）洩：和好欢乐的样子。

【译文】

郑庄公就把姜氏安置在城颍地方，发誓说："不到黄泉
不再相见。"不久以后又后悔起来。当时颍考叔在颍谷做
边疆护卫长官，听到这件事，就献给庄公一些东西。庄公
赏赐他食物。在吃的时候，他把肉留下不吃。庄公问他为
什么，他说："我有母亲，我孝敬她的食物都已尝过了，就
是没有尝过您的肉汤，请求让我带给她吃。"庄公说："你
有母亲可送，咳！我却没有！"颍考叔说："请问这是什么

意思？"庄公就对他说明了原因，并且告诉他自己很后悔。颍考叔回答说："您有什么可忧虑的呢？如果挖地见到了泉水，开一条隧道在里面相见，谁又会说不对呢？"郑庄公听了颍考叔的意见。庄公进了隧道，赋诗说："在大隧中相见，多么快乐啊！"姜氏走出隧道，赋诗说："走出大隧外，多么舒畅啊。"于是作为母子像从前一样。

君子曰^①："颍考叔，纯孝也，爱其母，施及庄公^②。《诗》曰'孝子不匮，永锡尔类。'其是之谓乎^③！"

【注释】

①"君子曰"：是《左传》的独有体例，用来表达作者对所记历史事件的评论意见。

②施（yì）：延及，扩展到。

③"《诗》曰"四句：《诗经》上说："孝子的孝心是无穷无尽的，永远感染同类的人。"说的就是这种情况。匮（kuì），竭尽。锡，通"赐"。类，同类的人。是，这个。

【译文】

君子说："颍考叔可算是真正的孝子，爱他的母亲，扩大影响到庄公。《诗》说：'孝子的孝心没有穷尽，永远可以影响给你的同类。'说的就是这样的事情吧！"

周郑交质　隐公三年

　　春秋初期，郑庄公的崛起威胁到周王室。周平王让虢公担任卿士，目的是为了削弱郑庄公的权力。郑庄公有怨言。因此提出周、郑交换人质。周郑交质违背了君臣大礼，而郑之取麦取禾，更是对周王权威的挑衅。君子对双方都有责难，但更侧重于批评周王室，认为这种局面是因其不能以信服人，以礼驭下造成的，这也是《左传》崇霸贬王思想的反映。全文先讲事实，再进行评论，是《左传》典型写法。君子的议论以"礼"、"信"为中心，引经据典，辞理畅达，对后世史论大有影响。

郑武公、庄公为平王卿士^①。王贰于虢^②，郑伯怨王，王曰"无之"。故周、郑交质^③。王子狐为质于郑^④，郑公子忽为质于周^⑤。王崩，周人将畀虢公政^⑥。四月，郑祭足帅师取温之麦^⑦。秋，又取成周之禾^⑧。周、郑交恶^⑨。

【注释】

①卿士：执政大臣。

②贰于虢：不专任郑伯，又同时信任虢公。虢，西虢公。

③质：作抵押的人或物。此指人质。

④王子狐：周平王之子。

⑤公子忽：郑庄公太子，后即位为郑昭公。

⑥畀（bì）：给予。此句指周平王一死，周人准备将政权交给虢公。

⑦祭足：郑大夫祭仲。温：周王畿内的小国，在今河南温县。

⑧成周：周的东都，遗址在今河南洛阳市王城公园。禾：稷类谷物。

⑨周、郑交恶：指郑国用武力强取了王室温地的麦子和成周的禾，以示对周王重用虢君的抗议。这样一来，周王室和郑国结下了怨仇。

【译文】

　　郑武公、郑庄公先后担任周平王的卿士，平王暗中又将朝政分托给虢公，郑庄公埋怨周平王，平王说："没有这回事。"所以周、郑交换人质。周王子狐在郑国作为人质，郑国的公子忽在周朝作为人质。平王死后，周王室的人想把政权交给虢公。四月，郑国的祭足带兵割取了温地的麦子。秋天，又割取了成周的谷子。周朝和郑国彼此怀恨。

君子曰："信不由中①，质无益也。明恕而行②，要之以礼③，虽无有质，谁能间之④？苟有明信⑤，涧、溪、沼、沚之毛⑥，蘋、蘩、蕴藻之菜⑦，筐、筥、锜、釜之器⑧，潢汙、行潦之水⑨，可荐于鬼神⑩，可羞于王公⑪，而况君子结二国之信，行之以礼，又焉用质？《风》有《采蘩》、《采蘋》⑫，《雅》有《行苇》、《泂酌》⑬，昭忠信也⑭。"

【注释】

①信不由中：诺言不发自内心。信，指人的言语。中，同"衷"。

②明恕：即对于自己是发自诚心，对于别人则能谅解。

③要（yāo）：约束。

④间（jiàn）：离间。

⑤苟：假如。明信，明显的诚信。

⑥涧、溪：山沟。沼（zhǎo）、沚（zhǐ）：池塘。毛：凡地上所生植物都叫毛，此指野草。

⑦蘋（píng）：浅水中所长的植物。蘩（fán）：白蒿，草本植物。蕴（wēn）藻：聚集的水草。以上在此均指野菜。

⑧筐、筥（jǔ）：均为竹木编的盛器，方的为筐，圆的

为筥。锜（qí）、釜（fǔ）：均为烹饪用的器具，有脚的叫锜，无脚的叫釜。

⑨潢汙（huángwū）：此指不流动的死水。潢，积水池。汙，池塘。行潦（hǎnglǎo）：道路上的流水。

⑩荐（jiàn）：进献。

⑪羞（xiū）：进献食品。

⑫《风》：指《诗经》中的《国风》。《采繁》、《采蘋》：《诗经·召南》中的两篇，均写妇女采集野菜以供祭祀。

⑬《雅》：指《诗经》中的《大雅》。《行苇（hángwěi）》、《泂酌（jiǒngzhuó）》：《诗经·大雅》中的两篇，内容均有关宴享。

⑭昭：显示，表明。

【译文】

君子说："诚意不发自内心，即使交换人质也没有益处。设身处地将心比心来办事，又用礼仪加以约束，虽然没有人质，又有谁能离间他们？假如确有诚意，即使是山沟、池塘里生长的野草，蘋、繁、蕴、藻这一类的野菜，筐、筥一般的竹器和锜、釜一类的器皿，大小池塘的积水乃至道路上的流水，都可以献给鬼神，进给王公，何况君子建立了两国的信约，按照礼仪办事，又哪里还用得着人质？《国风》有《采繁》、《采蘋》，《大雅》有《行苇》、《泂酌》这些诗篇，就是为了表明忠信。"

石碏谏宠州吁　隐公三年

　　当年，卫庄公宠爱公子州吁，州吁恃宠而骄，又喜欢弄武，石碏劝谏卫庄公不能过分溺爱公子。可是卫庄公不听劝。隐公四年，州吁就杀了卫桓公自立。此节是《左传》作者补叙卫州吁其人，为隐公四年州吁弑卫桓公张本。石碏所论教育子女的道理，指出：宠必骄，骄必邪，邪必乱；这不是爱子，而是害子，而且祸国。这些道理，于今仍有启发意义。

卫庄公娶于齐东宫得臣之妹①，曰庄姜②，美而无子，卫人所为赋《硕人》也③。又娶于陈④，曰厉妫⑤，生孝伯⑥，早死。其娣戴妫生桓公⑦，庄姜以为己子。

【注释】

①卫庄公：名扬，卫武公之子，在位二十三年。东宫：太子所居之地，后常称太子为东宫。得臣：齐庄公的太子，未即位便已死去。

②庄姜：卫庄公的妻子，是齐庄公嫡女，齐僖公姊妹。庄是丈夫谥号，姜是娘家的姓。

③所为：为之。赋：作诗。《硕人》：《诗经·卫风》中的一篇，赞美庄姜之美。硕人，美人。硕，大。古人以硕大颀长为美。

④陈：诸侯国名，妫（guī）姓，虞舜之后，都于宛丘，在今河南淮阳县。

⑤厉妫：人名，其中厉为谥号，妫为姓。

⑥孝伯：卫庄公与厉妫之子，早死。

⑦娣（dì）：妹妹。古代诸侯嫁女，要以侄娣陪嫁，所以自嫡室以下诸妾都叫"娣"。戴妫：人名，厉妫之妹，谥号戴。桓公：卫庄公之子，名完。

【译文】

卫庄公娶了齐国太子得臣的妹妹，称为庄姜。庄姜漂亮却没有生孩子，卫国人因此为她创作了《硕人》这篇诗。卫庄公又在陈国娶了一个妻子，名叫厉妫，生了孝伯，很早就死了。跟厉妫陪嫁来的妹妹戴妫，生了卫桓公，庄姜就把他作为自己的儿子。

公子州吁^①，嬖人之子也^②，有宠而好兵，公弗禁，庄姜恶之。石碏谏曰^③："臣闻爱子，教之以义方^④，弗纳于邪。骄、奢、淫、泆^⑤，所自邪也^⑥。四者之来，宠禄过也。将立州吁，乃定之矣，若犹未也，阶之为祸^⑦。夫宠而不骄，骄而能降，降而不憾，憾而能眕者鲜矣^⑧。且夫贱妨贵，少陵长，远间亲，新间旧，小加大，淫破义，所谓六逆也^⑨。君义，臣行，父慈，子孝，兄爱，弟敬，所谓六顺也^⑩。去顺效逆，所以速祸也^⑪。君人者将祸是务去^⑫，而速之，无乃不可乎^⑬？"弗听，其子厚与州吁游^⑭，禁之，不可。桓公立，乃老^⑮。

【注释】

①公子州吁（xū）：卫庄公之子。

②嬖（bì）人：指爱妾。嬖，宠幸。

③石碏（què）：卫大夫。

④义方：正确的礼仪规矩。

⑤泆：同"佚"，放荡恣肆。

⑥所自邪：邪恶由此而来。

⑦阶：阶梯。指以宠爱为阶梯作乱。

⑧"夫宠而不骄"四句：受宠爱则骄傲，地位下降则怨恨，怨恨则思作乱而不能自安自重，一般人常

如此。石碏认为州吁也是如此。能降，安于地位
下降。憾，恨。畛（zhěn），镇定自重的样子。鲜
（xiǎn），少。

⑨"且夫贱妨贵，……所谓六逆也"七句：州吁与桓
公完相比，州吁庶出为贱，完夫人嫡子为贵；以年
龄说，州吁年少，完年长；以亲疏说，州吁疏远，
完亲近；以历史关系说，州吁是新进之人，完是耆
旧之人；以情势说，州吁小，完大；以道义说，州
吁淫邪，完忠义。所以如果立州吁，是犯了"六
逆"。妨，妨害。陵，凌驾。间，离间。加，侵凌。
破，破坏。逆，悖理的行为。

⑩"君义，……六顺也"七句：国君行事得宜，臣下
坚决服从，父亲慈爱儿女，儿女孝敬父母，兄长爱
护弟妹，弟妹尊敬兄长，这就是大家所说的六顺。
顺，顺理之事。

⑪速祸：加速祸患的到来。

⑫君人：为人之君。将祸是务去：即"将务去祸"，一
定要把祸患去掉。

⑬无乃：恐怕，只怕。

⑭游：交游，往来密切。

⑮老：告老隐退。

【译文】

公子州吁是庄公宠妾的儿子，受到庄公宠爱，喜好武
事，庄公子加禁止。庄姜则讨厌州吁。大夫石碏劝庄公说：
"我听说疼爱孩子应当用正道去教导他，不能使他走上邪

路。骄横、奢侈、淫乱、放纵是导致邪恶的原因。这四种恶习的产生，是给他的宠爱和俸禄过了头。如果想立州吁为太子，就确定下来；如果定不下来，就会酿成祸乱。受宠而不骄横，骄横而能安于下位，地位在下而不怨恨，怨恨而能克制的人，是很少的。况且低贱妨害高贵，年轻欺凌年长，疏远离间亲近，新人离间旧人，弱小压迫强大，淫乱破坏道义，这是六件背离道理的事。国君仁义，臣下恭行，为父慈爱，为子孝顺，为兄爱护，为弟恭敬，这是六件顺理的事。背离顺理的事而效法违理的事，这就是很快会招致祸害的原因。作为统治民众的君主，应当尽力除掉祸害，而现在却加速祸害的到来，这大概是不行的吧？"卫庄公不听劝告。石碏的儿子石厚与州吁交往，石碏禁止，但禁止不住。到卫桓公当国君时，石碏就告老退休了。

郑庄公戒饬守臣　隐公十一年

　　隐公十一年，齐、鲁、郑三国攻下许国，并将许地交与郑国托管。郑庄公让许国大夫百里侍奉许庄公的弟弟许叔主持许国国政，另派郑国大夫公孙获进行监督。郑庄公发表戒饬守臣的言辞。此篇告诫之词，谋虑深远，分析透辟，措辞委婉曲折。这是一篇上乘的辞令作品，一方面表现了郑庄公擅长言辞的才能，另一方面反映了春秋初年风云变幻的政治形势。

秋七月，公会齐侯、郑伯伐许。庚辰^①，傅于许^②，颍考叔取郑伯之旗蝥弧以先登^③，子都自下射之，颠^④。瑕叔盈又以蝥弧登^⑤，周麾而呼曰^⑥："君登矣！"郑师毕登。壬午^⑦，遂入许。许庄公奔卫。

【注释】

①庚辰：初一日。

②傅：附着，围近。

③蝥（máo）弧：郑伯旗名。

④颠：从城上坠下。

⑤瑕（xiá）叔盈：郑国大夫。

⑥周：遍。麾（huī）：通"挥"。

⑦壬午：初三日。

【译文】

秋，七月，隐公会合齐僖公、郑庄公进攻许国。庚辰日，军队汇合攻打许城。颍考叔拿着郑庄公的旗帜"蝥弧"争先登城，子都从下边用箭射他，颍考叔摔下来死了。瑕叔盈又举着"蝥弧"登城，向四周挥动旗帜，大喊说："国君登城了！"于是郑国的军队全部登上了城墙。壬午日，郑庄公就进入了许城。许庄公逃亡到卫国。

齐侯以许让公。公曰："君谓许不共^①，故从君讨之。许既伏其罪矣，虽君有命，寡人弗敢与闻^②。"乃与郑人。

①不共：不恭，不服从。

②与（yù）闻：参与听闻，意即过问此事。

【译文】

齐僖公把许国让给隐公。隐公说："国君您说许国不交纳贡品，所以寡人才跟随您讨伐它。许国既然已经认罪了，虽然您有这样的好意，我也不敢参与这件事。"于是就把许国领土送给了郑庄公。

郑伯使许大夫百里奉许叔以居许东偏①，曰："天祸许国，鬼神实不逞于许君②，而假手于我寡人③。寡人唯是一二父兄不能共亿④，其敢以许自为功乎？寡人有弟⑤，不能和协⑥，而使糊其口于四方⑦，其况能久有许乎？吾子其奉许叔以抚柔此民也⑧，吾将使获也佐吾子⑨。若寡人得没于地⑩，天其以礼悔祸于许⑪？无宁兹许公复奉其社稷⑫。唯我郑国之有请谒焉⑬，如旧昏媾⑭，其能降以相从也⑮。无滋他族实逼处此⑯，以与我郑国争此土也。吾子孙其覆亡之不暇⑰，而况能禋祀许乎⑱？寡人之使吾子处此，不唯许国之为⑲，亦聊以固吾圉也⑳。"

【注释】

①奉：事奉。许叔：许庄公之弟，名郑，谥桓公。许东偏，许国东部。

②不逞：不满。

③假手：借某人之手。

④唯是：就是这。一二父兄，指同姓群臣。共亿：相安无事。

⑤寡人有弟：指郑伯克段于鄢一事。

⑥和协：相安，和睦相处。

⑦糊口：寄食。

⑧吾子：尊称，相当于"您"。抚柔此民：安顿好这些百姓。抚柔，安抚。

⑨获：郑国大夫公孙获。佐：协助。

⑩得没于地：指得以寿终埋葬于地。

⑪悔祸：撤除降予的祸害。

⑫无宁兹：愿使。无，发语词，无义。宁，宁可。兹，使。

⑬唯我郑国之有请谒：此句有省略，当为"唯我郑国之有请谒而是听"。请谒，请求。

⑭如旧昏媾：相亲若旧通好之国。昏媾，婚姻，姻亲。

⑮降以相从：屈已从人，即降格同意。

⑯滋：同"兹"，使。意为不要让旁人迫近这里。

⑰覆亡：挽救危亡。

⑱禋（yīn）祀许：主持许国的祭祀。禋，虔诚斋戒。

⑲不唯许国之为：即不唯为许国。

⑳聊：姑且。圉（yǔ）：边境。

【译文】

郑庄公让许国大夫百里事奉许叔住在许都的东部，说："上天降祸于许国，鬼神确实对许君不满意，而借寡人我的手惩罚他。寡人连一两个父老兄弟都不能相安，难道敢把讨伐许国作为自己的功绩？寡人有个兄弟，不能和睦相处，而使他四方求食，我难道还能长久占有许国？您应当帮着许叔来安抚这里的百姓，我准备让公孙获来辅助您。假如寡人得以善终，上天可能又依礼而撤回加于许国的祸害，愿意许公再来治理他的同家。那时候只要我郑国对许国有所请求，可能还是会像对待老亲戚一样，降格而同意的。不要让别国逼迫而住在这里，来和我郑国争夺这块土地。我的子孙挽救危亡还来不及，难道还能替许国敬祭祖先吗？我让您留在这里，不仅为了许国，也是姑且巩固我的边疆。"

乃使公孙获处许西偏①，曰："凡而器用财贿②，无置于许③。我死，乃亟去之④。吾先君新邑于此⑤，王室而既卑矣⑥，周之子孙日失其序⑦。夫许，大岳之胤也⑧，天而既厌周德矣，吾其能与许争乎⑨？"

【注释】

①许西偏：许国西部。

②而：同"尔"，你。财贿：财产。

③无：同"毋"，不要。

④亟：急，赶紧。

⑤新邑：古地名，在今河南新郑。

⑥卑：衰微。

⑦序：所承受的功业。

⑧大岳之胤（yìn）：太岳的后代。大岳，尧时的四岳

之一。大，同"太"。胤，后代。

⑨其：通"岂"。

【译文】

于是，就让公孙获住在许城的西部，对他说："凡是你的器用财货，不要放在许国。我死后就赶紧离开这里。我祖先在这里新建城邑，周王室已经逐渐衰微，我们这些周朝的子孙一天天丢掉自己的事业。而许国，是四岳的后代，上天既然已经厌弃了成周，我哪里还能和许国争夺呢？"

君子谓："郑庄公于是乎有礼①。礼，经国家②，定社稷③，序民人④，利后嗣者也。许，无刑而伐之⑤，服而舍之⑥，度德而处之⑦，量力而行之，相时而动⑧，无累后人，可谓知礼矣。"

【注释】

①于是：在这件事上。

②经：经营治理。

③定：安定。

④序民人：使百姓有秩序。

⑤无刑：不守法度。

⑥服：服从。

⑦度德：指郑国根据自己的威望。

⑧相（xiàng）时而动：选择有利时机而后行动。

【译文】

君子说："郑庄公在这件事情上合乎礼。礼，是治理国家、安定社稷、使百姓有秩序、使后代有利的大法。许国违背法度而庄公讨伐他们，服罪了就宽恕他们，揣度自己德行而决定事情，衡量自己的力量而办理事务，看准了时机而行动，不要让忧虑连累后人，可以说是懂得礼了。"

臧哀伯谏纳郜鼎　桓公二年

　　宋国的太宰华父督弑宋殇公，因害怕诸侯来讨伐，大肆贿赂各诸侯国。鲁桓公接受了华父督的郜鼎，并把它置于太庙中。鲁大夫臧哀伯进谏鲁桓公，阻止其将宋国贿赂的郜鼎置于太庙，指出这种做法违背了礼法。而且指出，作为一国之君，是"昭德塞违"，还是"灭德立违"，关系到国家的兴衰成败。臧哀伯由此阐述了礼的重要性，礼是治国根本。

夏四月，取郜大鼎于宋。戊申，纳于大庙。非礼也。

臧哀伯谏曰①："君人者将昭德塞违②，以临照百官③，犹惧或失之。故昭令德以示子孙：是以清庙茅屋④，大路越席⑤，大羹不致⑥，粢食不凿⑦，昭其俭也。衮、冕、黻、珽⑧，带、裳、幅、舄⑨，衡、纮、纭、綖⑩，昭其度也。藻、率、鞞、鞛⑪，鞶、厉、游、缨⑫，昭其数也。火、龙、黼、黻⑬，昭其文也。五色比象⑭，昭其物也。钖、鸾、和、铃⑮，昭其声也。三辰旂旗⑯，昭其明也。夫德，俭而有度⑰，登降有数⑱，文、物以纪之⑲，声、明以发之⑳，以临照百官，百官于是乎戒惧，而不敢易纪律。

【注释】

①臧哀伯：鲁大夫，名达，僖伯之子。

②昭：显扬。塞：堵塞。违：邪，不合德义，违礼之事。

③临照：监视。

④清庙茅屋：以茅草盖屋作太庙。清庙，太庙。

⑤路：通"辂"（lù），车子，此处用于祀天。其中木辂最朴素，玉辂最奢华。越席：用蒲草结成之席，铺于大辂中作车垫。

⑥大（tài）羹：肉汁。不致：不用五味调和。

⑦粢食（zīsì）：古代供祭祀用的各类食物。不凿：不细春，不进行精加工。

⑧衮（gǔn）：古代天子及上公的礼服。冕（miǎn）：

古代礼帽，大夫以上用。韍（fú）：祭服上用皮革做成以遮蔽腹膝之间的蔽膝。珽（tǐng）：古代自天子至士朝见时所用的笏。

⑨带：指大带。礼服上用以束腰，其馀下垂部分叫绅。等级不同，其带装饰不同。裳：下身的衣服，也叫裙。幅：绑脚布，古人以布缠足背，上至于膝。舄（xì）：古代一种双底鞋，天子、诸侯有吉事时穿用。

⑩衡：衡笄，用来加固帽子。统（dǎn）：冠冕上用以系瑱玉（又叫充耳）的带子。纮（hóng）：冠冕上的纽带，由颔下挽上而系在笄的两端。綖（yán）：冠冕上的一种装饰，盖在冕上的一块布。

⑪藻（zǎo）：垫玉的彩色板。率（shuài），佩巾。鞞（bǐng）：刀鞘。鞛（běng）：同"琫"，佩刀刀把上的装饰物。

⑫鞶（pán）：皮做的束衣带。厉：鞶带下垂作为装饰的部分。游（liú）：同"旒"，古代旌旗上悬垂的飘带。缨（yīng）：也叫"鞅"，套在马颈上的革带，驾车时用。

⑬火、龙、黼（fǔ）、黻：皆衣裳上的花纹。火形是半环。龙即画成龙形。黼是黑白两色刺绣成一对斧头形。黻是用黑青两色刺绣成两个相背之弓形的花纹。

⑭五色：青、黄、赤、白、黑，古代以此为正色。比象：即用五色绘画山、龙、花、虫之象。

⑮钖（yáng）：马额头上的金属装饰，走时发出声响。鸾：通"銮"，古代的一种车铃。和，设在车轼

（车前横木）上的小铃。铃：指设在旌旗上的小铃。

⑯三辰：日、月、星。旂（qí）旗：古代旗帜的总称。

⑰有度：有一定的制度。

⑱登降：增减。有数，有一定数量。

⑲文：指上文之火、龙、黼、黻。物：指五色比象。

⑳声：指锡、鸾、和、铃。明：指三辰旂旗。

【译文】

夏四月，桓公从宋国取来了郜国的大鼎。戊申日，把大鼎安放在太庙里。这件事不符合礼制。

臧哀伯劝阻说："作为百姓的君主，要发扬道德而阻塞邪恶，以为百官的表率，即使这样，仍然担心有所失误，所以显扬美德以示范于子孙。因此太庙用茅草盖屋顶，祭天之车用蒲草席铺垫，肉汁不加调料，主食不吃舂过两次的米，这是为了表示节俭。礼服、礼帽、蔽膝、大圭、腰带、裙子、绑腿、鞋子、横簪、瑱绳、冠系、冠布，都各有规定，用来表示衣冠制度。玉垫、佩巾、刀鞘、鞘饰、革带、带饰、飘带、马鞅，各级多少不同，用来表示各个等级规定的数量。画火、画龙、绣黼、绣黻，这都是为了表示文饰。五种颜色绘出各种形象，这都是为了表示色彩。锡铃、鸾铃、衡铃、旗铃，这都是为了表示声音。画有日、月、星的旌旗，这是为了表示明亮。行为的准则应当节俭而有制度，增减也有一定的数量，用文饰、色彩来记录它，用声音、明亮来发扬它，以此向文武百官作明显的表示。百官才有警戒和畏惧，不敢违反纪律。

今灭德立违，而置其赂器于大庙^①，以明示百官，百官象之^②，其又何诛焉^③？国家之败，由官邪也。官之失德，宠赂章也^④。郜鼎在庙，章孰甚焉？武王克商，迁九鼎于雒邑^⑤，义士犹或非之，而况将昭违乱之赂器于大庙，其若之何？"

公不听。周内史闻之曰^⑥："臧孙达其有后于鲁乎^⑦！君违不忘谏之以德^⑧。"

【注释】

①赂器：郜鼎本受贿而得，所以称之为赂器。

②象之：以此为榜样。

③诛：惩罚。

④章：同"彰"。

⑤九鼎：古代传说夏禹铸九鼎，象征九州，三代时奉为传国之宝。雒邑：即王城，在今河南省洛阳市。武王十一年，与商纣王战于牧野，灭商，纣王自焚死。成王七年，营建雒邑。迁鼎之事，恐非武王所为，臧哀伯顺口说及。

⑥内史：周王室官名，掌策命诸侯及公卿大夫，凡四方之事书则读之。

⑦有后：指臧哀伯之后代能长享禄位。

⑧违：违背礼制。

【译文】

现在废除道德而树立邪恶，把人家贿赂来的器物放在太庙里，公然展示给百官看，百官也模仿这种行为，还能惩罚谁呢？国家的衰败，由于官吏的邪恶。官吏的失德，由于受宠而贿赂公行。郜鼎放在太庙里，还有比这更明显的贿赂吗？周武王打败商朝，把九鼎迁到洛邑，当时的义士还有人认为他不对，更何况把表明邪恶叛乱的贿赂器物放在太庙里，这又该怎么办？"桓公不听。

　　周朝的内使听说了这件事，说："臧孙达的后代在鲁国恐怕能长享禄位吧！国君违背礼制，他没有忘记以道德来劝阻。"

季梁论民为神主 桓公六年

　　楚国征伐随国，楚大夫斗伯比建议军队故意示弱以麻痹随军，使其自高自大，使周围小国离心，最终达到消灭它的目的。随国大夫季梁劝谏随侯，要忠于民而信于神，修好政治且亲睦兄弟治国，如此，楚国终不敢轻易攻打随国。季梁的言论，体现了鲜明的民本思想。

楚武王侵随①，使薳章求成焉②。军于瑕以待之③。随人使少师董成④。

斗伯比言于楚子曰⑤："吾不得志于汉东也⑥，我则使然。我张吾三军⑦，而被吾甲兵⑧，以武临之，彼则惧而协以谋我，故难间也⑨。汉东之国，随为大，随张⑩，必弃小国⑪。小国离，楚之利也。少师侈⑫，请嬴师以张之⑬。"熊率且比曰⑭："季梁在⑮，何益？"斗伯比曰："以为后图，少师得其君。"王毁军而纳少师⑯。

【注释】

①随：诸侯国名，姬姓，在今湖北随州。

②薳（wěi）章：也作芿章。

③瑕：随国地名。

④少师：官名。董成：主持和谈。董，主持。

⑤斗伯比：即后来的令尹子文之父。斗氏为芈姓，楚先王若敖之后。

⑥得志：指扩张国土。汉：汉水，汉水以东多姬姓小国。

⑦张：扩大。

⑧被吾甲兵：整顿装备。

⑨间：离间。

⑩张：自高自大。

⑪弃：轻视。

⑫侈：骄傲。

⑬嬴（léi）师：此处指让军队故意表现出衰弱的样子。

　　　赢，衰弱。

　⑭熊率且比：楚国大夫。

　⑮季梁：随国贤臣。

　⑯毁军：故意乱其军阵。纳：迎于军中。

【译文】

　　楚武王入侵随国，先派薳章去求和，把军队驻在瑕地以等待结果。随国人派少师主持和谈。

　　斗伯比对楚武王说："我国在汉水东边不能达到目的，是我们自己造成的。我们扩大军队，整顿装备，用武力逼迫别国，他们害怕因而共同来对付我们，所以就难于离间了。在汉水东边的国家中，随国最大。随国要是自高自大，就必然抛弃小国。小国离心，对楚国有利。少师这个人很骄傲，请君王隐藏我军的精锐，而让他看到疲弱的士卒，助长他的骄傲。"熊率且比说："有季梁在，这样做有什么好处？"斗伯比说："这是为以后打算，因为少师可以得到他们国君的信任。"楚武王故意把军容弄得疲疲塌塌来接待少师。

　　少师归，请追楚师，随侯将许之。季梁止之曰："天方授楚，楚之赢，其诱我也，君何急焉？臣闻小之能敌大也，小道大淫①。所谓道，忠于民而信于神也②。上思利民，忠也；祝史正辞③，信也。今民馁而君逞欲④，祝史矫举以祭⑤，臣不知其可也。"公曰："吾牲牷肥腯⑥，粢盛丰备⑦，何则不信？"对曰："夫民，神之主也。是以圣王先成民而后致力于神。故奉牲以告曰'博硕肥腯'⑧，谓民力之普存也，谓其畜之硕大蕃滋也⑨，谓其不疾瘯蠡也⑩，谓其备腯咸有也⑪。奉盛以告曰'洁粢丰盛'⑫，谓其三时不害而民和年丰也⑬。奉酒醴以告曰'嘉栗旨酒'⑭，谓其上下皆有嘉德而无违心也⑮。所谓馨香⑯，无谗慝也⑰。故务其三时，修其五教⑱，亲其九族⑲，以致其禋祀⑳。于是乎民和而神降之福，故动则有成。今民各有心，而鬼神乏主，君虽独丰，其何福之有！君姑修政而亲兄弟之国，庶免于难。"随侯惧而修政，楚不敢伐。

【注释】

①小道大淫：小国有道而大国无度。

②信：诚信。

③祝史：主持祭祀祈祷之官。正辞：言辞正实不欺。

④馁：饥饿。逞欲：力图满足自己的欲望。

⑤矫举：用诈伪之辞。

⑥牲牷（quán）：即牺牲。牷，毛色纯一的牲畜。肥腯（tú）：肥壮。

⑦粢盛（chéng）：盛在祭器中的粮食。

⑧博：广。硕：大。

⑨蕃滋：繁殖。

⑩不疾瘯蠡（cùluǒ）：不病、瘦弱。瘯蠡，一种畜病。

⑪备腯咸有：品种齐全。

⑫洁粢丰盛：指鼓舞清洁，盛满祭器。

⑬三时：春、夏、秋，是务农之时。不害：指不违农时。

⑭醴：酒。嘉栗旨酒：清洁而美的好酒。

⑮无违心：无异心。

⑯馨香：芳香远闻。

⑰谗：诬陷人的坏话。慝（tè）：邪恶。

⑱五教：指父义、母慈、兄友、弟恭、子孝。

⑲九族：从高祖、曾祖、祖父、父亲、本身，到子、孙、曾孙、玄孙共九代，称为九族。或说也包括异姓亲戚。

⑳禋（yīn）祀：祭祀鬼神。

【译文】

少师回去，请求追逐楚军。随侯将要答应，季梁劝阻说：“上天正在帮助楚国，楚国军队显得疲塌的样子，是引诱我们。君王何必急于从事？下臣听说小国之所以能够抵抗大国，是小国有道，而大国君主沉溺于私欲。所谓道，就是忠于百姓而取信于神明。上边的人想到对百姓有利，这是忠；祝史真实不欺地祝祷，这是信。现在百姓饥饿而国君放纵个人享乐，祝史浮夸功德来祭祀，下臣不知怎样行得通？”随侯说：“我祭祀用的牲口都既无杂色，又很肥大，黍稷也都丰盛完备，为什么不能取信于神明？”季梁回答说：“百姓，是神明的主人。因此圣王先团结百姓，而后才致力于神明，所以在奉献牺牲的时候祝告说：‘牲口又大又肥。’这是说百姓的财力普遍富足，牲畜肥大而繁殖生长，并没有得病而瘦弱，又有各种优良品种。在奉献黍稷的时候祷告说：‘洁净的粮食盛得满满的。’这是说春、夏、秋三季没有天灾，百姓和睦而收成很好。在奉献甜酒的时候祝告说：'又好又清的美酒。'这是说上上下下都有美德而没有坏心眼。所谓的祭品芳香，就是人心没有邪念。因为春、夏、秋三季都努力于农耕，修明五教，敦睦九族，用这些行为来致祭神明，百姓便和睦，神灵也降福，所以做任何事情都能成功。现在百姓各有各的想法，鬼神没有依靠，君王一个人祭祀丰富，又能求得什么福气呢？君王姑且修明政治，亲近兄弟国家，看能否免于祸难。"随侯害怕了，从而修明政治，楚国就没有敢来攻打。

曹刿论战　庄公十年

　　庄公十年（前684），齐兴师伐鲁，战于鲁地长勺，鲁国最终以弱胜强，这是史上著名的齐鲁长勺之战。本文略于战而详于论，战前之曹刿三问、作战时曹刿之二"未可"，二"可矣"，于只言片语中见其战机把握之准，战后之论则紧扣战争经过，解释彼竭我盈之理和下视登望之故，此种种行为之原因于激战之中无暇解释，自然给读者留下悬念，待最后庄公问其故才一一道出，令人豁然开朗。行文简洁明了，布局详略有致，是《左传》之中描写战争的一篇短小精悍独具特色的作品。

十年春，齐师伐我①。公将战，曹刿请见②。其乡人曰："肉食者谋之③，又何间焉④。刿曰："肉食者鄙⑤，未能远谋。"乃入见。问何以战。公曰："衣食所安，弗敢专也⑥，必以分人。"对曰："小惠未遍⑦，民弗从也。"公曰："牺牲玉帛⑧，弗敢加也⑨，必以信⑩。"对曰："小信未孚⑪，神弗福也。"公曰："小大之狱，虽不能察，必以情⑫。"对曰："忠之属也，可以一战，战则请从。"

【注释】

①齐师伐我：齐师伐鲁，是为了去年公子纠的事。

②曹刿（guì）：又叫曹沫，生卒年不详，春秋时鲁国大夫（今山东东平人），著名的军事理论家。事迹可参见《史记·刺客列传》。

③肉食者：当时习惯语，指当官的贵族。

④间（jiàn）：参与。

⑤鄙：鄙陋，无远见。

⑥弗敢专：不敢专有享用，必分给群臣。

⑦未遍：不能周遍，人人皆有。

⑧牺牲：祭祀用的猪、牛、羊。

⑨加：增加，此指虚报。

⑩信：诚信。

⑪未孚：未取得信任。孚，信任。

⑫必以情：指处理得合情合理。

【译文】

十年春，齐国的军队攻打我鲁国。庄公准备迎战。曹刿请求接见。他的同乡人说："那些每天都吃肉的人在那里谋划，你又去参与什么！"曹刿说："吃肉的人鄙陋不灵活，不能作长远考虑。"于是入宫进见庄公。曹刿问庄公："凭什么来作战？"庄公说："有吃有穿，不敢独自享受，一定分给别人。"曹刿回答说："小恩小惠不能周遍，百姓不会服从的。"庄公说："祭祀用的牛羊玉帛，不敢擅自增加，祝史的祷告一定反映真实情况。"曹刿回答说："一点诚心也不能代表一切，神明不会降福的。"庄公说："大大小小的案件，虽然不能完全探明底细，但必定合情合理去办。"曹刿回答说："这是为百姓尽力的一种表现，凭这个可以打一下。打起来，请让我跟着去。"

公与之乘。战于长勺。公将鼓之①。刿曰："未可。"齐人三鼓，刿曰："可矣。"齐师败绩。公将驰之②。刿曰："未可。"下视其辙③，登轼而望之④，曰："可矣。"遂逐齐师。

【注释】

①鼓：擂鼓进军。

②驰之：追击齐军。

③辙：车轮走过的痕迹。

④轼：车前扶手横木，全车最高点。

　　庄公和曹刿同乘一辆兵车。与齐军在长勺展开战斗。庄公准备击鼓。曹刿说："还不行。"齐国人打了三通鼓。曹刿说："可以了。"齐军大败，庄公准备追上去。曹刿说："还不行。"下车，细看齐军的车辙，然后登上车前横木远望，说："行了。"就追击齐军。

　　既克，公问其故。对曰："夫战，勇气也，一鼓作气，再而衰，三而竭。彼竭我盈，故克之。夫大国难测也，惧有伏焉。吾视其辙乱，望其旗靡①，故逐之。"

【注释】
　　①靡：倒下。
【译文】
　　战胜以后，庄公问曹刿取胜的缘故。曹刿回答说："作战全凭勇气。第一通鼓振奋勇气，第二通鼓勇气就少了一些，第三通鼓勇气就没有了。他们的勇气没有了，而我们的勇气刚刚振奋，所以战胜了他们。大国的情况难于捉摸，还恐怕有埋伏。我细看他们的车辙已经乱了，远望他们的旗子已经倒下，所以才追逐他们。"

齐伐楚盟于召陵　僖公四年

　　南方的楚国国力日益强盛，连年出兵攻打郑国，企图入主中原。为了阻遏楚国的北进，齐桓公乃于鲁僖公四年（前656）亲自率领齐、鲁、宋、陈、卫、郑、许、曹八国诸侯之师南下伐楚。楚国毫不示弱，与之进行了争锋相对的外交斗争，最后齐、楚订盟于召陵。齐桓公这次出兵虽未与楚作战，但却打击了楚国北进的锋芒，暂时消除了楚国对中原诸国的威胁。本篇记述了此次齐楚斗争的全过程，行文起伏跌宕、文辞渊懿雅丽；其中所记之行人辞令委婉含蓄、刚柔得体而言简意深，为春秋时期行人辞令典范之一。

四年春，齐侯以诸侯之师侵蔡①。蔡溃，遂伐楚。

楚子使与师言曰："君处北海，寡人处南海，唯是风马牛不相及也，不虞君之涉吾地也，何故？"管仲对曰："昔召康公命我先君大公曰②：'五侯九伯，女实征之③，以夹辅周室④。'赐我先君履⑤：东至于海，西至于河，南至于穆陵⑥，北至于无棣⑦。尔贡包茅不入⑧，王祭不共，无以缩酒⑨，寡人是征；昭王南征而不复⑩，寡人是问⑪。"

对曰："贡之不入，寡君之罪也，敢不共给？昭王之不复，君其问诸水滨⑫。"师进，次于陉。

夏，楚子使屈完如师，师退，次于召陵。

齐侯陈诸侯之师，与屈完乘而观之。齐侯曰："岂不穀是为⑬，先君之好是继。与不穀同好，如何？"对曰："君惠徼福于敝邑之社稷⑭，辱收寡君⑮，寡君之愿也。"齐侯曰："以此众战，谁能御之？以此攻城，何城不克？"对曰"："君若以德绥诸侯⑯，谁敢不服？君若以力，楚国方城以为城⑰，汉水以为池，虽众，无所用之！"

屈完及诸侯盟。

【注释】

① 侵蔡：蔡国嫁了蔡姬，又亲楚，齐侵蔡是为伐楚作准备。

② 召康公：周武王时太保召公奭。大公：即太公姜尚，齐国始封君。

③"五侯"二句：五侯九伯，五侯指公、侯、伯、子、男五等爵位。九伯，指九州之长。女，通"汝"。

④夹（xié）：同"挟"。

⑤赐履：指征伐的足迹所到的范围。

⑥穆陵：楚地名，大约在湖北麻城西北一带。

⑦无棣：地名，在今山东、河北交界处。

⑧尔：指楚王。苞：同"包"，束。茅：菁茅，用来滤酒。

⑨缩酒：用菁茅滤去酒糟。

⑩昭王：即周昭王，成王之孙，晚年不理国事，人民怨恨，当他巡狩南方渡过汉水时，当地人民故意把一只用胶黏的船让他乘，行至中流，船解体下沉，昭王与臣子都淹死了。

⑪是问：即问是。上句之"是征"意即"征是"，征，问罪。

⑫诸："之于"的合音。

⑬不穀：国君自谦的称呼。

⑭"君惠"句：此句意为您为敝国的社稷求福。惠，表谦敬的副词。徼（jiǎo），求。

⑮辱：客气语。收：接纳。

⑯绥（suí）：安抚。

⑰方城：山名，今河南叶县南有方城山。

【译文】

鲁僖公四年春，齐桓公率领宋、鲁、陈、卫、郑、许、曹等国的军队去攻打蔡国，蔡国军队被打败，诸侯的军队于是讨伐楚国。

楚成王派使者去军中质问齐桓公说："贵国在北方，楚国在南方，两国相隔很远，就是牛马发情，也不能跑到一起呀，没想到您却侵入到我国来了，这是为什么呀？"

管仲回答楚国使者说："从前，召康公为周天子命令我们齐国的先君太公说：'天下的诸侯，不论谁犯了罪，你都可以征伐，以便辅佐王室。'并赐予我们先君讨伐的范围：东到大海，西到黄河，南到穆陵，北到无棣。你们楚国，该进贡裹束的青茅却没有进贡，以致天子祭祀时供应不上，没有东西可以滤酒祭神，寡人特意为此来问罪。昭王南巡到汉水而没有回去，寡人还要责问你们呢。"

楚国使者回答说："贡品没有送上去，这是我们国君的罪过，我们岂敢不供给？昭王南巡而不返，您只好去汉水边打听打听啰！"诸侯军队前进，驻扎在陉地。

到了夏天，楚王派大夫屈完到诸侯联军那里，联军后撤，驻扎在离陉地不远的召陵。

齐桓公让诸侯的军队全部列好阵势，然后自己和屈完一起同乘一辆车去检阅军队。齐桓公说："列国这样做难道是为了我吗？这是在继承我先君的友好精神呀！贵国和我们友好吧，怎么样？"屈完回答说："您为敝国求福谋利，愿接受我楚君做盟友，这本是我楚君最大的愿望啊！"齐桓公又说："用这样的军队去打仗，谁能抵挡得了？用这样的军队去攻城，什么样的城池不能攻下？"屈完回答说："您如果以道德安定诸侯，哪个敢不服？如果要用武力，那我们楚国将把方城山作为城墙，汉水作为护城河，您的军队虽然众多，恐怕也用不上啊！"

于是屈完代表楚国和诸侯签订了盟约。

宫之奇谏假道　僖公五年

　　僖公二年，晋献公用名马美玉向虞国借道攻打虞之邻邦虢国，虞公贪图财宝，答应借道于晋。僖公五年，晋国再次向虞国借道，大夫宫之奇看清了晋国的野心，力谏虞公，虞公不听，最终晋国借道灭虢，回兵时顺道灭了虞国。本篇以事记言，围绕虞国存亡的中心论题，层层深入展开议论和驳难，有力地驳斥了虞公对宗族关系和神权的迷信，指出存亡在人不在神，应该实行德政，民不和则神不享。宫之奇之语言简洁有力，优美精练，言简意赅；并征引经典、民谚，贴切、生动，具有很强的说服力。智深虑远的宫之奇与贪贿无才、昏聩愚昧的虞公形象形成了鲜明的对比。

晋侯复假道于虞以伐虢①。宫之奇谏曰②："虢，虞之表也③。虢亡，虞必从之。晋不可启④，寇不可玩⑤，一之谓甚，其可再乎？谚所谓'辅车相依⑥，唇亡齿寒'者，其虞、虢之谓也。"

公曰："晋，吾宗也⑦，岂害我哉？"

对曰："大伯、虞仲⑧，大王之昭也。大伯不从，是以不嗣⑨。虢仲、虢叔⑩，王季之穆也，为文王卿士，勋在王室⑪，藏于盟府⑫。将虢是灭⑬，何爱于虞⑭？且虞能亲于桓、庄乎⑮？其爱之也⑯，桓、庄之族何罪？而以为戮，不唯逼乎？亲以宠逼⑰，犹尚害之，况以国乎？"

公曰："吾享祀丰洁，神必据我⑱。"

对曰："臣闻之，鬼神非人实亲⑲，惟德是依。故《周书》曰：'皇天无亲，惟德是辅⑳。'又曰：'黍稷非馨，明德惟馨㉑。'又曰：'民不易物，惟德繄物㉒。'如是，则非德，民不和，神不享矣。神所冯依㉓，将在德矣。若晋取虞，而明德以荐馨香㉔，神其吐之乎？"

弗听，许晋使。

宫之奇以其族行，曰："虞不腊矣㉕，在此行也，晋不更举矣㉖。"

【注释】
①晋侯：晋献公。晋侯第一次借道在僖公二年，灭下阳。
②宫之奇：虞国大夫。

③表：指外围。

④启：开，指让晋扩张其野心。

⑤玩：玩忽。

⑥辅：车厢两旁的板。车载物必需用辅支持。

⑦宗：指同宗。晋、虞、虢都是姬姓诸侯国。

⑧大伯、虞仲：太王的长子和次子。"大"同"太"。
下句"大王"即古公亶父，古代宗庙之制，始祖神
位居中，子在左，叫昭；子之子在右，叫穆。

⑨不嗣：没继承王位。大伯知道大王想传位给小儿子
王季，就和虞仲出走吴国，不继承王位。

⑩虢仲、虢叔：虢国的开国祖先，王季的次子和三子。
王季为昭，二人为穆。

⑪勋：功勋。

⑫盟府：主管盟誓的官署。

⑬将虢是灭：此句即"将灭虢"。

⑭爱：舍不得。

⑮桓、庄：桓叔和庄伯。桓叔，晋献公曾祖；庄伯，
晋献公祖父。

⑯之：指桓、庄之族。

⑰亲以宠逼：至亲恃宠，威胁君位。

⑱据：依靠，此指保护。

⑲鬼神非人实亲：即"鬼神非亲人"。

⑳"皇天"二句：此句见于《周书·蔡仲之命》。

㉑"黍稷"二句：此句见于《周书·君陈》。黍稷，古
代祭祀所用谷物。馨，香气。明德，光明之德。

㉒"民不"二句：此句见于《周书·旅獒》。易，变换。物，指祭品。繄（yì），是。

㉓冯：同"凭"。

㉔荐：供献。

㉕腊：年终的大祭。

㉖不更举：不用再举兵。

【译文】

晋献公又向虞国借路去攻打虢国。宫之奇劝告虞公说："虢国，是虞国的外围。虢如果亡国了，虞国必然跟着被灭。切不可启发晋国的野心，不可忽视晋国这支军队。上一次借路已是很严重了，怎么可以再来第二次呢？谚语说的'车子和辅板相互依赖支撑，脸颊和牙床相互依存，没了嘴唇，牙齿就感到寒冷'，就是说虞和虢的关系啊！"

虞公说："晋国和我们是同宗，难道他会害我不成？"

宫之奇答道："太伯、虞仲，都是太王的儿子，太伯不在身旁，所以没有继承君位。虢仲、虢叔，都是王季的儿子，做过文王的卿士，对于王室有大功，受封的典册还藏在盟府里面。现在，晋国将要灭掉虢国了，对于虞国又有什么舍不得呢？再说，虞国能比桓叔和庄伯更亲近晋侯吗？桓叔、庄伯两族有什么罪过，晋侯却把他们杀掉，不就是因为晋侯感觉到他们的威胁吗？亲近而且受宠，一旦威胁到晋侯，都尚且被杀害，更何况一个国家呢？"

虞公说："我祭祀的祭品丰盛而且清洁，神灵一定会保佑我的。"

宫之奇回答说："我听说，神鬼不会随便亲近哪一个人，只是依从有德行的人。所以《周书》上说：'上天不亲近哪个人，只帮助有德行的。'又说：'祭祀的黍稷并不算芳香远扬，光明的美德才能芳香远播。'又说：'人们不必改变自己的祭品，只有德行才可以充当祭品。'像这样，那么，不是有德之人，则百姓不知，祭品再丰洁，神也不会享用的。神所依靠的，是有德行的人。如果晋国占领了虞国，再发扬美德，给神灵献上芳香的祭品，神灵难道会吐出来吗？"

虞公不听，答应了晋国使者的要求。

宫之奇带领全族人离开虞国，说："虞国过不了今年的腊祭了。晋在这一次就会灭掉虞国，不需要再发兵了。"

八月甲午①，晋侯围上阳②。问于卜偃曰："吾其济乎③"？对曰："克之。"公曰："何时？"对曰："童谣云：'丙之晨④，龙尾伏辰⑤，均服振振⑥，取虢之旂⑦。鹑之贲贲⑧，天策焞焞⑨，火中成军⑩，虢公其奔。'其九月、十月之交乎⑪。丙子旦⑫，日在尾，月在策，鹑火中，必是时也。"

冬十二月丙子朔⑬，晋灭虢，虢公丑奔京师⑭。师还，馆于虞⑮，遂袭虞，灭之，执虞公及其大夫井伯，以媵秦穆姬⑯。而修虞祀⑰，且归其职贡于王⑱。故书曰："晋人执虞公。"罪虞，且言易也⑲。

【注释】

①八月甲午：夏历是八月，周历十月十七日。

②上阳：为南虢之地，在今河南陕县南。

③济：成功。

④丙：丙子日。

⑤龙尾：星名，东方七宿中的尾星。辰：日月相会叫"辰"。伏辰，日月会于尾星，故尾星伏而不见。

⑥均服：戎服，色黑。振振：威武美好貌。

⑦旐（qí）：同"旗"。取旐意味获胜。

⑧鹑（chún）：鹑火星。贲贲（bēn）：形容鹑火星发光的样子。

⑨天策：星名，也叫傅说星，靠近太阳。焞焞（tūn）：无光貌。

⑩火中：鹑火星出现在南方。中，某星出现在南方。成军：整顿军队。

⑪交：晦朔交会之时。

⑫旦：清晨。

⑬丙子朔：按夏历为十月初一日。

⑭丑：虢公名。

⑮馆：驻扎。

⑯媵：陪嫁的男女，此作动词。指晋献公嫁女儿给秦穆公，把井伯等人作为陪嫁。

⑰虞祀：指晋代祭祀虞国境内的山川之神。

⑱职贡：赋税。

⑲易：指晋国取虞容易。

【译文】

八月十七日晋献公围攻上阳，问卜偃说："我会成功吗？”卜偃回答说：“能攻克。”献公问：“什么时候？”卜偃回答说：“童谣说：‘丙子日的清晨，龙尾星暗伏不见，军服威武，必取虢国的旗帜。鹑火星飞奔，天策星暗淡无光，鹑火在南方，虢公将逃亡。’恐怕就在九月十月初。日在尾星，月在天策星，鹑火在正南，正是虢国被灭时。”

冬十二月初一，晋国灭掉了虢国。虢公丑逃亡到京师。晋国军队回国的时候，驻扎在虞国，于是偷袭虞国，灭了它，抓走了虞公和大夫井伯，把他作为秦穆姬的陪嫁。晋国不废虞国的祭祀，而且把虞国的赋税归于周王。所以经文记载“晋人执虞公”，是怪罪于虞国，并且表明晋国取虞很容易。

秦晋韩之战　僖公十五年

　　晋国发生骊姬之乱后，众公子逃亡。僖公九年，公子夷吾厚赂秦穆公，由秦国护送他回国即位，是为晋惠公。晋惠公夷吾是个贪婪、无信、无义的小人。当上国君后，晋惠公并不兑现原先的诺言，对于秦穆姬的劝告置若罔闻，他与太子申生的妃子通奸，又不收留逃亡在外的各位公子。秦穆公一而再、再而三地施惠于晋国，但是晋惠公皆背施不报。于是秦国讨伐晋国，在韩原与晋惠公打了一仗。韩之战，晋惠公大败，自己也为秦国俘虏。本篇详细描写了韩之战的经过，对于晋惠公的"背施、幸灾、贪爱、怒邻"的人品给予充分的揭示。

晋侯之入也①，秦穆姬属贾君焉②，且曰："尽纳群公子③。"晋侯烝于贾君④，又不纳群公子，是以穆姬怨之。晋侯许赂中大夫⑤，既而皆背之。赂秦伯以河外列城五⑥，东尽虢略⑦，南及华山⑧，内及解梁城⑨，既而不与。晋饥，秦输之粟；秦饥，晋闭之籴。故秦伯伐晋。

【注释】

①晋侯：指晋惠公。

②秦穆姬：秦穆公夫人，晋献公女儿。贾君：太子申生的妃子。

③群公子：指因骊姬之乱逃亡在外的众公子。

④烝：指与上辈通奸。

⑤晋侯：晋惠公。中大夫：指晋国内执政大臣。

⑥河外：黄河以南。

⑦虢略：虢国的边界。略，边界。

⑧华山：山名，在陕西华阴县境内。

⑨解梁城：今山西解州、临晋、虞乡三县之地。

【译文】

晋惠公从秦国回晋国时，秦穆夫人曾将贾君托付给晋惠公，并且对他说："应该让公子们都回国。"晋惠公回国后，竟和贾君通奸，又不肯接纳众公子，因此秦穆夫人怨恨晋惠公。晋惠公答应给中大夫财礼，后来又背弃了诺言；答应将黄河以南的五座城割给秦国，东边到虢国的边界，南到华山，还包括河内的解梁城，后来也都反悔不给了。

晋国闹饥荒，秦国送给他粮食。秦国闹饥荒，晋惠公却拒绝卖粮食给秦国。所以秦穆公发兵攻打晋国。

卜徒父筮之①，吉："涉河，侯车败②。"诘之，对曰："乃大吉也。三败，必获晋君。其卦遇《蛊》③，曰：'千乘三去④，三去之余，获其雄狐。'夫狐《蛊》⑤，必其君也。《蛊》之贞，风也；其悔⑥，山也。岁云秋矣，我落其实而取其材，所以克也。实落材亡，不败何待？"

【注释】

①卜徒父：秦国卜官，名徒父。

②侯车：晋侯之车。这是筮辞。

③《蛊》：(gǔ)，《周易》卦名。巽下艮上。

④千乘(shèng)：一千辆兵车，作为大国诸侯的代称。

⑤狐《蛊》：指雄狐。

⑥贞：内卦，代表己方。悔为外卦，代表对方。《蛊》卦由巽下艮上构成，巽为风，艮为山。风是秦的象征，山是晋的象征。

【译文】

卜徒父占筮，得到吉卦，占词上说："渡过黄河，晋侯的车子将败。"秦穆公追问他，卜徒父回答说："这是大吉大利啊！连败他们三次，一定能抓住晋国的国君。占筮得到《蛊》卦，卦辞说：'千乘之国三次进军，三次进军之后，能逮住那只雄狐。'那只雄狐，指的就是他们的国君。《蛊》的内卦是风，外卦是山。时节已到了秋天，树上的果实都让风吹落了，山上的木材也可为我所用。所以一定能打胜仗。果实落地，木材也丧失了，此时不败，还等何时？"

　　三败及韩①，晋侯谓庆郑曰："寇深矣②，若之何？"对曰："君实深之，可若何！"公曰："不孙③。"卜右④，庆郑吉，弗使。步扬御戎⑤，家仆徒为右⑥。乘小驷⑦，郑入也。庆郑曰："古者大事⑧，必乘其产，生其水土而知其人心，安其教训而服习其道⑨。唯所纳之⑩，无不如志⑪。今乘异产，以从戎事，及惧而变，将与人易⑫。乱气狡愤⑬，阴血周作，张脉偾兴⑭，外强中干，进退不可，周旋不能。君必悔之。"弗听。

【注释】

①及韩：指晋军退到韩原。

②深：深入。

③孙：同"逊"，指出言无礼。

④卜右：占卜担任车右的人。

⑤步扬：晋国公族大夫。御戎：驾驭兵车。

⑥家仆徒：晋大夫。

⑦小驷：马的名称，比较矮小。

⑧大事：指战争。

⑨服习：熟悉，习惯。

⑩纳之：使之。

⑪志：意愿。

⑫易：相反。指马与人的意图相反。

⑬乱气狡愤：指马呼吸、喘气而发怒。

⑭脉：血管。偾（fèn）兴：紧张突起。

【译文】

晋国战败了三次，一直退到韩地。晋惠公对庆郑说：
"敌人深入过来了，怎么办？"晋惠公说："你这话太放肆
了！"晋国占卜车右的人选，庆郑得吉卦，但晋惠公不用
他。惠公让步扬驾御战车，家仆徒为车右。用郑国所献的
马拉车。庆郑说："古代战争，必定要用本国产的马驾车。
本国产的马熟悉水土，知人心意，听从教训，任凭怎样使
用它，无不如意。现在用别国产的马来驾车打仗，一旦遇
到意外情况，将因恐惧而改变常态，必然违反人的意图。
那时它因受刺激而紧张地呼吸，血液在全身急促奔流，血
管膨胀，外似强壮而内里已气虚力竭，进退不能，旋转不
便。那时君王一定要后悔的。"晋惠公不听。

九月，晋侯逆秦师。使韩简视师①，复曰②："师
少于我，斗士倍我③。"公曰："何故？"对曰："出
因其资④，入用其宠⑤，饥食其粟：三施而无报，是
以来也。今又击之，我怠秦奋，倍犹未也⑥。"公
曰："一夫不可狃⑦，况国乎？"遂使请战。曰："寡
人不佞，能合其众而不能离也⑧，君若不还⑨，无所
逃命。"秦伯使公孙枝对曰："君之未入⑩，寡人惧

之⑪；入而未定列⑫，犹吾忧也。苟列定矣，敢不承命！”韩简退曰："吾幸而得囚⑬。"

【注释】

①韩简：晋大夫。视师：探视秦国兵力。

②复：复命。

③斗士：拼死敢斗之士。

④出因其资：夷吾出奔，曾依靠秦国的资助。

⑤入用其宠：回国也靠秦国帮助。

⑥倍：相差一倍。

⑦一夫：普通人。狃（niǔ）：轻慢。

⑧"能合"句：意为既已把军队集合起来，就无法解散他们。言外非得较量一下不可。

⑨君：指秦君。

⑩未入：未回到国内。

⑪惧之：替晋侯担心。

⑫未定列：君位未安定。

⑬幸而得囚：做俘虏已是幸运了。

【译文】

九月，晋惠公迎战秦军。晋方派韩简去探视秦兵的虚实。韩简回来说："军队比我们少，拼死敢斗之士却比我们多一倍还不止。"惠公说："此话怎讲？"韩简回答说："君王您逃离晋国时得到过秦国的资助；返国即位，也是得到秦国的帮助；有饥荒时吃了他们送的粟米，三次的恩惠都没有报答，秦国正是由于这样才来讨伐我们的。现在您又迎击他们。我军懈怠，秦军振奋，斗志相差一倍还不止喔。"晋惠公说："一介匹夫还不可让人轻辱，何况一个国家？"于是派韩简向秦军约战，说："我实不才，既已把军队集合起来，就无法解散他们。秦军如果不撤兵，我们实在无法回避进军的命令了。"秦穆公派公孙枝回答说："当初晋国未能回国，我替他担忧；回国后君位未巩固，我仍然替他担忧。现在君位如果安定了，我岂敢不接受贵君作战的命令呢？"韩简回去的时候说："我如果能做俘虏，免死于战场，已经是非常幸运的了。"

壬戌①，战于韩原。晋戎马还泞而止②。公号庆郑，郑曰："愎谏违卜③，固败是求④，又何逃焉？"遂去之。梁由靡御韩简，虢射为右，辂秦伯⑤，将止之，郑以救公误之⑥，遂失秦伯。秦获晋侯以归。

晋大夫反首拔舍从之⑦，秦伯使辞焉，曰："二三子何其慼也⑧！寡人之从晋君而西也⑨，亦晋之妖梦是践⑩，岂敢以至⑪？"晋大夫三拜稽首，曰："君履后土而戴皇天⑫，皇天后土，实闻君之言。群臣敢在下风。"

【注释】

①壬戌：十四日。
②还（xuán）泞而止：马陷于泥潭之中，回旋不得出来。
③愎谏：不接受劝谏。违卜：违反卜辞。指不用庆郑为车右。

④固败是求：即"固求败"，本来是自找失败。

⑤辂（lù）：遇到。

⑥误之：此句讲韩简遇到秦穆公，正要抓获，庆郑招呼他去救惠公，因此耽误了抓秦穆公的机会。

⑦反首：头发披散，向下垂着。拔舍：露宿于野。

⑧慼：同"戚"，忧伤。

⑨从晋君而西：指俘虏晋惠公西归。此为委婉说法。

⑩晋之妖梦：指僖公十年，晋大夫狐突遇到太子申生的鬼魂，申生斥责惠公无道，必败于韩，晋人称此事为妖梦。

⑪以：太。至：过分。

⑫后土、皇天：都是对天的尊称。

【译文】

九月十四日，秦、晋在韩原开战，晋惠公所乘兵车的马陷进泥潭之中，回旋不得出来。晋惠公向庆郑呼救，庆郑说："不接受劝谏，又违反卜辞，实在是自找失败，还要逃走干什么？"于是离开晋惠公。梁由靡给韩简驾车，虢射为车右，正遇上秦穆公，准备抓获秦穆公，因庆郑招呼他们去搭救晋惠公，因此耽误了抓秦穆公的时机，秦军反而抓获晋惠公，秦军回国。

晋国的大夫们都披头散发，拆除帐篷，露宿于野，跟随着晋惠公。秦穆公派人安慰他们说："你们这些人何必那么忧伤呢？我跟随着晋侯西去，只是应验了晋国的妖梦罢了，哪里敢把事情做得太过分呢！"晋国大夫们三拜叩头说："君王头上有天，脚下有地，皇天后土，都听到您的话了，下臣们都在下面听候吩咐。"

　　穆姬闻晋侯将至，以太子罃、弘与女简璧登台而履薪焉①。使以免服衰绖逆②，且告曰："上天降灾，使我两君匪以玉帛相见③，而以兴戎。若晋君朝以入，则婢子夕以死；夕以入，则朝以死。唯君裁之！"乃舍诸灵台④。

【注释】

①太子罃（yīng）：即后来的秦康公。登台履薪：撤掉上台的木梯，积薪其下，人站于薪上，表示要自焚而死。
②免（wèn）服、衰绖（cuīdié）：都是丧服。
③匪：同"非"。
④灵台：秦国的灵台，在秦都郊外。

【译文】

　　秦穆夫人听说晋惠公被抓来了，领着太子罃、儿子弘和女儿简璧，登上堆着柴草的高台之上，并派使者拿着丧服去迎接秦穆公，并且说："老天降下灾祸，让我们两国国君不是用玉帛以礼相见，而是大动干戈。如果晋君早晨进入国都，那么贱妾就晚上死；晚上进入国都，就早上死。请君王考虑！"于是，秦穆公只好把晋惠公安置在郊外的灵台。

　　大夫请以入①。公曰："获晋侯，以厚归也②。既而丧归③，焉用之？大夫其何有焉④？且晋人慼忧以重我⑤，天地以要我⑥。不图晋忧，重其怒也⑦；我食吾言⑧，背天地也。重怒难任，背天不祥，必归晋君。"公子縶曰⑨："不如杀之，无聚慝焉⑩。"子桑曰："归之而质其大子⑪，必得大成。晋未可灭而杀其君，只以成恶⑫。且史佚有言曰⑬：'无始祸⑭，无怙乱⑮，无重怒。'重怒难任，陵人不祥⑯。"乃许晋平。

【注释】

①请以入：请把惠公带回秦国都。

②以厚归：俘获晋君，是重大胜利，是"厚"。

③丧归：穆姬要自杀，是"丧"。

④何有：有何益处。

⑤慼忧以重我：指晋大夫反首拔舍，以忧愁来感动我。

⑥要：约束。

⑦重其怒：加重他们的怨恨。

⑧食吾言：指前已答应"岂敢以至"，所以不敢食言。

⑨公子縶：秦大夫，穆公儿子。

⑩慝（tè）：邪恶。聚慝，指晋惠公回国后仍将与秦为敌。

⑪质其大子：以其太子为质。

⑫成恶：造成更大的怨恨。

⑬史佚：西周初年的史官。

⑭无始祸：不要首发祸患。

⑮怙：依靠。怙乱，等于说乘人之危。

⑯陵人：欺凌别人。

【译文】

秦国大夫都请求把晋侯带进国都。秦穆公说："俘获晋君，本是归国时的光荣。如果闹出丧事，那有什么用？大臣们又有什么好处呢？再说晋大夫们用忧愁来感动我，指着天地和我相约，不考虑晋人的忧虑，会加重对我的怨恨。我如果说话不算数，就违背了天地。增加愤怒则难以承当，违背天意将不吉利，所以一定要放回晋君。"公子絷说："不如杀掉他，免得聚积邪恶！"子桑说："把晋君送回国，让他的太子留下作人质，必定更有好处。晋国还不会被灭亡，如果杀掉他们的国君，只能增加互相的仇恨。况且史佚说过：'不要先发动祸患，不要依靠动乱，不要加重愤怒。'加重愤怒，使人难以承受；欺凌别人，不吉利。"于是秦国同意晋国讲和。

　　晋侯使郤乞告瑕吕饴甥①，且召之。子金教之言②，曰："朝国人而以君命赏③。且告之曰：'孤虽归，辱社稷矣！其卜贰圉也④。'"众皆哭。晋于是乎作爰田⑤。吕甥曰："君亡之不恤⑥，而群臣是忧，惠之至也。将若君何？"众曰："何为而可？"对曰："征缮以辅孺子⑦。诸侯闻之，丧君有君，群臣辑睦⑧，甲兵益多，好我者劝⑨，恶我者惧，庶有益乎！"众说⑩，晋于是乎作州兵⑪。

【注释】

①郤乞：晋大夫。瑕吕饴甥：晋大夫，姓吕，字子金，又称吕甥，食邑于瑕、阴二地，又称阴饴甥。

②教之：教郤乞怎么说话。

③朝国人：使国人朝。

④卜贰圉（yǔ）：卜，占卜。贰，代替。圉，惠公太子，后即位，是为晋怀公。

⑤作爰田：开始废除周初以来土地定期分配的田井制，以税收赏群臣。

⑥恤：忧。

⑦征缮：征，征收赋税。缮，修整军备。孺子：即太子圉。

⑧辑睦：和睦。

⑨劝：勉励。

⑩说：同"悦"。

⑪作州兵：改革兵制，训练地方武装。

【译文】

　　晋惠公派郤乞回国告诉瑕吕饴甥，并召他来进行谈判。子金教郤乞说："你接见国人并以晋君的名义赏赐东西给他们，并且告诉他们说：'我虽然将回国，但已经给国家带来耻辱了，还是占卜一下立圉继承君位吧！'"众人听了郤乞的话，都感动得哭了。晋国从此时开始改易田制作爰田。吕甥说："国君被俘流亡在外，不忧愁自己而耽心着国内群臣，这是最大的恩惠啊，我们将怎样对待国君呢？"众人问道："怎么办才好呢？"吕甥对大家说："征收赋税，修整军备，辅助新君围。这样，诸侯知道我们虽失去了国君，又有了新君，群臣和睦，武器装备更多。与晋国友好的国家会勉励我们，憎恶晋国的会害怕我们，这也许更有好处。"众人很高兴。晋国从此开始改革兵制作州兵。

初，晋献公筮嫁伯姬于秦①，遇《归妹》之《睽》②。史苏占之曰③："不吉。其繇曰④：'士刲羊⑤，亦无衁也⑥。女承筐，亦无贶也⑦。西邻责言⑧，不可偿也。《归妹》之《睽》，犹无相也⑨。'《震》之《离》，亦《离》之《震》⑩。'为雷为火，为嬴败姬⑪。车说其輹⑫，火焚其旗，不利行师，败于宗丘⑬。《归妹》《睽》孤⑭，寇张之弧⑮，侄其从姑，六年其逋⑯，逃归其国，而弃其家⑰，明年其死于高梁之虚⑱。'"及惠公在秦，曰："先君若从史苏之占，吾不及此夫。"韩简侍，曰："龟，象也⑲；筮，数也⑳。物生而后有象，象而后有滋㉑，滋而后有数。先君之败德，及可数乎㉒？史苏是占，勿从何益㉓？《诗》曰㉔：'下民之孽㉕，匪降自天，僔沓背憎㉖，职竞由人㉗。'"

【注释】

①筮嫁：出嫁时进行占筮。

②《归妹》：卦名，兑下震上。《睽（kuí）》：卦名，兑下离上。之：变为。

③史苏：晋献公之时的占卜官。

④繇（yáo）：占辞。

⑤刲（kuī）：刺。

⑥衁（huāng）：血。

⑦贶（kuàng）：赐予。无贶，无实，无所得。

⑧西邻：指秦国。责言：指责的话。

⑨相：助。无相，无助。此二句从卦名来讲，"归妹"是嫁女之意，"睽"是隔绝之意，所以《归妹》变为《睽》，是婚姻走向绝交，是没有帮助的。

⑩"《震》之《离》"二句：《归妹》卦是兑下震上；《睽》卦是兑下离上。《归妹》之《睽》就等于《震》变《离》，而《震》变《离》和《离》变《震》是一样的。

⑪"为雷"二句：《震》代表雷，《离》代表火，是晋国的象征，也是火气太盛的象征。火盛是女子嫁后反害其娘家的预兆，所以说"为嬴败姬"。嬴，秦国姓；姬，晋国姓。

⑫说：通"脱"。辐（fù）：车厢下面钩住车轴的木头。

⑬宗丘：即韩原。

⑭孤：孤绝。

⑮弧：弓。

⑯逋（bū）：逃亡。此前后二句意为太子圉是伯姬侄子，二年后即鲁僖公十七年，太子圉入秦为人质，因此说"侄其从姑"。僖公二十二年圉逃归本国，所以是"六年其逋"。

⑰弃其家：圉在秦娶秦穆公女儿怀嬴，逃回时怀嬴留在秦没有回晋国，因此说"弃其家。"

⑱高粱：晋地，见僖公九年传注。以上几句是卜筮之辞，是预言，其实是事后追记。

⑲龟，象也：用龟甲来占卜，吉凶表现在形象上。象，指火灼龟甲之后裂纹的形象。

⑳筮，数也：用蓍草占筮，吉凶表现在数目上。数，筮草成卦所得的数目。

㉑滋：滋生，长。

㉒及可数：倒装句，即"数可及"。

㉓勿：语首助词，无义。

㉔《诗》曰：见《诗经·小雅·十月之交》。

㉕孽：妖孽。

㉖僔（zǔn）：聚语。沓（tà）：杂沓。僔沓，指在一起热烈谈论。背憎：背地里互相憎恨。

㉗职：语助词。竟：同"竟"，终究。

【译文】

当初，晋献公为了嫁伯姬给秦国曾经占筮过，得到《归妹》卦变成《睽》卦。史苏占卜说："不吉利啊！爻辞说：'男人刺羊而没有血，女子提着筐而没东西装，这是做事而无所得。'西边的邻国责备下来，晋国无法应付。《归妹》变成《睽》，说明没有人帮忙。《震》卦变成《离》卦，也就是《离》卦变成《震》卦。《震》是雷，《离》是火，又是雷又是火，姓嬴的将打败姓姬的。战车将脱落车轴，大火将烧掉军旗，不利于出师，必将败于宗丘。《归妹》嫁女，《睽》卦孤单，敌人将张弓向自己进攻。侄儿跟随着姑姑，六年之后才会逃回自己的国家，但是将抛弃自己的妻室，第二年将死在高梁的废墟上。"到了晋惠公被俘在秦国时，说："先君当初如果听从了史苏的占卜，我也不会落到这个地步了。"韩简随侍在旁，说："龟甲，是用形象来占卜的；筮草，是凭数目来占筮的。事物要先生成，才有形象。有形象之后才能演变。演变以后才有数目。先君所做败德之事太多了，难道数得完吗？史苏的占卜，就是听从了又有什么好处？《诗经》里面说：'下民的罪孽，不是自天而降的。当面谈笑奉承，背后相互憎恨，这终究是人为的啊！'"

十月，晋阴饴甥会秦伯，盟于王城。秦伯曰："晋国和乎①？"对曰："不和。小人耻失其君而悼丧其亲②，不惮征缮以立圉也③，曰：'必报仇，宁事戎狄。'君子爱其君而知其罪④，不惮征缮以待秦命⑤，曰：'必报德，有死无二⑥。'以此不和。"秦伯曰："国谓君何？"对曰："小人慼，谓之不免⑦；君子恕⑧，以为必归。小人曰：'我毒秦⑨，秦岂归君？'君子曰：'我知罪矣，秦必归君。贰而执之⑩，服而舍之，德莫厚焉，刑莫威焉⑪！服者怀德，贰者畏刑，此一役也，秦可以霸。纳而不定⑫，废而不立，以德为怨，秦不其然⑬！'"秦伯曰："是吾心也。"改馆晋侯⑭，馈七牢焉⑮。

【注释】

①和：团结一致。

②失其君：指惠公被俘。丧其亲：指将士战死。

③不惮：不怕。

④知其罪：了解惠公的错误。

⑤待秦命：等待秦国送惠公回国的命令。

⑥死无二：死无二心。

⑦不免：指秦君不肯赦免惠公。

⑧恕：宽恕。

⑨毒秦：害苦了秦。

⑩贰而执之：心怀二心，就俘虏他。

⑪威：威严。

⑫纳而不定：既送惠公回国，又不能使他安定君位。

⑬不其然：不会这样。

⑭馆：作动词，安置在宾馆。

⑮馈：赠送。七牢：牛、羊、猪各七头。

【译文】

十月，晋国的阴饴甥会见秦穆公，并在王城订立盟约。秦穆公问："晋国内和睦吗？"阴饴甥回答说："不和睦。小人因失去国君而感到耻辱，又哀悼亲人的战死，不怕征税和整顿武备之劳以立太子圉，说：'宁可事奉戎狄，也一定要报仇。'君子爱他的国君了解他的错误，不辞征税和整顿武备的劳苦以等待秦国送回国君的命令，说：'一定要报答秦国的恩德，死也不敢有二心。'所以说不和睦。"秦穆公又问："晋人会认为秦国将如何处置晋君呢？"阴饴甥回答说："小人忧愁，认为秦国不会赦免国君；君子宽恕，认为国君必定会回来。小人说：'我们害苦了秦国，秦国岂能让国君回来？'君子说：'我们知罪了，秦国必定会让国君回来。心怀二心，便俘虏他；既已服罪，便放了他。德行没有比这个更宽厚的，刑罚也没有比这更威严的了。这样，服罪的怀念秦国的恩德，有二心的害怕受刑罚，这一仗，秦国可以成为诸侯霸主。当初贵国送国君回国，又不能使他安于君位，或者废了他又不立新君，使当初的恩德反变成怨恨，秦国必不会这样做的吧！"秦穆公又说："这可是说到我的心坎上了。"于是改变态度，将晋惠公安置到宾馆里，并赠送了牛、羊、猪各七头。

蛾析谓庆郑曰："盍行乎^①？"对曰："陷君于败，败而不死，又使失刑^②，非人臣也。臣而不臣，行将焉入？"十一月，晋侯归。丁丑^③，杀庆郑而后入。

是岁，晋又饥，秦伯又饩之粟^④，曰："吾怨其君，而矜其民^⑤。且吾闻唐叔之封也^⑥，箕子曰^⑦：'其后必大^⑧。'晋其庸可冀乎^⑨？姑树德焉，以待能者^⑩！"

于是秦始征晋河东^⑪，置官司焉^⑫。

【注释】

①盍：何不。行，逃走。

②失刑：当受刑罚而逃走，是失受刑。

③丁丑：二十九日。

④饩（xì）：赠送。

⑤矜：哀怜。

⑥唐叔：武王之子，成王时始封于晋，为晋始祖。

⑦箕子：殷纣王的叔父。

⑧其：指唐叔。

⑨其庸：难道。冀，希望得到，图谋它。

⑩能者：有才能的人。

⑪征：赋税，此作动词，征收赋税。河东，即上文的"河外列城五"之地。

⑫置官司：设置官吏，负责管理。

【译文】

蛾析对庆郑说："你何不逃走呢？"庆郑回答说："是我使国君陷于失败，失败了自己又没有殉国，如果再逃走，使国君无法施行刑罚，那就更失人臣之道了。做人臣子而有失人臣之道，即使逃走，有能逃到哪里去？"十一月，晋惠公回国，二十九日，惠公杀了庆郑然后才进入国都。

这一年，晋国又发生饥荒，秦穆公又送给他们粮食，说："我怨恨他们的国君，但哀怜他的百姓。再说我听说唐叔受封的时候，箕子曾说过：'唐叔的后代必定会强大。'晋国难道是可以随便得到的吗？我姑且多树立德行，以等待有才能的人。"

从这时候起，秦国开始在黄河以东征收赋税，设置官吏，负责管理。

泓之战　僖公二十二年

　　僖公十七年齐桓公死后，齐国陷入争立国君的混乱之中。宋襄公发动诸侯之兵讨齐，终于立了齐孝公。宋襄公已合诸侯，遂生称霸之心。僖公十九年他执滕子、用鄫子，讨曹、伐郑，欲以力服人，却被楚人玩弄于股掌之上。泓之战，他提出"不重伤，不禽二毛"的迂腐主张，终于以失败告终，最后连命也葬送了。此篇即刻画了宋襄公这样一个徒有霸心而无霸术的形象。文中司马子鱼的论战，针对宋襄公的迂腐进行了反驳，透彻明确，痛快淋漓。

夏，宋公伐郑。子鱼曰："所谓祸在此矣。"

楚人伐宋以救郑。宋公将战，大司马固谏曰①："天之弃商久矣②，君将兴之，弗可赦也已③。"弗听。

冬十一月己巳朔，宋公及楚人战于泓。宋人既成列④，楚人未既济⑤。司马曰："彼众我寡，及其未既济也请击之。"公曰："不可。"既济而未成列，又以告。公曰："未可。"既陈而后击之⑥，宋师败绩。公伤股⑦，门官歼焉⑧。

国人皆咎公⑨。公曰："君子不重伤⑩，不禽二毛⑪。古之为军也，不以阻隘也⑫。寡人虽亡国之余，不鼓不成列⑬。"子鱼曰："君未知战。勍敌之人⑭，隘而不列⑮，天赞我也。阻而鼓之⑯，不亦可乎？犹有惧焉。且今之勍者，皆吾敌也。虽及胡耇⑰，获则取之，何有于二毛⑱？明耻教战⑲，求杀敌也。伤未及死，如何勿重？若爱重伤⑳，则如勿伤；爱其二毛，则如服焉㉑。三军以利用也㉒，金鼓以声气也㉓。利而用之，阻隘可也；声盛致志㉔，鼓儳可也㉕。"

（僖公二三年）夏五月，宋襄公卒，伤于泓故也。

【注释】

①大司马：即下文的子鱼，宋公子目夷，时为大司马，掌管军队。固谏：坚决劝阻。固，或认为是人名，即公孙固。

②商：商朝，为周所灭。宋国本是商人后裔。

③弗可赦：违天之罪是不可赦免的。

④既成列：已经摆好阵势。

⑤未既济：还没有全部渡过泓水。

⑥陈：同"阵"，军阵。

⑦股：大腿。

⑧门官：国君的亲兵。

⑨咎：归罪。

⑩重伤：对已受伤的敌人再加以伤害。

⑪禽：同"擒"。二毛：头发两种颜色，指头发花白的老人。

⑫不以阻隘：不把敌人逼到险要地方以取胜。

⑬鼓：作动词，击鼓进军。

⑭勍：（qíng），强。勍敌，强敌。

⑮隘而不列：处于险隘之地还未列阵。

⑯阻而鼓之：凭险而进攻。

⑰胡耇（gǒu）：老年人。

⑱何有：有何可怜惜呢？有何舍不得呢？

⑲明耻：明白国耻之心。教战，教以战术。

⑳爱：怜惜。

㉑如：应该。服，投降。

㉒以利用：抓住有利时机用兵。

㉓金鼓以声气：金鼓是用来鼓舞士气的。

㉔声盛：金鼓洪亮。致志：鼓舞士气。

㉕儳（chán）：队列参差不齐。

【译文】

夏，宋襄公攻打郑国。子鱼说："所说的祸患就在此啊。"

楚国派兵进攻宋国以救援郑国。宋襄公准备应战。大司马坚决劝阻道："上天抛弃我们已经很久了，您想复兴它，违背天意，恐怕不可赦免啊！"宋襄公不听，和楚军在泓水边交战。

宋国的军队已经列好了阵势，楚国的军队还没有完全渡过泓水，司马子鱼劝宋襄公说："楚军人多，我军人少，趁他们还没有全部渡过河，赶紧下令进攻。"宋襄公说："不可以。"楚军渡过河还未摆成阵势，司马子鱼又劝宋襄公进攻，襄公说："还是不可以。"等到楚人摆好阵势，宋襄公才下令进攻，结果宋军大败，宋襄公自己也大腿受了伤，亲兵全部被杀死

宋国国内人都怪罪宋襄公。宋襄公说："有德之人是不忍心伤害已经受了伤的敌人的，不捉拿头发花白的老年人。古人行军打仗，不凭险要地方来求得胜利。我虽是殷商亡国的后代，也不进攻还没摆好阵势的敌人。"子鱼说："您还不知道怎样打仗。强大的敌人被逼在险要的地方来不及摆开阵势，这是上天在帮助我们呀！凭着险阻进攻敌人，怎么不可以呢？我还怕打不赢呢！再说这些强大的士兵，都是我们的敌人，即使是老年的，抓到了就是俘虏，管他什么头发花白？训练士兵，先让他们明白国耻之心，然后教他们战术，就是为了杀死敌人。敌人受了伤，还没有死，怎么就不可以再杀伤他呢！您如果舍不得再伤害他，还不如一开始就不杀伤；如果怜悯他头发花白，就干脆向他投降。军队打仗，就应抓住有利时机作战；鸣金、击鼓，是用来鼓舞士气的。敌人在险隘之处，正是可利用的时机。

鼓声大作，激发士气，进攻未成列的敌人，完全是应该的啊！"

（僖公二三年）夏五月，宋襄公死，是因为在泓之战中受伤的缘故。

晋公子重耳之亡　僖公二十三、二十四年

　　鲁僖公四年，骊姬之乱起于晋国，晋献公听信宠妃骊姬之谗言，迫害太子申生，太子申生自缢身亡，申生之弟重耳、夷吾亦被逼出奔。公子重耳在外流亡十九年，备尝艰辛，艰苦磨练，最终在秦穆公之帮助下回国夺取政权，史称晋文公。本篇首先运用追叙之手法，从公子重耳出奔狄国讲起，将十九年中晋文公重耳出奔、流亡、回国夺取政权，以及回国后赏善罚恶之史实集中分载于僖公二十三、二十四年之中，实为后代纪传体和纪事本末体史书之滥觞。全文叙事脉络清晰，人物形象丰满；通过一系列故事冲突，描绘出公子重耳的性格发展过程，塑造了一位砥砺成才的春秋霸主形象。

　　晋公子重耳之及于难也①，晋人伐诸蒲城②。蒲城人欲战。重耳不可，曰："保君父之命而享其生禄③，于是乎得人④。有人而校⑤，罪莫大焉。吾其奔也⑥。"遂奔狄⑦。从者狐偃、赵衰、颠颉、魏武子、司空季子⑧。狄人伐廧咎如⑨，获其二女：叔隗、季隗⑩，纳诸公子⑪。公子取季隗，生伯儵、叔刘，以叔隗妻赵衰，生盾⑫。将适齐，谓季隗曰："待我二十五年，不来而后嫁。"对曰："我二十五年矣⑬，又如是而嫁，则就木焉⑭。请待子。"处狄十二年而行。

【注释】

①及于难：指太子申生之难。《左传》僖公四年，晋献公听信宠姬骊姬的谗言，逼死太子申生，公子重（chóng）耳、夷吾同时出逃。

②蒲城：今山西省隰县，重耳的封邑。

③保：依靠。生禄：养生的禄邑。

④得人：得到众人拥护。

⑤有人：即"得人"。校：同"较"，较量，对抗。

⑥奔：出逃。

⑦狄：古代北方的少数名族。

⑧狐偃：重耳的舅父，字子犯。赵衰（cuī）：字子馀。颠颉（xié）：晋大夫。魏武子：名犨（chōu）。司空季子：一名胥臣。

⑨廧咎（qiánggāo）如：狄族的别种，隗姓。

⑩叔、季：指排行。

⑪公子：指重耳。

⑫盾：即赵盾。

⑬二十五年：指已经二十五岁了。

⑭就木：进棺材。木，棺材。

【译文】

晋公子重耳在骊姬之乱的时候，晋献公派人攻打蒲城。蒲城人要迎战，重耳不同意，说："我是靠了父王的命令才有了养生的禄邑，因此才得到众人的拥护。有了百姓的拥护就要与父王对抗，没有比这更大的罪过了。我还是逃亡吧！"于是逃奔到狄国。狐偃、赵衰、颠颉、魏武子、司空季子等人都跟随他出逃。狄国人攻打廧咎如，抓获了他们的两个女儿叔隗和季隗，把她们送给公子重耳。重耳娶了季隗，生了伯鯈、叔刘。他把叔隗给了赵衰，生了赵盾。重耳准备到齐国去，对季隗说："等我二十五年，我如果不回来，你再出嫁。"季隗回答说："我已经二十五岁了，再过二十五年出嫁，我将进棺材了。我还是等您吧！"重耳在狄国呆了十二年才离开。

过卫，卫文公不礼焉①。出于五鹿②，乞食于野人③，野人与之块④。公子怒，欲鞭之。子犯曰："天赐也⑤。"稽首⑥，受而载之。

及齐，齐桓公妻之⑦，有马二十乘⑧，公子安之⑨。从者以为不可⑩。将行，谋于桑下⑪。蚕妾在其上，以告姜氏⑫。姜氏杀之，而谓公子曰："子有四方之志^⑬，其闻之者吾杀之矣。"公子曰："无之^⑭。"姜曰："行也。怀与安^⑮，实败名^⑯。"公子不可。姜与子犯谋，醉而遣之^⑰。醒，以戈逐子犯。

及曹，曹共公闻其骈胁^⑱，欲观其裸^⑲。浴，薄而观之^⑳。僖负羁之妻曰^㉑："吾观晋公子之从者，皆足以相国^㉒。若以相，夫子必反其国^㉓。反其国，必得志于诸侯^㉔。得志于诸侯，而诛无礼，曹其首也。子盍蚤自贰焉^㉕。"乃馈盘飧^㉖，置璧焉。公子受飧反璧^㉗。

【注释】

①不礼：不以礼待之。焉：之，代词，指重耳。

②五鹿：卫地，在今河南省濮阳东北莎鹿城。

③野人：乡下人。

④块：土块。

⑤天赐：上天的赐予。子犯认为土块是土地的象征，表示上天将赐予重耳土地，即能回国当国君。

⑥稽首：叩头。

⑦妻（qì）之：把齐国宗室女儿嫁给他。

⑧乘（shèng）：一乘四匹马，古时一车四马为一乘。

⑨安之：安居于齐，不想走了。

⑩从者：即跟随重耳逃亡的狐偃一帮人。

⑪桑下：桑树下。

⑫蚕妾：养蚕的女奴。姜氏：齐桓公嫁给重耳的齐女。

⑬四方之志：指远大的志向。

⑭无之：重耳想安于齐国，因此不承认。

⑮怀与安：眷恋享受，安于现状。

⑯败名：败坏功名。

⑰遣之：把重耳送出齐国。

⑱骈胁：腋下肋骨连成一片。

⑲裸：裸体。指想乘重耳裸身时看看。

⑳薄：同"迫"，迫近。

㉑僖负羁：曹国大夫。

㉒相国：做国家的辅佐之臣。

㉓夫子：那个人，指重耳。

㉔得志于诸侯：指称霸诸侯。

㉕盍："何不"的合音词。蚤：同"早"。贰：不同的态度。

㉖飧：（sūn）：晚饭。

㉗反：同"返"。反璧，表示不贪财。

【译文】

重耳过卫国的时候，卫文公没有以礼接待他。经过五鹿这个地方，重耳一行人向乡下人要饭吃，乡下人给了他一块泥土。重耳发怒了，要鞭打乡下人。子犯忙说："这是上天赐与我们的啊！"把土块接过来放在了车上。

到了齐国，齐桓公将宗室女儿嫁给重耳，又赠马八十四。重耳便安于齐国的生活不想再走了。跟随出逃的人都认为这样不行。他们准备让重耳离开齐国，并在桑树下商量。养蚕的女奴正在桑树上听到了，便报告给姜氏。姜氏把女奴杀了，然后对公子重耳说："您有远大的志向，那些听到的人，我已经把她杀了。"重耳说："没有这回事的。"
姜氏说："您走吧！眷恋享受，安于现状，只能败坏功名。"
公子不愿走，姜氏与子犯商量，把重耳罐醉，然后把他送
走。重耳醒来之后，生气得拿起戈来追赶子犯。

　　到了曹国，曹共公听说重耳腋下肋骨连成一片，便想
要乘重耳裸露身体的时候看一看。重耳洗澡的时候，他便
追近前去观看。曹大夫僖负羁的妻子说："我看晋公子的手
下人，都是足以做国家辅臣的人才。如果用他们做辅政大
臣，公子必定会返回晋国即位。返国之后，一定会在诸侯
列国中得志。得志之后而惩罚对他无礼的国家，曹国必首
当其冲。你何不早一点表示一些不同的态度呢？"于是僖
负羁就赠送给重耳一盘晚餐，把一块玉璧放置在食物中。
重耳接受了他的晚餐而送还了玉璧。

　　及宋，宋襄公赠之以马二十乘。

　　及郑，郑文公亦不礼焉。叔詹谏曰①："臣闻天
之所启②，人弗及也。晋公子有三焉③，天其或者将
建诸④，君其礼焉。男女同姓，其生不蕃⑤。晋公
子，姬出也⑥，而至于今，一也。离外之患⑦，而天
不靖晋国⑧，殆将启之，二也。有三士足以上人而
从之⑨，三也。晋、郑同侪⑩，其过子弟⑪，固将礼
焉，况天之所启乎？"弗听。

【注释】
①叔詹：郑大夫郑詹。

②启：开，赞助，指天所帮助的人。

③三焉：三项与众不同的地方。

④其或者：其、或者，都是揣测副词。诸："之乎"的合音。建诸：建立他，指天有意立他为君。

⑤蕃：繁盛。

⑥姬出：重耳为犬戎狐姬之子，姬姓女所生。

⑦离：同"罹"，遭受。外：指逃亡国外。

⑧不靖晋国：重耳虽逃亡国外，晋国内却不能安定。

⑨三士：指狐偃、赵衰和贾佗。上人：超过一般人。

⑩同侪（chái）：同等地位。

⑪其过子弟：那些来往经过郑国的晋国子弟。

【译文】

到了宋国，宋襄公赠送给重耳马八十匹。

重耳到了郑国，郑国国君郑文公对他也不加礼遇。叔詹劝告郑文公说："我听说上天所要帮助的人，一般人是比不上的。晋公子重耳有三件特殊的事非他人所能比。上天或者将要立他为君，您还是以礼相待的好。男女同姓通婚，他们的子孙不能繁盛；姬姓的晋公子重耳，又是姬姓女所生，但他至今仍健康地活着，这是第一件特殊的事。他遭受了逃亡在外的忧患，而晋国国内却不能安定，上天替重耳创造有利条件，这是第二件特殊的事。有三个超出一般人的人跟着他，这是第三件。晋国和郑国是同等地位的国家，平时他们的子弟来往，本该以礼相待，更何况是天要所帮助的人！"郑文公不听。

及楚，楚子飨之^①，曰：“公子若反晋国，则何以报不穀^②？”对曰：“子、女、玉帛^③，则君有之，羽、毛、齿、革则君地生焉^④。其波及晋国者^⑤，君之余也，其何以报君？”曰：“虽然^⑥，何以报我？”对曰：“若以君之灵，得反晋国，晋、楚治兵^⑦，遇于中原^⑧，其辟君三舍^⑨。若不获命^⑩，其左执鞭、弭^⑪，右属櫜、鞬^⑫，以与君周旋。”子玉请杀之。楚子曰：“晋公子广而俭^⑬，文而有礼^⑭。其从者肃而宽^⑮，忠而能力^⑯。晋侯无亲^⑰，外内恶之。吾闻姬姓，唐叔之后^⑱，其后衰者也^⑲，其将由晋公子乎^⑳。天将兴之，谁能废之？违天必有大咎。”乃送诸秦。

秦伯纳女五人，怀嬴与焉^㉑。奉匜沃盥^㉒，既而挥之^㉓。怒曰：“秦、晋匹也^㉔，何以卑我^㉕！”公子惧，降服而囚^㉖。

他日，公享之^㉗。子犯曰：“吾不如衰之文也^㉘，请使衰从。公子赋《河水》^㉙，公赋《六月》^㉚。赵衰曰：“重耳拜赐^㉛。”公子降^㉜，拜，稽首，公降一级而辞焉^㉝。衰曰：“君称所以佐天子者命重耳^㉞，重耳敢不拜。”

【注释】

①楚子：楚成王。

②不穀：君王自称之词。

③子、女：指男女奴隶。

④羽、毛、齿、革：鸟羽、兽毛、象牙、牛皮。

⑤波及：流散到。

⑥虽然：即使如此。

⑦治兵：交战。

⑧中原：即原中，原野之中，指战场。

⑨辟：同"避"。三舍：一舍三十里，共九十里。

⑩获命：获得退兵的命令。

⑪鞭弭：鞭，马鞭；弭（mǐ），不加装饰的弓。

⑫属：手摸着。櫜（gāo）鞬（jiàn）：箭袋和弓套。

⑬广：志向远大。俭：检束，指严于律己。

⑭文：说话有文采。

⑮肃：态度严肃。宽：待人宽厚。

⑯能力：能为重耳效力。

⑰晋侯：指晋惠公。

⑱唐叔：晋国始祖，周成王弟弟。

⑲其后衰者也：指晋国德泽久长，不会马上衰落。

⑳将由晋公子乎：指将由重耳振兴晋国。

㉑怀嬴：秦穆公之女，原嫁给晋怀公，怀公逃归后，
又嫁给晋文公重耳，后又称文嬴。

㉒奉匜（yí）沃盥（guàn）：奉，同"捧"。匜，盛水
的盘子。沃，浇。盥，洗。

㉓挥之：挥洒湿手，让怀嬴走开。此为不礼貌的行为。

㉔匹：匹敌，相等。

㉕卑我：以我为卑。

㉖降服而囚：脱去上衣，自囚以谢罪。

㉗公：秦穆公。

㉘文：有文辞，善外交辞令。

㉙赋：宴会上宾主都可以指定诗篇，让乐工演奏，称赋诗。《河水》：逸诗篇名。表示对秦穆公尊敬。

㉚《六月》:《诗经·小雅》篇名。

㉛拜赐：拜谢秦穆公的好意。

㉜降：退到阶下。

㉝降一级而辞：秦穆公下阶一级，表示不敢接受降拜的大礼。

㉞佐天子者:《六月》是歌颂尹吉甫辅佐周宣王北伐的诗，所以称"佐天子者"。

【译文】

到了楚国，楚成王设宴招待他，说："公子如果返回晋国即位，那么将如何报答我呢？"重耳回答说："男女奴仆，君王已经有了。鸟羽、兽毛、象牙、牛皮，则贵国生长得更多。晋国里生产的这些东西，不过是贵国流散到晋国的剩余罢了。我拿什么报答您好呢？"楚王说："虽说是这样，您究竟用什么来报答我？"重耳回答说："如果托您的福，能够返回晋国，一旦晋、楚两国交战，在战场上相遇，那我将把军队后撤三舍。如果还得不到君王的谅解而退兵，那只好拿起武器与楚君较量一番了。"令尹子玉请求楚王杀掉重耳，楚王说："晋公子重耳志向广大严于律己，文辞华美而有礼节；他的随从态度严肃，待人宽厚，忠诚而能为主人尽力。现在的晋国国君没有亲近的人，国内外均不得人心。我听说唐叔的后代，是姬姓中最后衰亡的，这大概要由重耳来重振国势吧！上天要振兴他，谁又能够废掉他呢？违背天意，必定会有大灾难。"于是就把重耳送到秦国。

秦穆公送给重耳五个女子，怀嬴也在其中。一次，怀嬴捧着水盘，倒水给重耳洗手。洗完之后，重耳挥洒着湿手，让怀嬴走开。怀嬴生气地说："秦国和晋国地位相等，您为何敢蔑视我？"公子重耳害怕了，脱去上衣，把自己捆绑起来向怀嬴谢罪。有一天，秦穆公宴享重耳，子犯说："我不如赵衰善于文辞，请让赵衰跟您去。"在宴会上，重耳教乐工奏《河水》这首诗以表示对秦穆公的尊敬，秦穆公叫人奏了《六月》这首诗作为回谢。赵衰忙说："重耳快拜谢君王的美意！"重耳退到阶下，拜，叩头。秦穆公下阶一级表示辞让。赵衰说："君主用辅佐天子的诗来命令重耳，重耳岂敢不拜？"

二十四年春，王正月，秦伯纳之①，不书，不告入也。

及河②，子犯以璧授公子，曰："臣负羁绁从君巡于天下③，臣之罪甚多矣，臣犹知之，而况君乎？请由此亡④。"公子曰："所不与舅氏同心者，有如白水⑤。"投其璧于河⑥。

济河，围令狐⑦，入桑泉⑧，取臼衰⑨。二月甲午⑩，晋师军于庐柳⑪。秦伯使公子絷如晋师⑫。师退，军于郇⑬。辛丑⑭，狐偃及秦、晋之大夫盟于郇。壬寅⑮，公子入于晋师⑯。丙午⑰，入于曲沃⑱。丁未⑲，朝于武宫⑳。戊申㉑，使杀怀公于高梁㉒。不书，亦不告也。

【注释】

①纳之：派兵护送重耳回国。

②河：黄河。

③羁：马络头。绁（xiè）：马缰绳。负羁绁指任仆役随从奔走。巡于天下：逃亡的委婉说法。

④亡：奔逃，指离开重耳。

⑤所：假设连词，如果。舅氏：舅父。有如白水：指河水发誓。

⑥"投其璧"句：表示取信于河神。

⑦令狐：在今山西省临猗县西。

⑧桑泉：在临猗县东北。

⑨臼衰（jiùcuī）：在今山西解县西北。

⑩甲午：二月无甲午日，恐记日有错。

⑪庐柳：在临猗县境。晋师：指晋怀公的军队。

⑫公子絷：秦公子。如：前往。

⑬郇（xún）：在临猗县西南。

⑭辛丑：甲午后第七天。

⑮壬寅：辛丑第二天。

⑯"公子"句晋军转向重耳，所以重耳能进入晋军中。

⑰丙午：壬寅后第四天。

⑱曲沃：在今山西省闻喜县东北，曲沃是晋国祖宗庙所在地。

⑲丁未：丙午第二天。

⑳武宫：晋曲沃武公之庙。

㉑戊申：丁未第二天。

㉒高梁：在今山西省临汾市。

【译文】

二十四年春，周历正月，秦穆公派兵护送重耳回国。《春秋》经文没有记载这件事，因为重耳回国之事没有向鲁国报告。到了黄河，子犯把一块玉璧交给重耳说：“臣下为您任仆役跟随着您奔走，巡行天下，臣下的罪过很多，臣下自己都知道，何况您呢！请允许我从此离开您吧！”重耳说：“我如果不与舅父一条心，可以指着黄河水发誓。”就把那块玉璧扔进黄河去。渡过黄河，重耳一行包围了令狐，进入桑泉，攻取了臼衰。

二月甲午日，晋怀公的军队驻扎在庐柳，秦穆公派公子絷到怀公军队中传达秦国的命令，晋军退，驻扎在郇地。辛丑日，狐偃和秦国、晋怀公的大夫在郇地结盟。壬寅日，重耳进入晋国军队，掌握了军队。丙午日，进入曲沃。丁未日，朝拜祖庙武宫。戊申日，派人在高梁杀了晋怀公。《春秋》没有记载这些事，也是因为晋人没来鲁国报告。

吕、郤畏逼①，将焚公宫而弑晋侯②。寺人披请见③，公使让之④，且辞焉，曰：“蒲城之役⑤，君命一宿⑥，女即至⑦。其后余从狄君以田渭滨⑧，女为惠公来求杀余，命女三宿，女中宿至⑨。虽有君命，何其速也。夫祛犹在⑩。女其行乎。”对曰：“臣谓君之入也，其知之矣⑪。若犹未也，又将及难⑫。君命无二⑬，古之制也。除君之恶，唯力是视⑭。蒲人、狄人，余何有焉⑮？今君即位，其无蒲、狄乎？齐桓公置射钩而使管仲相⑯，君若易之⑰，何辱命焉⑱？行者甚众，岂唯刑臣⑲。"公见之，以难告⑳。三月，晋侯潜会秦伯于王城㉑。己丑晦㉒，公宫火，瑕甥、郤芮不获公，乃如河上，秦伯诱而杀之㉓。晋侯逆夫人嬴氏以归㉔。秦伯送卫于晋三千人，实纪纲之仆㉕。

【注释】

①吕、郤：吕甥（即瑕甥）、郤芮，二人是晋惠公旧臣。

②公宫：晋侯的宫庭。晋侯：指重耳，此时已即君位，史称晋文公。

③寺人披：寺人，即阉人，宦官，名披。

④让：责备。

⑤蒲城之役：指僖公五年，寺人披曾奉晋献公之命至蒲城追杀重耳。

⑥一宿：一夜。此指住一夜后到蒲城。

⑦女：同"汝"，你。

⑧田：同"畋"，打猎。渭滨：渭水之滨。

⑨中宿：第二宿后第三日。

⑩袪（qū）：袖管。寺人披伐蒲城，重耳越墙逃走，寺人披斩得重耳一只袖口。

⑪知之：知道为君之道。

⑫及难：赶上灾难。及，赶上，指遭受。

⑬无二：无二心。

⑭唯力是视：即唯视力，尽自己能力之所及。

⑮余何有：对我有什么关系呢？

⑯置射钩而使管仲相：齐桓公和公子纠争位时，管仲
　　奉公子纠之命射中桓公的衣带钩，后因鲍叔牙推
　　荐，齐桓公又重用管仲。

⑰易之：改变齐桓公的做法。

⑱何辱命焉：何须你下命令。

⑲刑臣：受过宫刑之臣，寺人披自称。

⑳难：指吕、郤焚烧公宫的阴谋。

㉑潜会：秘密地会见。王城：秦地，在今陕西大荔县东。

㉒晦：月终之日。

㉓杀之：杀吕、郤二人。

㉔嬴氏：指怀嬴。

㉕纪纲之仆：得力之仆人。

【译文】

吕甥、郤芮害怕受到重耳的迫害，准备焚烧公宫室并
杀死晋君重耳。寺人披请求进见重耳，重耳派人去责备他，
拒绝接见他，说："蒲城之战，献公命令你一夜之后到达蒲
城，你当天就到了。后来我跟狄君一起在渭水之滨打猎，
你奉惠公之命来追杀我。命令你三个晚上以后赶到，你第
二晚就到了。虽然有国君的命令，可是追杀我你却那么
快！当初被你砍掉的那只袖子还在呢，你还是走吧！"寺
人披回答说："我以为您回国为君，应该懂得为君之道了，
如果还不懂，又将会有灾难啊。执行国君的命令不能三心

二意，这是自古以来的制度。铲除国君所厌恶的人，我是尽力而为。杀一个蒲人或狄人，于我有什么关系呢？现在您当了国君，难道就没有象当年在蒲城和在狄那样的反对者吗？齐桓公能不计射钩之仇而重用管仲为相，您如果没有齐桓的度量，改变他那样的做法，那我自然会走开，不必劳烦您下命令。那样的话要走的人很多，岂止我一个！"重耳于是接见了他。寺人披把吕、郤将作乱的事报告了重耳。三月，重耳秘密地到王城会见秦穆公。三月三十日，公宫被烧，瑕甥、郤芮没有抓到重耳，就追赶到到黄河边上，秦穆公把二人诱骗过去杀掉。重耳把怀嬴接回国内，秦穆公送给晋国三千名卫士，作为得力的仆人。

初，晋侯之竖头须①，守藏者也②。其出也，窃藏以逃，尽用以求纳之③。及入④，求见。公辞焉以沐⑤。谓仆人曰："沐则心覆⑥，心覆则图反⑦，宜吾不得见也。居者为社稷之守⑧，行者为羁绁之仆⑨，其亦可也⑩，何必罪居者？国君而仇匹夫⑪，惧者甚众矣。"仆人以告，公遽见之⑫。

狄人归季隗于晋，而请其二子⑬。文公妻赵衰⑭，生原同、屏括、楼婴。赵姬请逆盾与其母⑮，子余辞。姬曰："得宠而忘旧，何以使人？必逆之！"固请，许之。来，以盾为才⑯，固请于公，以为嫡子，而使其三子下之⑰，以叔隗为内子⑱，而己下之。

【注释】

①竖头须：竖，小臣。头须：人名。

②藏（zàng）：库藏。

③纳：接纳重耳回国。

④入：指重耳回国。

⑤沐：洗头。辞以沐，以洗头为借口辞谢不接见。

⑥沐则心覆：洗头时低头向下，心也向下，所以说心覆。

⑦图反：考虑问题颠倒。

⑧居者：留在国内的人。

⑧社稷之守：看守社稷。

⑨羁绁之仆：牵马的仆人。

⑩其：指居者和行者。

⑪仇：仇视。

⑫遽：立即，马上。

⑬二子：指伯儵、叔刘。

⑭妻（qì）：把女儿嫁给赵衰。作动词。

⑮赵姬：重耳女儿。

⑯才：有才干。

⑰下之：居于赵盾之下。

⑱内子：嫡妻。

【译文】

　　当初，晋君有个小臣，名叫头须，是个监守府库的人。当年重耳逃亡时，头须偷走府库中的财物，全部用在接纳重耳回国这件事上。等到重耳回国了，头须请求进见重耳。重耳借口正在洗头而不愿见他。头须对重耳的仆人说："洗头的时候心是向下倒过来的，心倒过来，考虑问题就颠倒了。该我不能够进见他。在国内居留的人为您看守国家，跟您逃亡的人替您奔走服役，这两种人都是一样的。何必把留守的人看成是有罪的人呢？做国君的如果仇视普通人，那么害怕的人就多了。"仆人把这些话告诉给重耳，重耳马上接见了他。

狄国人将季隗送回晋国，而请示请求留下伯儵、叔刘二人。晋文公把女儿嫁给赵衰，生了原同、屏括、楼婴。赵姬请求接回赵盾和他的母亲叔隗，赵衰辞谢不同意。赵姬说："得到了宠爱而忘记了旧人，还如何使唤别人？一定要接他们回来。"坚决向赵衰请求，赵衰同意了。于是把叔隗和赵盾接回来。赵姬认为赵盾有才干，坚决向晋文公请求，要把赵盾立为嫡子，而使亲生的三个儿子居于赵盾之下；又以叔隗为正妻，自己居于叔隗之下。

晋侯赏从亡者，介之推不言禄①，禄亦弗及。推曰"献公之子九人，唯君在矣。惠、怀无亲，外内弃之。天未绝晋，必将有主。主晋祀者②，非君而谁？天实置之，而二三子以为己力③，不亦诬乎④？窃人之财，犹谓之盗，况贪天之功以为己力乎？下义其罪⑤，上赏其奸，上下相蒙⑥，难与处矣！"其母曰："盍亦求之？以死，谁怼⑦？"对曰："尤而效之⑧，罪又甚焉。且出怨言，不食其食。"其母曰："亦使知之，若何？"对曰："言，身之文也⑨。身将隐⑩，焉用文之？是求显也⑪。"其母曰：

"能如是乎？与女偕隐[12]。"遂隐而死。晋侯求之，不获，以绵上为之田[13]，曰："以志吾过，且旌善人[14]。"

【注释】

①介之推：晋大夫，姓介，名推，曾跟随文公流亡。

②主晋祀者：主持晋国宗庙祭祀的人。

③二三子：那些人，指从亡者。

④诬：欺骗。

⑤义其罪：以其罪为义。

⑥相蒙：相互欺骗蒙蔽。

⑦怼（duì）：怨恨。

⑧尤：过失，罪过。

⑨文：文饰。

⑩隐：隐居。

⑪求显：求显达，求为人所知。

⑫偕隐：一起隐居。

⑬绵上：地名，在今山西省介休县东南。田：祭田。

⑭旌：表扬。

【译文】

晋文公奖赏跟随他逃亡的臣子，介之推没有提出要求赏赐，赏赐也没加给介之推。介之推说："献公有儿子九个，现今只有国君您在了。惠公、怀公没亲近之人，国内外的人都抛弃他。上天不愿灭绝晋国，必定会有新君。主持晋国宗庙祭祀的人，不是重耳您还有谁呢？上天一定要立重耳为君，而他们几位随从逃亡的人却贪天之功以为己力，这不是欺蒙上天吗？偷人家的财物，尚且叫他盗贼，何况贪天之功以为自己的力量呢？在下的人把罪恶当作正义的行为，在上的又对他们所做的坏事加以赞赏，上下互相欺诈蒙骗，这就难以和他们相处了。"介之推的母亲说："你何不也去求得封赏？否则就这样死去，又怨谁呢？"介之推回答说："明知他们是错的又去效仿它，罪过就更大了。再说我已口出怨言，不能再接受他的俸禄。"他的母亲说："要不然也让他知道一下，怎么样？"介之推回答说："言辞，是身体上的装饰。身体将要隐藏起来，还要装饰干什么？这反而是去求得显达了。"他母亲说："你能做到这样吗？那么我和你一起隐居吧！"于是母子俩一起隐居到死。重耳派人到处寻找他们没找到，就把緜上作为介之推的祭田，说："就用这来记载我的过错，并表扬好人吧！"

晋楚城濮之战　僖公二十七年、二十八年

　　城濮之战为晋楚之间第一大战役，也是晋文公报施救患、取威定霸的关键一战。晋文公重耳曾因晋国内乱出亡在外十九年，鲁僖公二十四年回国即位。即位之后整饬内政，增强军队，教化百姓，志在图霸。鲁僖公二十八年，晋文公率晋、宋、齐、秦四国联军以救宋为名与楚、陈、蔡三国联军战于城濮，此战楚军大败，晋国从此声威大震，一战定霸。作者写城濮之战，特别注重双方备战的情况和谋略的较量，如写"舍于墓"之计，"喜赂怒顽"之计，"执宛春以怒楚"之计等等。晋楚双方欲战又止，欲和又战，徘徊酝酿，行诸文字，则有收放之妙。情节有弛有张，双方交战者之心理跃然纸上。作者还以细腻的描写，展示不同人物的性格特点。本篇是《左传》描写战争作品中最具特色篇章之一。

（僖公二十七年）冬，楚子及诸侯围宋①。宋公孙固如晋告急②。先轸曰③："报施、救患④，取威、定霸，于是乎在矣⑤。"狐偃曰："楚始得曹，而新昏于卫⑥，若伐曹、卫，楚必救之，则齐、宋免矣⑦。"于是乎蒐于被庐⑧，作三军⑨，谋元帅⑩。赵衰曰："郤縠可⑪。臣亟闻其言矣，说礼、乐而敦《诗》、《书》⑫。《诗》、《书》，义之府也⑬；礼、乐，德之则也⑭；德、义，利之本也⑮。《夏书》曰：'赋纳以言，明试以功，车服以庸⑯。'君其试之。"及使郤縠将中军，郤溱佐之⑰；使狐偃将上军，让于狐毛⑱，而佐之。命赵衰为卿，让于栾枝、先轸⑲。使栾枝将下军，先轸佐之。荀林父御戎，魏犨为右⑳。

【注释】

①及诸侯：据经文记载，随楚成王一起围宋的诸侯还有陈、蔡、郑、许等国。

②宋公孙固：宋庄公的孙子，曾为大司马。

③先轸：晋国将领，又称原轸。

④报施、救患：报施，指晋文公重耳流亡于宋国，当时宋襄公赠马八十匹，现应报恩。救患，救宋被围之患。

⑤于是乎在：在此一举。

⑥昏：同"婚"。

⑦齐、宋免矣：去年楚伐齐，侵占穀地，狐偃估计晋伐曹、卫，即可使齐、宋免于楚国的侵略，又可用

以激楚。

⑧蒐（sōu）：检阅军队，亦指演习。被庐：晋国地名。

⑨作三军：闵公元年晋献公作二军，文公乘此机会建立三军（中军、上军、下军）。

⑩谋元帅：商量元帅的人选。晋国三军各置将、佐，称为六卿。中军主将为元帅、正卿。

⑪郤縠（hú）：晋大夫。

⑫说：同"悦"。敦，崇尚。

⑬义之府：道义的府库，指道义集中的著作。

⑭则：法则，准则。

⑮本：根本。

⑯"赋纳以言"三句：引文见《尚书·益稷》。赋纳：听取。试：尝试。功：事，具体任务。庸：功绩。

⑰佐之：为副手。

⑱狐毛：晋国将领。狐毛是狐偃的哥哥。

⑲栾枝：又称栾贞子。

⑳魏犨（chōu）：又称魏武子。

【译文】

　　这年冬天，楚成王和诸侯包围宋国。宋国的公孙固到晋国告急。先轸说："报答宋国的施恩，救援宋国的患难，在诸侯中取得威望，奠定霸业，就在这一仗了！"狐偃说："楚国刚得到曹国的同盟，新近又与卫国结为婚姻。如果攻打曹、卫两国，楚国必定救援，那么，齐国和宋国就可免于被攻了。"晋国因此而在被庐阅兵，建立上、中、下三军，并商量中军元帅的人选。赵衰说："郤縠可以胜任。我屡次听他谈论，他喜爱礼、乐而熟悉《诗》《书》这些典籍。《诗》、《书》这两部典籍，道义都蕴藏其中；礼、乐，又是道德修养的准则。道与义，是利益的根本。《夏书》上说："使用一个人，应全面听取他的意见，把具体的任务交给他，使他受到明白的考验，如果成功，就赏赐给他车马服饰作为酬劳。"您不妨试用一下吧。"于是晋文公就派郤縠统帅中军，郤溱辅佐他。派狐偃率领上军，狐偃让给狐毛而自己为副。任命赵衰为卿，赵衰让给栾枝、先轸。派栾枝率领下军，先轸辅佐他。荀林父为晋文公驾御战车，魏犫担任车右。

晋侯始入而教其民①，二年，欲用之。子犯曰："民未知义②，未安其居。"于是乎出定襄王③，入务利民，民怀生矣④。将用之。子犯曰："民未知信，未宣其用⑤。"于是乎伐原以示之信⑥。民易资者⑦，不求丰焉⑧，明征其辞⑨。公曰："可矣乎？"子犯曰："民未知礼，未生其共⑩。"于是乎大蒐以示之礼，作执秩以正其官⑪。民听不惑⑫，而后用之。出穀戍⑬，释宋围，一战而霸，文之教也⑭。

【注释】

① 教其民：训练百姓作战。

② 未知义：不懂得道义。

③ 出定襄王：当时周王朝发生王子带之乱，晋文公平定其乱。事见僖公二十五年传。

④怀生：怀，眷恋。生，产业。即指安居乐业。

⑤宣：明白。明白信义的作用。

⑥"于是"句：伐原在僖公二十五年。

⑦易资：交换商品，即做买卖。

⑧不求丰：不过分的求利。

⑨明征其辞：明码实价。

⑩共："恭"，恭敬之心。

⑪执秩：负责管理爵禄秩位的官。

⑫民听不惑：百姓听从指挥，明辨是非。

⑬出穀戍：赶走楚在穀地的驻军。事见下年传。

⑭一战：指明年的城濮之战。此段文字综述晋文公经
  城濮之战成为霸主。

【译文】

晋文公一回国即位，就训练百姓作战。过了两年，就
想用他们。子犯说："百姓还不懂道义，还没能安守自己的
本位。"于是在外，晋文公为周襄王平定王子带之乱；在
内，则注重为百姓谋福利。百姓于是都安于他们的生计。
晋文公又准备用他们作战。子犯说："百姓还不知道信用，
还不明白信义的作用。"于是文公就去攻打原国来让百姓明
白信义的作用。做买卖不求贪得无厌，讲究价钱公道，以
示信义。晋文公问："现在可以动用百姓了吧？"子犯说：
"百姓还不知道礼义，未养成恭敬尊上的习惯。"因此举行
盛大的演习来让百姓知道礼义，建立管理爵禄佚位之官来
规定官员的职责。等到百姓听从指挥，明辨是非，服从命
令而不疑惑，然后才使用他们作战。于是，使楚国撤去戍

守穀地的兵，解除宋国的包围，一战而成就霸业。这都是文公的教化所致了。

（僖公二十八年）晋侯围曹，门焉①，多死。曹人尸诸城上②，晋侯患之。听舆人之谋曰③："称舍于墓④。"师迁焉。曹人凶惧⑤，为其所得者，棺而出之⑥。因其凶也而攻之⑦。三月丙午，入曹。数之以其不用僖负羁⑧，而乘轩者三百人也⑨。且曰："献状⑩。"令无入僖负羁之宫而免其族⑪，报施也⑫。魏犨、颠颉怒曰："劳之不图⑬，报于何有！"爇僖负羁氏⑭。魏犨伤于胸。公欲杀之，而爱其材。使问⑮，且视之⑯。病⑰，将杀之。魏犨束胸见使者，曰："以君之灵，不有宁也⑱。"距跃三百⑲，曲踊三百⑳。乃舍之。杀颠颉以徇于师㉑，立舟之侨以为戎右㉒。

【注释】

①门：做动词，攻打城门。

②尸诸城上：将晋军尸体堆列城上。

③舆人：役卒。

④舍于墓：将军队驻扎在曹人墓地上。

⑤凶惧：恐惧。

⑥棺而出之：将晋军尸体装入棺材中送出来。

⑦因其凶：乘着他们恐惧时。

⑧数之：列数曹共公的罪状。

⑨乘轩者：指贵族被封官爵的人。

⑩献状：晋文公流亡于曹国，曹共公曾乘文公洗澡时偷看文公骈胁，现责令曹共公献述其罪状。详僖公二十三年传。

⑪宫：住宅。免其族，赦免僖负羁同族的人。

⑫报施：报"盘飧置璧"之恩。

⑬劳之图之：即不图劳。劳，功劳。图，考虑。

⑭爇（ruò）：烧。

⑮问：慰劳。

⑯视之：视察伤势。

⑰病：伤重。

⑱不有灵：意为很安宁，安康。

⑲距跃：直跃向前。百：同拍，拍掌。魏犨以此表示自己伤并不重。

⑳曲踊：回身耸跳。

㉑徇：示众。

㉒舟之侨：本虢国旧臣，鲁闵公二年奔晋，为晋大夫。

【译文】

晋文公包围了曹国，攻城门时死了很多人。曹军把晋军的尸体都堆列在城上。晋文公很担心。他听到士兵们在议论说："把军队驻扎在他们的墓地上，挖他们的祖坟。"晋文公依计而行，把军队迁往曹人墓地。这一来，曹国人十分恐惧，就把他们所得到的晋军尸体用棺材装好送出来。趁着曹国人乱哄哄的时候，晋军发起进攻。三月初八日，晋军攻入曹国都城。晋人列举曹共公的罪状，责备他不任用大臣僖负羁，而乘车的佞臣倒有三百人，并责令说："要供认当年偷看晋文公洗澡的罪状。"晋文公下令不得进入僖负羁的家里，同时赦免他的族人，以此来报答僖负羁当年的恩惠。魏犨、颠颉发怒说："我们这些有功劳的不考虑奖赏，还谈什么报答僖负羁？"于是防火烧了僖负羁的房屋。魏犨胸部受了伤，晋文公想杀他，但又爱惜他的才能，因此派使者送东西去慰劳他，并察看他的病情，如果伤得厉害，就杀了他。魏犨把胸部捆得紧紧的出来见使者，说："托国君的福，我不是好好的吗？"说完就向前跳三次，拍掌三次，又回身耸跳三次，拍掌三次。于是晋文公饶恕了他，只把颠颉杀了在军中示众，立舟之侨为车右。

宋人使门尹般如晋师告急①。公曰："宋人告急，舍之则绝②，告楚不许③。我欲战矣，齐、秦未可，若之何？"先轸曰："使宋舍我而赂齐、秦，藉之告楚④。我执曹君，而分曹、卫之田以赐宋人。楚爱曹、卫，必不许也。喜赂、怒顽⑤，能无战乎？"公说，执曹伯，分曹、卫之田以畀宋人⑥。

【注释】

①门尹般：宋大夫。

②舍之则绝：不救宋，宋将与晋绝交。

③告楚不许：请楚退兵，楚必不许。

④藉之告楚：让齐、秦两国替宋向楚请求退兵。

⑤喜赂怒顽：齐、秦两国喜得宋国的财物，又恼怒楚国的顽抗。

⑥畀（bì）：给予。

【译文】

宋国派门尹般向晋军求救。晋文公说："宋国来告急，不救他，就断绝了交往；要求楚国撤兵，楚人一定不答应。我们要同楚国作战，齐国和秦国又不同意，怎么办呢？先轸说："设法让宋国不来求救，而去给齐、秦赠送财礼，假手他们两国去请楚国退兵。我们则拘留曹君，把曹、卫两国的田地分赐给宋人。楚国是与曹、卫亲善的，必定不会答应齐、秦两国的请求。齐、秦两国即高兴于得了宋国的贿赂，又恼怒楚人的顽抗，这样，他们能不参战吗？"晋文公听了很高兴，就扣住曹君，把曹、卫两国的田地分给了宋人。

楚子入居于申①，使申叔去穀②，使子玉去宋，曰："无从晋师③。晋侯在外十九年矣，而果得晋国。险阻艰难，备尝之矣；民之情伪，尽知之矣。天假之年④，而除其害⑤。天之所置，其可废乎？《军志》曰⑥：'允当则归⑦。'又曰：'知难而退。'又曰：'有德不可敌。'此三志者⑧，晋之谓矣。"子玉使伯棼请战⑨，曰："非敢必有功也，愿以间执谗慝之口⑩。"王怒，少与之师，唯西广、东宫与若敖之六卒实从之⑪。

【注释】

① 申：本姜姓小国，后为楚所吞并，在今河南南阳。

②申叔：即申公叔侯，楚大夫。去穀：两年前，楚伐齐，占领齐国穀地，命申叔驻防那里。现在命其撤兵，以消除齐国的怨恨。

③无从晋师：避免与晋军交战。

④假之：假，给予。之，指晋文公。文公入国时已六十二岁。

⑤除其害：指与文公对立的惠公、怀公、吕甥、郤芮等都被除掉。

⑥《军志》：古代兵书。

⑦允当则归：适可而止。允当，恰如其分。

⑧三志：三条记载。

⑨伯棼：楚大夫，即斗椒，一字子越。

⑩间执谗慝（chántè）之口：间执，防止，杜塞。谗慝之口，播弄是非的话，指前面蒍贾批评子玉会失败的话。

⑪西广、东宫、若敖之六卒：楚军队名称。西广，右军。东宫，太子属下的部队。若敖，子玉的祖父；若敖之六卒，即若敖氏的亲兵六百人。

【译文】

楚成王驻兵于申，下令叫申叔撤离穀地，叫子玉撤离宋国，告诫子玉说："不要去追逐晋军。晋侯流亡在外十九年，居然得到了晋国，当了国君。艰难险阻，他都经历过；民情真伪，他都明白。上天给与他这样长的寿命，又帮他把政敌都剪除了，这是上天要树立他，能够废得了么？兵书《军志》上说：'适可而止'。又说：'知难而退'。又说：

'有德的人是不可与之为敌的。'这三条，都适用于晋国。"
子玉派伯棼去向楚成王请战，说："不敢说一定能立功，只
是想以此堵住播弄是非说闲话的人的嘴。"楚王很不高兴，
就给他少量的军队，只有右军西广、东宫太子属下和若敖
氏的亲兵六百人跟着去。

子玉使宛春告于晋师曰^①："请复卫侯而封曹^②，
臣亦释宋之围。"子犯曰："子玉无礼哉！君取一^③，
臣取二^④，不可失矣。"先轸曰："子与之！定人之
谓礼^⑤，楚一言而定三国，我一言而亡之。我则无
礼，何以战乎？不许楚言，是弃宋也。救而弃之^⑥，
谓诸侯何？楚有三施，我有三怨^⑦，怨仇已多^⑧，将
何以战？不如私许复曹、卫以携之^⑨，执宛春以怒
楚，既战而后图之^⑩。"公说，乃拘宛春于卫，且私
许复曹、卫。曹、卫告绝于楚^⑪。

【注释】

① 宛春：楚大夫。

② 复卫侯：恢复卫侯君位。封曹：恢复曹国之地。

③ 君：指晋文公。取一：只得到释宋围一桩好处。

④ 臣：指子玉。取二：可得复卫封曹两桩好处。

⑤ 定人：使人定，安定别人的国家。

⑥ 救而弃之：本为救宋而来，结果反弃之不顾。

⑦ 三施：对宋、曹、卫三国都有恩惠。三怨：不答应
　子玉，三国都对晋有怨恨。

⑧已：太。

⑨携：离间。

⑩既战而后图之：打完仗后再说。

⑪"曹、卫"句：晋用先轸之计，拆散了楚、曹、卫联盟。

【译文】

　　子玉于是派宛春通知晋军说："请你们送卫侯回去，同时把土地退还曹国，我也就解除宋国的包围。"子犯说："子玉好无礼！我们国君只得宋国解围这一样好处；他为人臣，倒得恢复曹、卫两样好处。不要失掉这样的作战机会。"先轸说："君王可以答应他！能安定别人的国家就是有礼。楚国一句话安定了三国，我们一句话送掉了三国。那是我们无礼，这样，还拿什么作战呢？不答应楚国的请求，就是抛弃宋国；既然来救宋国，结果又抛弃了它，怎么向诸侯列国交代呢？楚国一句话给三国带来恩惠，我方一句话使三国都埋怨我们，怨仇太多，将凭什么作战？不如私下答应恢复曹、卫来离间他们，再扣留宛春以激怒楚国，其余的等打完仗再说吧！"晋文公听了，很是赞成。于是就把宛春囚在卫国，并且私下答应恢复曹国、卫国。曹、卫两国于是宣告与楚国断绝关系。

　　子玉怒，从晋师。晋师退。军吏曰："以君辟臣①，辱也。且楚师老矣②，何故退？"子犯曰："师直为壮，曲为老③。岂在久乎？微楚之惠不及此④，退三舍辟之⑤，所以报也。背惠食言⑥，以亢其仇⑦，我曲楚直。其众素饱⑧，不可谓老。我退而楚还，我

将何求^⑨？若其不还，君退臣犯，曲在彼矣。"退三
舍。楚众欲止，子玉不可。

【注释】

①辟：同"避"。

②老：指军队疲弊已极，士气衰落不振。

③"师直"句：曲、直都指道理。

④微：如果没有。

⑤三舍：九十里。晋文公流亡于楚时，曾许诺交战时
退让三舍。

⑥背惠食言：如不退三舍，是负恩失信。

⑦亢：捍御，蔽护。

⑧素：向来。饱：士气饱满。

⑨我将何求：晋退兵，楚也撤兵，这就是我们所求的。

【译文】

　　子玉非常恼怒，追逐晋军。晋军朝后撤退。军官们说：
"我们国君倒要躲避他们臣子，这是耻辱啊！况且楚军士气
已经衰疲不振，我们为什么要撤退？"子犯说："出兵打仗，
理直者就气壮，理曲者就气衰，哪在时间的长短呢？如果
没有楚国的恩惠，我们没有今天，后退九十里避让，就是
为了报答楚王的恩惠。如果忘恩失信，又去保护他们的仇
敌，那么，我们理亏，他们理直。他们的士气一向很旺盛，
不能算是衰疲。我们退兵之后，楚国如果也撤回去，那我
们还苛求什么？如果他们不撤兵，那么，为君的已经退了，
为臣的还要进犯，这就是他们理亏了。"晋军退了九十里。

楚国将士要求就此罢休，子玉不同意。

夏四月戊辰^①，晋侯、宋公、齐国归父、崔夭、秦小子憖次于城濮^②。楚师背鄋而舍^③，晋侯患之，听舆人之诵^④，曰："原田每每^⑤，舍其旧而新是谋^⑥。"公疑焉。子犯曰："战也。战而捷，必得诸侯。若其不捷，表里山河^⑦，必无害也。"公曰："若楚惠何？"栾贞子曰："汉阳诸姬^⑧，楚实尽之^⑨，思小惠而忘大耻^⑩，不如战也。"晋侯梦与楚子搏，楚子伏己而盬其脑^⑪，是以惧。子犯曰："吉。我得天^⑫，楚伏其罪^⑬，吾且柔之矣^⑭。"

【注释】

①戊辰：初一日。

②宋公：宋成公。国归父、崔夭：都是齐大夫。小子憖（yìn）：秦穆公的儿子。

③背鄋（xǐ）而舍：背靠险要之地驻扎。鄋，丘陵险阻之地。

④诵：不配乐曲，念歌词。

⑤原田每每：原田，高田。每每，草盛的样子。

⑥新是谋：即谋新。

⑦表里山河：表是外，里是内，指晋外有黄河，内有太行之险。

⑧汉阳诸姬：汉水之北许多姬姓小国。

⑨楚实尽之：都被楚灭了。

⑩"思小惠"句：楚王厚待重耳是小惠，姬姓诸国被灭是大耻。

⑪鹽（gǔ）其脑：吮吸他的脑髓。鹽，咬，吮吸。

⑫得天：晋文公被压在下面，面朝天，所以说得天帮助。

⑬伏其罪：楚王面向地，是伏罪

⑭柔，柔服之意。

【译文】

夏四月初一，晋文公、宋成公、齐国大夫国归父和崔夭以及秦国的小子憖一起驻军城濮。楚军背靠险要的鄗地扎营。晋文公很是担心，怕楚人凭险进攻。他听到众人唱到："高田野草绿油油，旧的不要了，新的多犁锄。"晋文公仍然犹豫不决。子犯说："打吧！战而得胜，必定获得诸侯拥戴；万一不胜，我们外有黄河，内有大山，一定不妨事的。"文公说："那楚国的恩惠怎么办？"栾贞子说："汉水以北的姬姓小国都被楚国灭了，何必还记着他那点小恩惠而忘记大的耻辱，不如就交战吧！"晋文公做了一个梦，梦见和楚王搏斗，楚王伏在他的身上吮吸他的脑髓，所以有些害怕。子犯说："这是吉兆。我在下面脸朝天，是我得天助；他在上面脸朝地，是他伏罪，我们将要把他们柔服了。"

子玉使斗勃请战①，曰："请与君之士戏②，君冯轼而观之③，得臣与寓目焉④。"晋侯使栾枝对曰："寡君闻命矣。楚君之惠，未之敢忘，是以在此⑤。为大夫退⑥，其敢当君乎⑦？既不获命矣，敢烦大夫，谓二三子⑧：'戒尔车乘，敬尔君事，诘朝将见⑨。'"

【注释】

①斗勃：楚大夫。

②戏：游戏。此是轻视晋军的话。

③冯轼：靠着车前的横木。冯，同"凭"。

④寓目：看。

⑤是以在此：撤退到这里。

⑥为：通"谓"。大夫：指子玉。以为楚军也已退。

⑦其：通"岂"。君：指晋文公。

⑧二三子：等于说"你们将领"，指楚国诸将士。

⑨诘朝：明天早晨。

【译文】

　　子玉派斗勃来要求交战，说："我军愿与晋军游戏一番，请贵君靠着车轼看看，得臣也将陪同观看。"晋文公派栾枝答复他说："我们的国君听到贵国的命令了。楚君的恩惠，我们是不敢忘记的，所以才撤到这里。我们以为得臣已经退兵了，难道还敢抵挡国君吗？既然不敢退兵，那末，只好麻烦您转告你们将领，准备好你们的战车，忠于你们的国事，明天早上见面。"

　　晋车七百乘，鞁、靷、鞅、靽①。晋侯登有莘之虚以观师②，曰："少长有礼③，其可用也。"遂伐其木，以益其兵④。己巳⑤，晋师陈于莘北⑥，胥臣以下军之佐当陈、蔡⑦。子玉以若敖六卒将中军，曰："今日必无晋矣⑧。"子西将左⑨，子上将右。胥臣蒙马以虎皮，先犯陈、蔡。陈、蔡奔，楚右师溃。狐毛设二旆而退之⑩。栾枝使舆曳柴而伪遁⑪，楚师驰之⑫。原轸、郤溱以中军公族横击之⑬。狐毛、狐偃以上军夹攻子西⑭，楚左师溃。楚师败绩。子玉收其卒而止，故不败。

晋师三日馆、谷⑮，及癸酉而还⑯。甲午⑰，至于衡雍⑱，作王宫于践土。

【注释】

①鞯靷鞅靽（xiǎnyǐnyāngbān）：指马身上的缰绳络头之类，形容人马装备齐全。晋军战车七百乘，共有军士五万二千五百人。

②有莘之虚：有莘，古国名，在今河南陈留县东北。虚，同"墟"，旧城废址。

③少长有礼：指晋军壮者在前，年长者在后，说明己懂得礼让。

④益：增加。

⑤己巳：初二日。

⑥莘北：即城濮。

⑦陈、蔡：陈国蔡国是楚国的同盟国，两国军队为楚方右翼。

⑧无晋：指消灭晋军。

⑨子西：楚司马斗宜申。下句楚将子上即斗勃。

⑩旆（pèi）：军中大旗。古代行军，只有中军主帅才树

立二旆，狐毛是上军主将，故意设二旆以迷惑楚军。

⑪舆：战车。伪遁：战车拖着树枝，扬起灰尘，假装
败逃。

⑫楚师：此指楚之中军。

⑬中军公族：由晋国贵族子弟所组成的中军。

⑭夹攻子西：狐毛本伪装撤退，此时也回头分两路夹
攻子西。

⑮三日馆：歇兵三日。谷：做动词，吃楚军的粮食。

⑯癸酉：初六日。

⑰甲午：二十七日。

⑱横雍：郑国地名，在今河南原武县西北。

【译文】

晋军兵车七百辆，装备非常齐全。晋文公登上莘国的
旧城检阅全军，说："少壮的在前，年长的在后，军队已知
道礼让，该可以使用了。"于是命令士兵砍下山上的树木，
补充兵器。初二日这一天，晋军在莘北摆开阵势，下军副
帅胥臣率部队抵御陈、蔡两国军队。子玉以若敖的亲兵作
为中军，说："今天一定会消灭晋军！"楚子西统帅左军，
子上统帅右军。晋军胥臣用虎皮蒙在战马身上，先攻陈、
蔡两国军队。陈、蔡两军败逃，楚方右翼部队溃散。狐毛
树起两面大旗，冒充晋中军撤退，栾枝则让兵车拖着树枝
假装逃走，楚兵狂奔追上去，先轸、郤溱率中军的亲兵从
中间拦腰攻击楚军，狐毛、狐偃率上军夹攻子西，楚国的
左翼部队也溃败。子玉收兵不动，所以没有败。

晋军进驻楚人军营休整三天，吃楚军留下的粮食，到

初六日才起程回国。四月二十七日,晋军到达衡雍,周襄王亲往慰劳,晋文公在践土为天子建了一座行宫。

　　乡役之三月①,郑伯如楚致其师②。为楚师既败而惧,使子人九行成于晋③。晋栾枝入盟郑伯。五月丙午④,晋侯及郑伯盟于衡雍。丁未⑤,献楚俘于王,驷介百乘⑥,徒兵千。郑伯傅王⑦,用平礼也⑧。己酉⑨,王享醴⑩,命晋侯宥⑪。王命尹氏及王子虎、内史叔兴父策命晋侯为侯伯⑫,赐之大辂之服⑬,戎辂之服⑭,彤弓一,彤矢百⑮,玈弓矢千⑯,秬鬯一卣⑰,虎贲三百人⑱,曰:"王谓叔父⑲,敬服王命,以绥四国。纠逖王慝⑳。"晋侯三辞,从命。曰:"重耳敢再拜稽首,奉扬天子之丕显休命㉑。"受策以出。出入三觐㉒。

【注释】

①乡役:乡,同"向";乡役,指这次战役。

②致其师:把军队交给楚国指挥,一起对晋国作战。

③子人九:郑国大夫。行成:求和。

④丙午:初九日。

⑤丁未:初十。

⑥驷介:四匹披甲的马驾的战车。

⑦傅王:傅,相,负责赞礼的人。傅王,给周王担任赞礼的职务。

⑧用平礼:按周平王接待晋文侯的礼仪来接待晋文公。

⑨己酉：十二日。

⑩醴：甜酒。

⑪宥（yòu）：劝人进餐。

⑫尹氏三人：尹氏、王子虎是周王卿士。叔兴父是周
　大夫，任内史之职。策命：书面任命。侯伯：诸侯
　的领袖，即霸主。

⑬大辂（lù）之服：大辂，祭祀时乘的车。服，指乘
　大辂时相配的冕服。

⑭戎辂之服：戎辂，兵车，配以韦弁（熟皮所制的
　冠）。

⑮彤弓、彤矢：漆了红色的弓箭。

⑯玈（lú）弓矢：黑色的弓箭。

⑰秬鬯（chàng）一卣（yǒu）：秬，黑黍；鬯，香酒。
　卣，酒器。

⑱虎贲：勇士，指天子的侍卫。

⑲叔父：晋侯是周王同姓诸侯，当时习惯称为叔父。

⑳纠逖（tì）王慝（tè）：纠，劾责。逖，剔除。慝，恶。

㉑丕显休命：丕，大。显，明。休，美。此形容天子
　的命令伟大、光明、美好。

㉒出入三觐：一共朝见了三次。觐，进见。

【译文】

五月初十日，晋文公把楚俘献给周天子，有驷马披甲
的兵车一百辆，步卒一千人。郑伯担任相礼，用的是从前
周平王接待晋文侯的礼节。五月十二日，周天子设享宴，
用甜酒招待晋文公，并允许文公向自己敬酒。周天子还命

令卿士尹氏、王子虎和内史叔兴父以书面命令晋文公为诸侯的领袖，赐给晋文公祭祀用的大辂和服饰、举行兵礼时用的戎辂和服饰，红色的弓一张，红色的箭一百枝，黑色的弓十张，黑色的箭一千枝，黑黍造的香酒一卣，勇士三百人，说："天子对叔父说：'请恭敬的服从天子的命令，好好的安抚四方诸侯，惩治那些邪恶的坏人吧！'"晋文公辞让了几次，才接受命令，说："重耳谨再拜叩头，接受并发扬天子重大而美好的赐命。"于是晋文公接受了策书离开王宫。晋文公前后一共朝见周天子三次。

卫侯闻楚师败，惧，出奔楚^①，遂适陈，使元咺奉叔武以受盟^②。癸亥^③，王子虎盟诸侯于王庭，要言曰^④："皆奖王室^⑤，无相害也。有渝此盟^⑥，明神殛之^⑦，俾队其师^⑧，无克祚国^⑨，及而玄孙，无有老幼。"君子谓是盟也信^⑩，谓晋于是役也，能以德攻^⑪。

【注释】
①出奔楚：从襄牛逃往楚国。
②元咺（xuān）：卫国大夫。叔武：卫成公的兄弟。
③癸亥：五月二十六日。
④要言：约言，立誓言。
⑤奖：扶助。
⑥渝：变，背叛。
⑦殛（jí）：诛，惩罚。

⑧俾：使。队，同"坠"，丧失。

⑨无克祚国：无克，不能够。祚国，享有国家。

⑩信：讲信义。

⑪以德攻：以德义战胜敌国。

【译文】

卫侯听说楚国兵败，非常害怕，从襄牛逃往楚国，又逃到陈国，并派元喧事奉着叔武去接受诸侯的盟约。五月二十六日，王子虎在周王的住处与诸侯订立盟约，立下誓言说："大家都应扶助王室，不能互相残害。谁要违背盟约，神灵就要严惩他，使他的军队败亡，不能享有国家，而且一直殃及到你们的子孙，不论老幼都是一样。"君子认为这次盟约是守信用的，并认为在这次战役中晋国能够做到用道德的力量来讨伐楚国。

初，楚子玉自为琼弁、玉缨①，未之服也。先战，梦河神谓己曰："畀余，余赐女孟诸之麋②。"弗致也。大心与子西使荣黄谏③，弗听。荣季曰："死而利国④，犹或为之，况琼玉乎？是粪土也⑤，而可以济师⑥，将何爱焉⑦？"弗听。出，告二子曰："非神败令尹，令尹其不勤民，实自败也。"既败，王使谓之曰："大夫若入⑧，其若申、息之老何？"子西、孙伯曰："得臣将死，二臣止之曰：'君其将以为戮。'"及连谷而死⑨。晋侯闻之而后喜可知也⑩，曰："莫余毒也已⑪！蒍吕臣实为令尹⑫，奉己而已⑬，不在民矣。"

【注释】

①琼：红色的玉。弁：马冠。缨：马鞅，以玉装饰。

②孟诸之麋：孟诸，宋国的沼泽地。麋，同"湄"，水边之地。

③大心、子西、荣黄：大心，子玉的儿子，即下文的孙伯。子西，子玉的族人。荣黄，楚臣，即下文的荣季。

④而：如果。

⑤是：此，指琼弁、玉缨。

⑥济师：帮助军队打胜仗。

⑦爱：爱惜，舍不得。

⑧大夫：指子玉。

⑨连榖：楚地名。

⑩知：同见，指晋文公喜悦之情，见于颜色。

⑪毒：害，指再也没有危害我的人。

⑫蒍吕臣：楚大夫叔伯，继子玉为令尹。

⑬奉己而已：只知保全自己罢了。

【译文】

当初，子玉曾为自己制做了镶玉的马冠马鞅，但还不曾用过。在战斗之前，子玉梦见河神对他说："把这些东西送给我吧！我赐给你孟诸沼泽地。"子玉不肯送。子玉儿子大心和子西让荣黄去劝他，子玉不听。荣黄说："如果有利于国家，牺牲性命也要做，何况是美玉呢？这些东西，不过是粪土而已。如果能保佑军队打胜仗，还有什么舍不得呢？"子玉仍然不肯。荣黄出来告诉大心、子西说："不是神灵要让令尹失败，而是令尹不肯尽力为百姓办事，实在是自讨失败啊！"子玉战败后，楚成王派人对他说："申、息的子弟大多战死了，大夫如果回来，怎么向申、息两地的父老交代呢？"子西、孙伯对使者说："子玉打算自杀的，是我们二人阻止了他，说：'不要自杀，等着楚王来制裁你吧！'"走到连毂，楚王还没有赦令下来，子玉就自杀了。晋文公得到这个消息，喜形于色，说："子玉一死，再没有人能害我了。蔿吕臣接任楚国的令尹，不过是保住自己而已，他是不会为老百姓的事用心的啊。"

烛之武退秦师　僖公三十年

　　烛之武退秦师之事，《春秋》仅载"晋人、秦人围郑。"《公羊传》、《穀梁传》及《国语》俱不记载此事，此为《左传》独载。秦晋联军一起攻打郑国。郑国大夫烛之武临危受命，只身去见秦穆公，说服秦国退兵。烛之武辞令之重点是在透彻分析亡郑的"利"与"害"，指出灭亡郑国只会有利于晋国而不利于秦国，并离间秦晋关系。烛之武的分析，令秦穆公幡然醒悟，自动退兵，使郑国免除了一场兵燹之灾。此篇为《左传》记载外交辞令之代表作。

　　九月甲午①，晋侯、秦伯围郑，以其无礼于晋②，且贰于楚也③。晋军函陵④，秦军氾南⑤。

　　佚之狐言于郑伯曰⑥："国危矣，若使烛之武见秦君⑦，师必退。"公从之。辞曰："臣之壮也，犹不如人，今老矣，无能为也已。"公曰："吾不能早用子，今急而求子，是寡人之过也。然郑亡，子亦有不利焉。"许之，夜缒而出⑧，见秦伯，曰："秦、晋围郑，郑既知亡矣。若亡郑而有益于君，敢以烦执事⑨。越国以鄙远⑩，君知其难也，焉用亡郑以陪邻⑪？邻之厚，君之薄也。若舍郑以为东道主⑫，行李之往来⑬，共其乏困⑭，君亦无所害。且君尝为晋君赐矣⑮，许君焦、瑕⑯，朝济而夕设版焉⑰，君之所知也。夫晋，何厌之有⑱？既东封郑⑲，又欲肆其西封⑳，若不阙秦㉑，将焉取之？阙秦以利晋，唯君图之。"秦伯说㉒，与郑人盟，使杞子、逢孙、扬孙戍之㉓，乃还。

　　子犯请击之，公曰："不可。微夫人之力不及此㉔。因人之力而敝之㉕，不仁；失其所与，不知㉖；以乱易整，不武㉗。吾其还也。"亦去之。

【注释】

①甲午：初十日。

②无礼于晋：僖公二十三年晋文公重耳出亡经过郑国，郑文公不接待他。

③贰于楚：亲近楚国。指城濮之战时，郑国把军队交

给楚国攻打晋国。

④军：驻扎。函陵：在今河南省新郑县。

⑤氾南：水名，在河南省中牟县南。

⑥佚（yì）之狐：郑国大夫。郑伯：郑文公。

⑦烛之武：郑国大夫。

⑧缒（zhuì）：用绳子绑住身子，从城墙下吊下去。

⑨执事：办事的人，敬辞，实指秦穆公。

⑩鄙：边境。鄙远，以远方之国为边境。

⑪焉用：何用。陪：同"倍"，增益。

⑫东道主：东方道路上的主人。

⑬行李：外交使节。

⑭共：同"供"。

⑮君：指秦穆公。晋君：指晋惠公。

⑯许君焦瑕：晋惠公曾答应割"河外列城五"给秦国
　作为报答，焦、瑕是其中两地。焦，在今河南省三
　门峡市西。瑕，在今山西芮城县南。

⑰版：打土墙用的夹板。设版，指筑城抵御秦国。

⑱何厌之有：即"有何厌"。厌，满足。

⑲封：疆界。

⑳肆：延长，扩张。

㉑阙：损害。

㉒说：同"悦"。

㉓杞子、逢孙、扬孙，三人都是秦国大夫。

㉔微：非。夫人，那人，指秦穆公。

㉕因：依凭。敝，损害。之，指秦。

㉖所与：同盟国。秦、晋是同盟国。知：同"智"。

㉗乱：指秦、晋发生冲突。整：指秦、晋和睦一致。

【译文】

　　鲁僖公三十年九月初十日，晋文公和秦穆公率领军队包围郑国，因为郑国当年对晋文公无礼，而且又亲附楚国。晋国的军队驻扎在函陵，秦国军队驻扎在氾南。

　　大夫佚之狐对郑文公说："国家非常危险了。如果派烛之武去会见秦穆公，秦、晋两国一定会退兵。"郑文公听从了佚之狐的建议，叫烛之武来商议。烛之武推辞说："我在壮年的时候，还赶不上别人；现在老了，还能做什么呢？"郑文公说："我不能早重用您，现在事情危急了才来求您，这是我的过错。但是郑国被灭亡了，对您也不利啊！"于是烛之武答应了。夜里，郑人用绳子绑住烛之武的身体，把他从城上吊下去。

　　烛之武见到秦穆公，说："秦军、晋君包围郑国，郑国自知必定要亡国了。如果灭亡了郑国对您有利，那就麻烦你们进攻吧。秦国要越过邻国到郑国来占领土地，使郑国成为你们的边境，您知道这是很困难的。那么，又何必灭亡了郑国去增加您的邻国——晋国的土地呢？邻国的实力雄厚了，你们可就要削弱了！如果不灭亡郑国，让郑国做东方大路上的主人，贵国的使节经过郑国，郑国还可以给他们提供所缺乏的物质，这样，对您也没有害处。再说，君王曾经给晋惠公施加过恩惠，他答应把焦和瑕两地送给您作为报答。可是，他早晨刚渡过黄河回国，晚上就设版筑城以防备秦国，这可是您知道的啊！晋国，她何时能满足呢？如果已经灭了郑国，晋国把郑国作为她东边的疆界，就必定要扩张她西边的疆界。扩张西边的疆界，不侵占秦国的领土，又到哪里去占有土地？这样，削弱秦国而使晋国得到好处，请君王好好考虑考虑吧。"

秦穆公听了很高兴，就和郑国人订立了盟约，留下杞子、逢孙、扬孙三位将领帮助郑国防守，自己撤兵回去了。子犯请求晋文公攻击秦军，晋文公说："不行，没有那个人的帮助，我们不能有今天。依靠了别人的力量，又反过来伤害他，这是不仁义的做法；失掉了自己的同盟国，这是不明智的；用秦、晋内部的冲突动乱代替原来的和睦一致，这是不威武。我们还是回去吧。"也撤兵离开了郑国。

秦晋殽之战 僖公三十二、三十三年

烛之武说退秦军之后，秦穆公虽暂时撤军回国，但仍伺机偷袭郑国，向东扩张，意图争霸中原。同时晋国也在密切关注秦国的动向，力图遏制秦国，保住自己的霸权。鲁僖公三十二年冬晋文公卒，秦穆公得到密报，使孟明视等潜师袭郑，未遂，灭滑而还，在殽山遭受晋师阻击，几乎全军覆没。本篇描述重点在谋不在战，写战事仅一句话，却写了四个故事，这是《左传》写战争的特点，目的在于生动地展示出主要人物的心理状态和个性特征。全文辞令也别具一格，从容委婉，简而精，曲而达，充分体现了《左传》的辞令之美。

（僖公三十二年）冬，晋文公卒。庚辰①，将殡于曲沃②，出绛③，柩有声如牛④。卜偃使大夫拜⑤，曰："君命大事⑥，将有西师过轶我⑦，击之，必大捷焉。"

杞子自郑使告于秦曰⑧："郑人使我掌其北门之管⑨，若潜师以来⑩，国可得也。"穆公访诸蹇叔⑪，蹇叔曰："劳师以袭远⑫，非所闻也。师劳力竭，远主备之⑬，无乃不可乎！师之所为，郑必知之。勤而无所⑭，必有悖心⑮。且行千里，其谁不知？"公辞焉。召孟明、西乞、白乙⑯，使出师于东门之外。蹇叔哭之，曰："孟子⑰，吾见师之出而不见其入也。"公使谓之曰："尔何知？中寿⑱，尔墓之木拱矣⑲。"蹇叔之子与师⑳，哭而送之，曰："晋人御师必于殽㉑。殽有二陵焉㉒。其南陵，夏后皋之墓也㉒；其北陵，文王之所辟风雨也。必死是间，余收尔骨焉。"秦师遂东。

【注释】
①庚辰：十二月十日。
②殡：停棺待葬。曲沃：晋君祖坟宗庙所在地，在今山西闻喜。
③绛：晋国都，在今山西翼城县东。
④柩：棺材。
⑤卜偃：晋国卜筮之官。
⑥大事：指军事。

⑦西师：指秦军。过轶：指秦军越境而过。

⑧杞子：秦将领，鲁僖公三十年时与扬孙、逢孙戍郑。

⑨北门：都城北门。管：钥匙。

⑩潜师：偷偷的派军队。

⑪蹇（jiǎn）叔：秦国老臣。

⑫劳师：使师劳。劳，辛苦。袭远：袭击远方之国。

⑬远主：指郑国。

⑭勤：劳苦。无所：无所得。

⑮悖（bèi）心：怨恨之心。

⑯"召孟明"句：即秦将百里孟明视、西乞术、白乙丙。

⑰孟子：即孟明。

⑱中寿：中等寿命，指六七十岁。

⑲拱：两手掌合抱。

⑳与师：在军队之中。

㉑殽：同"崤"，山名，在河南省洛宁县西北，西接陕县界，东接渑池县界。

㉒二陵：二山，指东崤山与西崤山。

㉓夏后皋：夏代的天子皋，夏桀的祖父。

【译文】

鲁僖公三十二年冬天，晋文公死了。十二月十日，晋文公的灵柩将送往曲沃停放。离开绛城的时候，棺材里发出像牛叫的声音。卜偃让晋大夫们都跪地而拜，说："文公在发布军事命令：西边的军队将越过我国境内，如果我们攻击他们，必定大胜。"

秦将杞子从郑国派人向秦穆公报告说："郑国人让我掌

管都城北门的钥匙，如果秘密派军队前来，郑国一定可以攻下。"秦穆公为此访问老臣蹇叔，蹇叔说："辛辛苦苦调动军队去袭击远方的国家，我还没听说过。军队疲劳，战斗力衰竭，远方的国家又有了防备，这恐怕不行吧！军队的行动，郑国必定会知道；辛辛苦苦而无所得，军队将产生懊丧怨恨的心情，再说军队远行千里，又谁会不知道？"秦穆公不听蹇叔的劝告，召见孟明、西乞、白乙三位将领，派他们率军从东门外出兵。蹇叔哭着送他们说："孟明啊，我只看到军队出国而去，却看不到他们回来啊！"秦穆公派人去对蹇叔说："你知道什么！如果你只活到六七十岁就死去的话，那么现在你墓上的树长到一抱粗了。"

蹇叔的儿子也参加了这次出征的队伍，蹇叔哭着送他说："晋国人必定会在殽山伏击你们。殽山有两座山陵，它的南山，是夏后皋的坟墓，它的北山，是周文王躲避风雨的地方。你们一定会死在这两座山之间，我只好到那里去收你们的尸骨吧！"

秦国的军队于是向东进发。

三十三年春，秦师过周北门①，左右免胄而下②，超乘者三百乘③。王孙满尚幼④，观之，言于王曰："秦师轻而无礼⑤，必败。轻则寡谋，无礼则脱⑥。入险而脱，又不能谋，能无败乎？"

及滑，郑商人弦高将市于周⑦，遇之，以乘韦先⑧，牛十二犒师，曰："寡君闻吾子将步师出于敝邑⑨，敢犒从者⑩，不腆敝邑⑪，为从者之淹⑫，居则具一日之积⑬，行则备一夕之卫。"且使遽告于郑⑭。郑穆公使视客馆⑮，则束载、厉兵、秣马矣⑯。使皇武子辞焉⑰，曰："吾子淹久于敝邑，唯是脯资、饩牵竭矣⑱。为吾子之将行也，郑之有原圃⑲，犹秦之有具囿也⑳，吾子取其麋鹿，以闲敝邑㉑，若何？"杞子奔齐，逢孙、扬孙奔宋。孟明曰："郑有备矣，不可冀也。攻之不克，围之不继㉒，吾其还也。"灭滑而还㉓。

【注释】

①周北门：周朝都城洛邑的北门，在今洛阳市。

②胄（zhòu）：头盔。免胄，脱下头盔。

③超乘：一跃而登车。指刚一下车又跳上车，此是无礼的行为。

④王孙满：周共王儿子圉的曾孙。

⑤轻：轻狂放肆。

⑥脱：粗疏，粗心大意。

⑦市于周：到周王京城去做生意。

⑧乘韦：四张熟牛皮。乘，四。古代兵车四马驾车为一乘，故以乘代称四。

⑨寡君：指郑穆公。步师：行军，指行军路过敝国。

⑩从者：指部下。

⑪不腆（tiǎn）：不丰厚。不腆敝邑，即敝邑不腆。

⑫淹：留，逗留，耽搁。

⑬积：指每天食用的米、菜、薪、刍（马吃的草料）

等物品。

⑭遽：驿车。古代传递紧急公文，每隔若干里设驿站，
接力换马，以求迅速。

⑮客馆：即秦将杞子、逢孙、扬孙所住的住所。

⑯束载：捆好行装。厉兵：磨砺好兵器。秣马：喂饱马。

⑰皇武子：郑国大夫。辞：辞谢。

⑱脯：干肉。资：同"粢"，食粮。饩（xì）：已宰杀
的牲畜的肉。牵：活的牲口。

⑲原圃：郑国的猎场，在今河南省中牟县西北。

⑳具囿：秦国的猎场，在今陕西省凤翔县境。

㉑闲敝邑：使敝邑闲。闲，休息。

㉒不继：没有后援。

㉓"灭滑"句：秦师不敢袭郑，灭了滑国回师。

【译文】

　　鲁僖公三十三年春天，秦国的军队经过周朝都城的北
门，车左车右都把头盔脱下，下车步行；又有三百辆战车
的将士，刚下车又轻率地一跃登车而去。王孙满年纪还小，
观看秦国的军队经过，对周襄王说："秦军轻狂放肆而无礼
节，必定会打败仗。轻狂就缺少谋略，无礼节就粗疏大意，
进入险要之地，粗疏，又没有谋略，能不打败仗吗？"

　　秦军到达滑国，郑国的商人弦高正要到周王京城去做
生意，恰巧遇到秦军。郑弦高先拿出四张熟牛皮，和十二
头牛犒劳秦军，对秦军说："我们国君听说贵军行军将经过
敝国，谨派我来慰劳您的部下。敝国虽不富裕，不过为了
你们贵军的居留，如果驻扎在这里一天，我们就准备一天

的给养；如果仅住一夜，我们就准备一晚的守卫。"弦高又马上派驿车紧急向郑国国内报告。

郑穆公派人去探视秦将杞子等人驻扎的馆舍，发现他们已经捆束好行装，磨好了兵器，喂饱了马匹。郑穆公派皇武子去辞谢他们，说："诸位在敝国耽搁得太久了，只是敝国的干肉、粮食、牲口，一切吃的用的都没有了。郑国的猎场原圃，同秦国的猎场具圃都是一样的；现在你们要回去了，请诸位自己猎取些麋鹿，供诸位路上食用，以此让敝国得到休息，诸位认为怎样？"于是杞子赶紧逃奔到齐国，逢孙、扬孙逃奔到宋国。孟明说："郑国已有防备了，袭击郑国已无指望，攻打它不能取胜，围困它又没有后援，我们还是回去吧！"于是灭掉了滑国回师。

晋原轸曰："秦违蹇叔，而以贪勤民①，天奉我也②。奉不可失，敌不可纵③。纵敌患生，违天不祥。必伐秦师。"栾枝曰："未报秦施而伐其师，其为死君乎④？"先轸曰："秦不哀吾丧而伐吾同姓⑤，秦则无礼，何施之为？吾闻之，一日纵敌，数世之患也。谋及子孙，可谓死君乎⑥？"遂发命，遽兴姜戎⑦。子墨衰绖⑧，梁弘御戎，莱驹为右⑨。

夏四月辛巳⑩，败秦师于殽，获百里孟明视、西乞术、白乙丙以归，遂墨以葬文公⑪。晋于是始墨⑫。

【注释】

① 以贪勤民：因为贪婪而使百姓劳苦。

②奉：助。

③纵：放纵，放走。

④死君：指死去的晋文公。此句意为不为晋文公报答秦施，反而攻打它的军队，心中还有死去的国君吗？

⑤吾丧：晋文公死去不久，晋国还在丧期。同姓：指郑国和滑国，晋、郑、滑皆姬姓。

⑥"谋及子孙"二句：意为伐秦是替后世子孙打算，怎能说忘记先君的遗命呢？

⑦遽：马上。姜戎，居于秦、晋两国间的戎人部族，与晋国友好。

⑧子墨衰绖（cuīdié）：子，指晋文公子晋襄公，文公未葬，所以称子。衰：麻衣。绖：麻腰带，皆为丧服。墨：作动词，染成黑色。

⑨"梁弘"二句：二人皆晋大夫。右：做襄公的车右。

⑩辛巳：十三日。

⑪遂墨以葬：穿着黑色孝服安葬文公。

⑫始墨：开始以黑色丧服为习俗。

【译文】

　　晋国的先轸说："秦穆公违背了蹇叔的忠告，因为他的贪婪之心而使百姓劳苦，这是天助我啊。天助我，机不可失；敌人不可随便放走。放走敌人，必生祸患；违背天意，是不吉利。一定要进攻秦国军队。"栾枝说："还没报答秦国的恩惠反而去攻打它的军队，心中还有死去的国君吗？"先轸说："秦国不为我们的丧事哀伤，反而攻打我们的同姓之国，秦国实在无礼。还讲什么恩惠？我听说：'一天放走了敌人，会带来几辈子的祸患！'我们要为子孙后代打算，这才是不忘先君的遗命呢。"于是下达了出击秦军的命令，并且紧急发动姜戎的军队参战。文公儿子晋襄公穿着染成黑色的丧服出征，梁弘为他驾御战车，莱驹作车右。

初夏四月十三日，晋军在殽山打败了秦军，抓获了秦将百里孟明视、西乞术、白乙丙三人。于是穿上黑色孝服安葬晋文公。晋国从此开始以黑色丧服为俗。

文嬴请三帅①，曰："彼实构吾二君②，寡君若得而食之，不厌③，君何辱讨焉④！使归就戮于秦⑤，以逞寡君之志⑥，若何？"公许之⑦。先轸朝，问秦囚。公曰："夫人请之，吾舍之矣。"先轸怒曰："武夫力而拘诸原⑧，妇人暂而免诸国⑨。堕军实而长寇仇⑩，亡无日矣。"不顾而唾⑪。公使阳处父追之⑫，及诸河，则在舟中矣。释左骖⑬，以公命赠孟明⑭。孟明稽首曰："君之惠，不以累臣衅鼓⑮，使归就戮于秦，寡君之以为戮，死且不朽。若从君惠而免之⑯，三年将拜君赐⑰。"

秦伯素服郊次⑱，乡师而哭⑲，曰："孤违蹇叔，以辱二三子，孤之罪也。"不替孟明⑳，曰："孤之过也，大夫何罪？且吾不以一眚掩大德㉑。"

【注释】

①文嬴：即怀嬴，晋文公夫人。三帅：孟明等三人。
②构：挑拨、离间。

③"寡君"二句：寡君指秦穆公。不厌：不满足，指
　不解恨。
④讨：指惩罚孟明三人。
⑤就戮于秦：回到秦国受刑罚。
⑥逞：满足。
⑦公：指晋襄公。
⑧力：拼力，努力。原：原野，指战场。
⑨暂：短暂，仓促之间。免：放走。
⑩堕：毁弃。军实：战斗成果。
⑪不顾而唾：不回头就吐唾沫。这是极怒而失礼的举动。
⑫阳处父：晋大夫。
⑬左骖：驾车时最左边的那匹马。
⑭以公命：以晋襄公的名义。
⑮累臣：囚臣，俘虏之臣。衅鼓：以血涂鼓，祭鼓，
　此处指处死。
⑯从君惠：托晋君之福。免：赦免，不用被杀。
⑰拜君赐：拜领晋君的礼物。意为三年后再来报仇。
⑱郊次：在郊外等待。
⑲乡：同"向"。
⑳替：废，撤换。
㉑眚（shěng）：眼病，引申为过失。

【译文】

　　文嬴请求释放孟明等三人，对晋襄公说："他们三人实在是挑拨离间秦、晋两国国君的关系，秦君如果抓到他们，就是吃了他们的肉也不会解恨。何必劳驾您去惩罚他们

呢？让他们回秦国去受刑，以满足秦君的意愿，怎么样？"晋襄公同意了。先轸朝见襄公的时候，问起秦国的俘虏，襄公说："夫人代他们求情，我已经放掉他们了。"先轸大怒，说："勇士们花了大力气才在战场上抓获他们，一个女人仓促之间几句话就在国都里把他们放了，这是毁弃自己的战果而长敌人的志气，这样下去，离亡国的日子不远了。"说完面对着襄公不回头就吐唾沫。

襄公派了阳处父去追赶孟明三人，赶到黄河边上，孟明等人已登上船离岸了。阳处父解下左边的骖马，以襄公的名义要赠送给孟明，孟明叩头拜谢说："承蒙君王的恩惠，不杀我们这些被囚之臣去祭鼓，而让我们回秦国去受刑。秦君如果杀了我们，死也是不朽的。如果托贵君的福不杀我们，三年之后我们再来拜谢贵君的恩赐。"

秦穆公穿着白色丧服在郊外等待孟明他们，并对着回来的将士哭着说："我违背了蹇叔的忠告，而使你们几位都蒙受了耻辱，这是我的罪过啊！"秦穆公没有撤换孟明的职务，说："是我的罪过，大臣们有何罪啊？再说我也不能因一次过错来掩盖你们的大德啊！"

楚太子商臣亨江芈　文公元年

　　此篇记载楚穆王上台即位的故事。楚成王在立太子的事情上反复无常，又不听劝，一意孤行，终于被商臣所杀。文中写了潘崇所设的圈套，使得浅薄的江芈中计上当，给商臣弑君争取了主动。文中所写的情节犹如小说。此外，作者写商臣其人"蜂目而豺声"，《左传》中极少人物外貌描写，这里从外貌上写商臣，虽由令尹子上口中说出，也颇有意味。

初，楚子将以商臣为大子①，访诸令尹子上。子上曰："君之齿未也②，而又多爱③，黜乃乱也④。楚国之举⑤，恒在少者⑥。且是人也⑦，蜂目而豺声，忍人也⑧，不可立也。"弗听。既⑨，又欲立王子职而黜大子商臣⑩。商臣闻之而未察⑪，告其师潘崇曰："若之何而察之？"潘崇曰："享江芈而勿敬也⑫。"从之。江芈怒曰："呼，役夫⑬！宜君王之欲杀女而立职也⑭。"告潘崇曰："信矣。"潘崇曰："能事诸乎⑮？"曰："不能。""能行乎⑯？"曰："不能。""能行大事乎⑰？"曰："能。"

冬十月，以宫甲围成王⑱。王请食熊蹯而死⑲。弗听。丁未⑳，王缢。谥之曰："灵"，不瞑；曰："成"，乃瞑㉑。

穆王立㉒，以其为大子之室与潘崇㉓，使为大师，且掌环列之尹㉔。

【注释】

①楚子：楚成王。商臣：即后来的楚穆王。

②齿未：年龄未老。

③多爱：多内宠。

④黜乃乱：指如果立了商臣，以后如要废黜他，则恐生乱。

⑤举：立国君。

⑥恒在少者：指以立少为常。

⑦是人：此人，指商臣。

⑧忍人：残忍之人。

⑨既：立商臣为太子之后。

⑩王子职：楚成王的庶子（姬妾所生之子），商君的异母弟。

⑪未察：只听说但未核实。

⑫江芈（mǐ）：楚成王之妹。芈为姓，因其嫁与江国，故称"江芈"。

⑬役夫：贱骨头。骂人的俗语。

⑭宜：活该。杀女：废汝。

⑮事诸：侍奉王子职。诸，同"之"。

⑯行：逃亡。

⑰大事：此指弑君夺位。

⑱宫甲：太子宫中的卫队。

⑲熊蹯：熊掌。熊掌难熟，成王想借此拖延时间，等待外援。

⑳丁未：十八日。

㉑谥（shì）：古代帝王或贵族大臣死后，由继位帝王或朝廷所加给他的带有褒贬意义的称号叫"谥"。"灵"为恶谥，意为"乱而不损"，故"不瞑"，即不闭眼。"成"为美谥，意为"安民立政"，故"乃瞑"。

㉒穆王立：商臣即位在明年，此提前叙述。

㉓大子之室：做太子时的宫室及宫室内的财物、男女奴仆。

㉔环列：指环列于王宫的兵卒。环列之尹，掌管宫中警卫军的长官。

【译文】

起初，楚成王准备立商臣为太子，他去拜访令尹子上。子上说："君王的年纪还不大，又有众多的爱妃，要是立了之后又废黜太子，就会招致内乱。楚国立太子，常立年少的。况且商臣这个人，眼睛像胡蜂，声音如豺狼，是残忍之人，不能立他为太子。"成王不听。不久，成王又想立王子职而废黜太子商臣。商臣听到了这一消息，但尚未核实清楚，他告诉老师潘崇，并问道："用什么办法加以核实？"潘崇说："宴请江芈却对她无礼。"商臣按他的话去做。江芈愤怒地骂道："呸，贱骨头，难怪国君要杀你立王子职。"商臣把这话告诉潘崇，说："果有此事。"潘崇问："你能事奉王子职吗？"商臣答道："不能。""你能逃亡出国吗？"答道："不能。""能干大事吗？""能。"

冬季十月，商臣带领着宫中甲士包围了成王。成王请求吃了熊掌再死，商臣不答应。十八日，成王自缢而死。给他的谥号为"灵"，尸体的眼睛不闭上；换个谥号"成"，才闭上眼睛。

商臣即位，是为穆王，他将作太子时的宫室、财物、奴仆赠与潘崇，任命他为太师，并担任王宫禁卫军的长官。

郑败宋师获华元　宣公二年

　　华元是宋国华督之后，任右师多年。此次郑、宋大棘之战，华元身为元帅被擒。宋人以兵车百乘、文马百驷赎华元。篇中写宋国的将领狂狡救敌反而被擒、羊斟以私废公，特别是写华元与筑城者的对话，都非常生动。筑城者嘲笑华元，华元的回答显得无可奈何。人物对话声口毕肖。其实华元并非怯懦之人，宣公十五年楚国攻宋，华元只身进入楚军军营，劫持楚军主帅子反，订立盟约，挽救了宋国，足见他的勇敢。

二年春，郑公子归生受命于楚，伐宋。宋华元、乐吕御之①。二月壬子，战于大棘，宋师败绩。囚华元，获乐吕②，及甲车四百六十乘③，俘二百五十人，馘百人④。

狂狡辂郑人⑤，郑人入于井。倒戟而出之，获狂狡⑥。君子曰："失礼违命⑦，宜其为禽也。戎，昭果毅以听之之谓礼⑧。杀敌为果，致果为毅⑨。易之⑩，戮也。"

将战，华元杀羊食士⑪，其御羊斟不与⑫。及战，曰："畴昔之羊，子为政⑬；今日之事，我为政⑭。"与入郑师⑮，故败。君子谓："羊斟非人也，以其私憾，败国殄民⑯，于是刑孰大焉？《诗》所谓'人之无良'者⑰，其羊斟之谓乎，残民以逞⑱。"

【注释】

①华元：时为右师（相当于宰相），前后执政达四十余年。乐吕：宋大夫，时为司寇。

②获：不论是"擒获"（活捉）还是"斩获"（杀死）都称"获"，此与"囚"对举，指"斩获"，即杀了乐吕。

③甲车：兵车，因其战马披有盔甲，故称。

④馘（guó）：杀敌并割其左耳以献功。馘百人，或本作"馘百"。

⑤狂狡：宋大夫。辂（yà）：迎战。

⑥获狂狡：狂狡倒拿着戟救郑人，等于授之戟柄，故郑人出来后反将狂狡擒获。

⑦失礼违命：军法以杀敌为上，狂狡竟以戟救敌，故云失礼违命。

⑧昭：明白，发扬。果：勇敢。毅：刚毅，毅力。听之：听之于耳，记之于心。

⑨致果：达到或养成果敢的精神。

⑩易之：反其道而行。

⑪食（sì）：把食物给人吃。

⑫羊斟：华元的车御。不与（yù）：不在其中，指没分到羊肉。

⑬畴昔：前日。子为政：由你做主。

⑭今日之事：指打仗驾车。

⑮与入郑师：把战车赶到郑军中。

⑯殄（tiǎn）：残害。

⑰人之无良：语出《诗经·鄘风·鹑之奔奔》。《小雅·角弓》作"民之无良"。

⑱以逞：以满足自己的欲望。

【译文】

鲁宣公二年春，郑国公子归生受楚国之命兴兵伐宋。宋国的华元、乐吕率军抵抗。二月壬子日，双方战于大棘。宋军大败，郑国擒获并囚禁了华元，杀死乐吕，还缴获战车四百六十辆，俘虏宋军二百五十人，割下被杀宋军一百人的左耳以献功。

战斗中宋大夫狂狡迎战郑军时，见郑军一士兵掉入井中，他倒拿着戟将这个士兵救出，但这个士兵被救出井后反将狂狡俘虏了。君子说："不遵从战争的法则，违背命令，狂狡当然要被擒获。凡用兵之道，应该发扬果毅精神，并使之牢记于心，这叫着'礼'，敢于杀敌叫'果'，养成这种果敢精神叫'毅'。若违背这些'礼'，就要自取灭亡。"

战斗即将开始前，华元宰羊犒劳士卒，他的战车御者羊斟没能吃上。到开战时，羊斟说："日前的羊肉由你作主，今天打仗驾车，由我作主。"说完驾车驰入郑军，因而宋军大败，华元被俘。君子说："羊斟真不是人，因个人怨恨而使国家失败、人民遭殃。对于这，还有什么罪过比这更大呢？《诗经》上所说的'心地不良的人'，也许指的就是羊斟这种人吧，他不惜以残害人民来满足自己的快意。"

宋人以兵车百乘、文马百驷以赎华元于郑①。半入②，华元逃归，立于门外，告而入③。见叔牂④，曰："子之马然也⑤。"对曰："非马也，其人也。"既合而来奔⑥。

宋城，华元为植，巡功⑦。城者讴曰⑧："睅其目⑨，皤其腹⑩，弃甲而复⑪。于思于思⑫，弃甲复来⑬。"使其骖乘谓之曰⑭："牛则有皮，犀兕尚多⑮，弃甲则那⑯？"役人曰："从其有皮⑰，丹漆若何⑱？"华元曰："去之！夫其口众我寡。"

【注释】

①文马：毛色有文采的马。百驷，古代一车由四匹马拉，称"驷"，百驷，即四百匹马。

②半入：赎华元的车马只有一半送入郑国。

③告而入：指讲明情况、报明身份。

④叔牂（zāng）：即羊斟。阮芝生《左传杜注拾遗》
　云：“疑其陷元于敌，即脱身而逃，不与元同获。”

⑤子之马然也：意为我之被俘，是你的马不听指挥吧。

⑥合：答话。羊斟怕华元治罪，故逃往鲁国。

⑦植：以主帅身份任监工之事。巡功：巡视检查。

⑧城者：筑城的人。

⑨睅（hàn）：大目，此作动词，瞪着大眼睛。

⑩皤（pó）：大腹，此作动词，腆着大肚子。

⑪复：逃归。指打了败仗逃回来。

⑫于：语动词。思（sāi）：通“偲”，多须貌，大胡子。

⑬复来：指又来巡城。

⑭骖（cān）乘：在车上担任侍卫、陪乘的随从人员。

⑮兕（sì）：类似犀牛的野牛，独角，青色。牛和犀、
　兕的皮都可以用来制甲。

⑯那（nuó）：奈何，怎样。按，以上答歌是华元强作
　解嘲。

⑰从：同“纵”。

⑱丹漆：红漆。

【译文】

　　宋国用百辆兵车、四百匹毛色有文采的马，向郑国赎
取华元。这些东西刚送去一半，华元就逃回来了，他站在
城门外，向守城士兵讲明情况后才进去。他见到羊斟说：
“上次被俘是因你的马不听指挥才那样的吧？”羊斟回答说：
“不是因为马，而是因为人。”羊斟回答完就逃到了鲁国。

　　宋国筑城，华元为总监工，巡视筑城的工程。筑城的人唱到："鼓着大眼珠，挺着大肚皮，丢盔弃甲忙逃离。络腮胡子一大把，弃甲丢盔逃回家。"华元派车上的随从人员以歌答道："有牛就有皮，犀牛和兕还很多，弃甲丢盔怕什么？"筑城的人又唱道："纵然皮革多又多，丹漆难得可奈何？"华元说："回去吧，他们人多嘴多，我们人少嘴少。"

晋灵公不君　宣公二年

　　晋灵公是春秋时期有名的昏君。本篇写他"厚敛以雕墙"，奢侈挥霍；"从台上弹人"，以人命为儿戏；滥杀宰夫，草菅人命。同时又文过饰非，想尽办法除掉敢于直谏的赵盾等人。晋灵公是个典型的昏君暴君。全文的叙事矛盾冲突激烈，情节曲折，人物刻画生动，场面形象逼真。其中写锄麑触槐而死前的一段话，出于作者的悬想，虽属虚构，却符合人物性格。此种手法《左传》中多见，更增加了叙事的文学色彩。

晋灵公不君①：厚敛以雕墙②；从台上弹人，而观其辟丸也③；宰夫胹熊蹯不熟④，杀之，置诸畚⑤，使妇人载以过朝。赵盾、士季见其手⑥，问其故，而患之⑦。将谏，士季曰："谏而不入，则莫之继也。会请先⑧，不入则子继之。"三进，及溜⑨，而后视之⑩，曰："吾知所过矣，将改之。⑪"稽首而对曰："人谁无过？过而能改，善莫大焉。《诗》曰：'靡不有初，鲜克有终。⑫'夫如是，则能补过者鲜矣。君能有终，则社稷之固也⑬，岂唯群臣赖之。又曰：'衮职有阙，惟仲山甫补之。⑭'能补过也。君能补过，衮不废矣。"

犹不改。宣子骤谏，公患之，使鉏麑贼之⑮。晨往，寝门辟矣，盛服将朝。尚早，坐而假寐⑯。麑退，叹而言曰："不忘恭敬，民之主也⑰。贼民之主，不忠；弃君之命，不信。有一于此⑱，不如死也。"触槐而死。

【注释】

①晋灵公：名夷皋，晋襄公之子。不君：无道，有失为君之道。

②厚敛：厚赋，指大肆搜刮百姓。彫：同"雕"，绘饰。

③丸：弹丸。

④宰夫：诸侯国君的厨工。胹（ér）：炖，煮。熊蹯（fán）：熊掌，味美难熟。

⑤畚（běn）：用植物枝条编成的筐子一类的器具。

⑥士季：范武子，名会，字季，晋大夫。

⑦患之：为晋灵公的无道担心。

⑧会：士会。

⑨三进及溜：进，往前走。溜，房顶瓦垄滴水处，此指屋檐下。

⑩而后视之：古代臣朝君，在升堂见君前，每走一小段，就要行礼一次，每行一次礼，坐在堂上的国君都会看得见，文中晋灵公知道士季要来进谏，想不理他，直到士季往前走了三次，行了三次礼后，才不得不见他。

⑪"吾知"二句：此句主语是晋灵公。晋灵公抢先开口，以免士会进谏。

⑫"靡不有初"二句：语出《诗经·大雅·荡》。靡，无。鲜（xiǎn），少。克，能够。终，好结果。

⑬固：保障。

⑭"衮职有阙"二句：语出《诗经·大雅·烝民》。衮（gǔn），天子之服，此指周宣王。职，职责。仲山甫，周宣王时的卿士，辅佐宣王中兴。士季引用这两句诗，意在劝勉灵公，改过迁善。

⑮钽麑（chúní）：晋之大力士。贼，戕害，此指杀害。

⑯假寐：不解衣冠而睡，此指闭目养神。

⑰民之主：百姓的依靠。

⑱有一于此：不忠、不信二项有一项。

【译文】

晋灵公不行为君之道，以加重征收赋税的办法来绘饰宫室垣墙，从台上用弹弓射人，以观看群臣躲避弹丸取乐。厨师炖熊掌没有熟透，就把他杀掉，将尸体放在畚箕中，令宫女背着走过朝廷。赵盾、士季见到畚箕中露出的手，问明缘由后，很为此事担忧。他们准备进谏。士季说："如果同时进谏而不被采纳，就没人继续再谏。请让我士季先行入谏，不成功你再继续进谏。"士季向前走了三次，行了三次礼，到了殿堂的屋檐下，晋灵公才不得不见他，说："我知道自己的过错了，我准备改掉它。"士季叩头回答说："谁能没有过错！错而能改，就没有比这再好的了。《诗经》上说：'事情无不有好的开头，但却很少有好的结果。'正因为这样，所以能补过的人就显得很少。君王能有好的结果，那我们的国家就有了保障，岂止是群臣有了依赖。《诗》里又说：'周宣王有了过错，仲山甫都能及时弥补。'这说的是能补过的事。君王能补过迁善，就不会荒废国君的职事。"

晋灵公依然不改。赵盾屡次进谏，晋灵公对他很是讨厌，就派钼麑去刺杀他。钼麑凌晨潜入赵家，见赵盾寝室的门开着，赵盾穿着整齐的朝服，准备上朝，时间尚早，赵盾坐在那里闭目养神。钼麑退到一旁，暗自叹道："不忘对国君的恭敬，这是百姓的领袖。暗杀百姓的领袖，这是不忠。丢弃国君的命令，这是不信。不忠与不信，我总占有一样，我不如死去。"钼麑于是头撞赵盾庭院中的一棵槐树而死去。

秋九月，晋侯饮赵盾酒，伏甲①，将攻之。其右提弥明知之②，趋登③，曰："臣侍君宴，过三爵④，非礼也。"遂扶以下，公嗾夫獒焉⑤，明搏而杀之。盾曰："弃人用犬，虽猛何为！"斗且出，提弥明死之⑥。

初，宣子田于首山⑦，舍于翳桑⑧，见灵辄饿⑨，问其病。曰："不食三日矣。"食之，舍其半。问之，曰："宦三年矣⑩，未知母之存否，今近焉⑪，请以遗之。"使尽之，而为之箪食与肉⑫，置诸橐以与之⑬。既而与为公介⑭，倒戟以御公徒⑮，而免之。问何故。对曰："翳桑之饿人也。"问其名居⑯，不告而退，遂自亡也⑰。

乙丑，赵穿攻灵公于桃园⑱。宣子未出山而复⑲。大史书曰："赵盾弑其君。⑳"以示于朝。宣子曰："不然。"对曰："子为正卿，亡不越竟，反不讨贼㉑，非子而谁？"宣子曰："乌呼！《诗》曰'我之怀矣，自诒伊戚'㉒，其我之谓矣！"孔子曰："董狐，古之良史也，书法不隐㉓。赵宣子，古之良大夫也，为法受恶。惜也，越竟乃免。㉔"

宣子使赵穿逆公子黑臀于周而立之㉕。壬申㉖，朝于武宫㉗。

【注释】

①伏甲：埋伏了甲士。

②右：车右，又称骖乘，与主人同乘一车、担任侍卫的兵士，车右一般由勇力过人者担任。提弥明，车右名。

③趋登：快步登上殿堂。

④过三爵：超过了三杯酒。

⑤嗾（sǒu）：唤犬声，此作动词。獒（áo）：身长四尺的猛犬。当时赵盾被提弥明扶下殿堂，匆忙之中，晋灵公来不及向武士发布攻杀之令，就临时呼出猛犬，企图咬死赵盾。

⑥死之：为之而死。

⑦田：同"畋"，打猎。首山：又名首阳山，在今山西永济南。

⑧翳（yì）桑：地名，在首阳山间。

⑨灵辄：晋人。

⑩宦：贵族的仆隶，此作动词。

⑪近焉：离家不远了。

⑫箪（dān）：盛饭菜用的圆形小竹筐。

⑬橐（tuó）：口袋。

⑭与：参与，此作担任解。公介：灵公的甲士。

⑮倒戟：倒戈。

⑯名居：姓名和居所。

⑰自亡：自己逃亡了。

⑱攻：当为"杀"之误，一本作"煞"，即"杀"。桃园：晋灵公的园囿名。

⑲未出山而复：未走出晋国国境，听说晋灵公被杀死，就又返回。

⑳大史：太史，朝廷史官，此指晋太史董狐。董狐认为晋君被杀，赵盾负有主要责任，故作如此记载。

㉑贼：指赵穿。

㉒"我之怀矣"二句：《诗经·邶风·雄雉》云："我之怀矣，自诒伊阻"，与此仅一字之差，或以为此即引《雄雉》诗，或以为乃先秦逸诗。怀，此指怀念祖国。诒，同"贻"，给。一本此二句前无"诗曰"二字。

㉓书法：记史的原则，下文的"法"即"书法"之省略。

㉔越竟乃免：孔子认为，赵盾如果出境，则君臣之义绝，可以不负弑君的责任，返回后，也不必讨伐逆贼，故云"越境乃免"。

㉕公子黑臀（tún）：晋文公少子，久居于周，即晋成公，在位七年。

㉖壬申：十月三日。

㉗武宫：晋武公的神庙，在曲沃。晋国新君即位前，必先朝祭于武宫。

【译文】

秋九月，晋灵公请赵盾喝酒，预先埋伏下甲士准备攻杀赵盾。赵盾的车右提弥明发觉了，他快步登上殿堂，说："臣子侍奉国君饮酒，超过三杯就是违背礼节。"说完便扶着赵盾下了殿堂，晋灵公急忙唤出猛犬。提弥明徒手与猛犬搏斗，并打死了它。赵盾说："废弃忠良之人而用猛犬，犬虽猛又有何用！"一路且斗且退，提弥明为掩护赵盾终被杀死。

从前，赵盾曾到首山打猎。在翳桑休息时，见到一个叫灵辄的人饿得利害，赵盾问他得了什么病。他说："已经三天没吃饭了。"赵盾拿了食物给他吃，他把食物留下一半。赵盾问他为何这样，他说："出来当贵族的仆隶已经三年了，不知老母是否还健在，现在离家不远了，请让我把这些食物留给老母吃。"赵盾让他全都吃掉，另外又为他准备了一小筐的饭和肉，将它放在布袋里交给灵辄。灵辄后来做了晋灵公的甲士，他将戟掉过头来，以抵御灵公手下的伏兵，使赵盾终免于大难。赵盾问为何这样，他回答说："我是翳桑的饿人。"赵盾又问他的姓名、住处，他没有回答就退出去了，并自己逃亡他处。

这月二十六日，赵穿在桃园杀了晋灵公。此时赵盾出奔，他还未走出晋国山界就又返回朝廷。史官董狐记道："赵盾弑其君"。并将史书出示于朝廷给群臣看。赵盾说："事实不是这样。"董狐说："你身为执政大臣，出奔却没走出国境，回来也不讨伐逆贼，不是你弑君又是谁？"赵盾说："哎呀，《诗》里说：'我太怀念故国，反而给自己带来悲戚'，这说的大概就是我吧！"

孔子说："董狐，是古代的好史官，他以不曲意隐讳作为记史的原则。赵盾是古代的好大夫，为了坚持记史的原则而蒙受弑君的恶名。太可惜了，他如果走出国境，就可以免去这个恶名。"

赵盾派赵穿去成周接回公子黑臀并立他为君。十月三日，公子黑臀朝祭于武宫，即位为君。

王孙满对楚子　宣公三年

　　在春秋诸侯中，楚国自称为王，以示不受周天子的管辖。宣公三年，楚庄王先后吞并了一些小国之后，竟陈兵周朝边境，以向周天子示威。楚庄王问九鼎的轻重，暴露其取周而代之的野心。王孙满对楚王的回答，讲明了鼎的来历与象征意义，特别强调统治天下"在德不在鼎"的道理，挫败了权欲熏心的楚庄王的狂妄野心。王孙满的对答，话虽不长，援古证今，思路新巧，说理深刻。

　　楚子伐陆浑之戎，遂至于雒①，观兵于周疆②。定王使王孙满劳楚子③。楚子问鼎之大小、轻重焉④。对曰："在德不在鼎。昔夏之方有德也，远方图物⑤，贡金九牧⑥，铸鼎象物⑦，百物而为之备⑧，使民知神、奸⑨。故民入川泽山林，不逢不若⑩。螭魅罔两⑪，莫能逢之。用能协于上下⑫，以承天休⑬。桀有昏德⑭，鼎迁于商，载祀六百⑮。商纣暴虐，鼎迁于周。德之休明⑯，虽小，重也。其奸回昏乱⑰，虽大，轻也。天祚明德⑱，有所厎止⑲。成王定鼎于郏鄏⑳，卜世三十，卜年七百，天所命也。周德虽衰，天命未改。鼎之轻重，未可问也。"

【注释】

①楚子：楚庄王，名旅。雒：同"洛"，洛水，发源于陕西洛县南。楚军北伐必须到达洛阳市的洛水旁。

②观兵：陈兵示威。

③定王：周定王，名瑜。王孙满：周共王儿子圉的曾孙，时为周大夫。

④鼎：指九鼎，相传为夏禹时所铸。夏、商、周三代以九鼎作为王权的象征，楚庄王问九鼎之大小轻重，有取代周王朝之意。

⑤图物：描绘各地奇异的事物。

⑥金：铜。九牧：古将中国分成九州，九牧即九州的长官。贡金九牧，即"九牧贡金"。

⑦象物：依照奇物铸在鼎上使它像所绘的图像。

⑧百物：亦即万物。

⑨奸：恶物，坏东西。

⑩不若：不顺，指不顺利的事，不顺眼的怪物。

⑪螭魅（chīmeì）：又作魑魅，山之鬼怪。罔两：又作蝄蜽、魍魉，木石之怪。

⑫用：因。协于上下，上下团结。

⑬休：保佑。

⑭桀：夏桀。昏德：指无道。

⑮载、祀：皆纪年之称。《尔雅·释天》谓："夏曰岁，商曰祀，周曰年，唐、虞曰载"，此泛称。六百：商享国约六百四十年，此举整数。

⑯休明：美善光明。

⑰奸回：奸邪。

⑱祚：福，此作动词，赐福。

⑲厎（zhǐ）：止，终止，指最终的年限。

⑳郏（jiá）：山名。鄏（rǔ）：地名。郏鄏均在今河南洛阳市境内，此指洛阳。周成王在郏鄏营建东都洛阳，名王城，并迁九鼎于此。

【译文】

楚王征伐陆浑之戎，因而来到洛水，在周都城郊陈兵炫耀。周定王派王孙满慰劳楚王。楚王问鼎的大小与轻重。王孙满回答说："鼎的大小轻重，在于持鼎者的德行，而不在鼎本身。从前夏朝，当它有德的时候，将远方的山川物产，都画成图，又用九州长官进贡的铜铸成鼎，并把图画也铸在鼎上，天下百物鼎上均已具备，这样人民就知道什么是神，什么是奸。因而人民入山林，涉川泽时，就不会遇到不顺心的事。魑魅魍魉等鬼怪也不会再碰上，因而能上下协调，以接受上天的福佑。夏桀道德昏昧，九鼎被迁到商朝，商朝享国六百年。商纣王暴虐，九鼎又被搬迁到周朝。如果道德美善光明，鼎虽小，也是重的。如果奸邪昏乱，鼎再大，也是轻的。上天赐福给有光明品德的人，也是时间的最终年限。周成王把九鼎安定在郏鄏，占卜问得传世三十，又占卜问得传年七百，这些都是上天的旨意。周王朝的德行虽然已衰弱，但上天的旨意并未改变，鼎的轻重是不能问的。"

晋楚邲之战　宣公十二年

　　邲之战，是晋、楚两国间发生的又一次大战。起因是郑国亲附晋国，引起楚国的不满，楚国围攻郑国，攻入郑国国都。郑国向晋国求救，因此发生了邲之战。此战，晋国主帅荀林父并未做好充分的准备，既无能又不能控制好局势，晋军内部不和、轻躁、混乱，楚军却是团结、谨严、军阵整肃。两军形成了鲜明的对比。在这次大战中，晋国大败，楚庄王成就了霸业。作者在这次战役中详细地描写了晋、楚双方将领的心态和表现，鲜明地刻画了战争中的人物性格。作者还刻意写了战争中的许多具体细节，如晋军慌乱渡河，不知所措，"中军、下军争舟，舟中之指可掬"；写楚军如何教晋军败逃；赵旃获救而逢大夫之子死等等，读之使人妙趣横生。

　　十二年春，楚子围郑，旬有七日。郑人卜行成①，不吉；卜临于大宫②，且巷出车③，吉。国人大临，守陴者皆哭④。楚子退师。郑人修城。进复围之，三月，克之。入自皇门⑤，至于逵路⑥。郑伯肉袒牵羊以逆⑦，曰："孤不天⑧，不能事君，使君怀怒以及敝邑，孤之罪也，敢不唯命是听？其俘诸江南⑨，以实海滨，亦唯命；其翦以赐诸侯⑩，使臣妾之⑪，亦唯命。若惠顾前好⑫，徼福于厉、宣、桓、武⑬，不泯其社稷⑭，使改事君，夷于九县⑮，君之惠也，孤之愿也，非所敢望也。敢布腹心⑯，君实图之。"左右曰："不可许也，得国无赦。"王曰："其君能下人⑰，必能信用其民矣，庸可几乎⑱？"退三十里而许之平。潘尪入盟⑲，子良出质⑳。

【注释】

①行成：求和。

②临：哭于祖庙。大宫：诸侯国太祖之庙，此指郑国的祖庙。

③巷出车：把兵车陈于里巷之间，准备巷战。这表明郑人有死战到底的决心。

④陴（pí）：城上的女墙。守陴者，即守城者。

⑤皇门：郑都城门名。

⑥逵路：大路。

⑦郑伯：郑襄公。肉袒，脱去上衣，赤裸肩背。肉袒牵羊表示愿意服罪受刑。

⑧不天：不能秉承天意。

⑨俘诸江南：指被放逐于江南。

⑩翦：分割，割截。

⑪臣妾之：做诸侯的奴仆。

⑫前好：楚郑二国世有盟誓之好。

⑬徼福：求福。厉、宣：周厉王、周宣王。桓、武：郑桓公、郑武公。郑桓公是周厉王的少子、宣王是庶弟，宣王时始封于郑。郑武公是郑桓公之子。桓公、武公皆郑开国贤君。

⑭泯：灭。

⑮夷：等同。九：虚数，非实指。县：楚国曾将吞灭的小国置为县，如上年县陈；郑国土地较大，非仅一县，故云九县。郑伯言“夷于九县”，意即愿为楚之属国，而保留其社稷，如当时的陈、蔡等国。

⑯布腹心：披露心里的话。

⑰能下人：能屈居于他人之下。

⑱庸：难道，哪里。几：通“冀”，希望。

⑲潘尫（wāng）：楚大夫，一称师叔。

⑳子良：即公子去疾，郑襄公之弟，以仁让忠良闻名于当时。

【译文】

十二年春天，楚庄王发兵包围郑国都城。十七天后，郑君臣以占卜问与楚求和之事，结果不吉利。又以占卜问哭于郑祖庙，并然后陈车于巷、准备巷战之事，结果大吉。都城里的人大哭于祖庙，守城的士兵也全都哭了。楚庄王命令退兵，郑人乘机修复了城墙。不久楚军又向前推进，又包围了郑都，三个月后，就将其攻克。从皇门攻入，一直打到通衢大道。郑襄公去衣露体，牵着羊以迎接楚王进城，说："孤得不到天的佑助，没能侍候好君王，使君王生气，来到敝城，这是孤的罪过。我岂敢不惟命是从。要是把我俘虏到江南，充实楚国海滨无人之地，我也将惟命是从。如果分割亡郑，将其赐给诸侯国，让郑国人做他们的臣妾，我也依然惟命是从。如果君王施予恩惠，顾念过去二国的友好，向周厉王、宣王、郑桓公、武公求福，不灭掉他的国家，让它改而侍奉君王，等同于楚国的诸县，那可真是君王的恩德、我的愿望，但这并非我所敢于希望的。我大胆地向君王坦布我的心事，唯请君王考虑。"庄王左右的人都说："不能答应郑君的要求，既已得人之国，就不宜再赦免它。"庄王说："郑国之君能屈居于他人之下，就一定能凭诚信使用他的人民，这样的国家，我们岂可希望得到？"命令全军后退三十里，并答应郑国的求和。楚派潘尪入城结盟，郑派子良入楚为质。

夏六月，晋师救郑。荀林父将中军，先縠佐之①；士会将上军，郤克佐之②；赵朔将下军，栾书佐之③。赵括、赵婴齐为中军大夫④，巩朔、韩穿为上军大夫⑤，荀首、赵同为下军大夫⑥。韩厥为司马⑦。

及河，闻郑既及楚平，桓子欲还⑧，曰："无及于郑而剿民⑨，焉用之？楚归而动，不后。"随武子曰⑩："善。会闻用师，观衅而动⑪。德、刑、政、事、典、礼不易⑫，不可敌也，不为是征⑬。楚军讨郑⑭，怒其贰而哀其卑⑮。叛而伐之，服而舍之，德、刑成矣。伐叛，刑也；柔服⑯，德也。二者立矣⑰。昔岁入陈⑱，今兹入郑，民不罢劳⑲，君无怨讟⑳，政有经矣㉑。荆尸而举㉒，商、农、工、贾不败其业，而卒乘辑睦㉓，事不奸矣㉔。蒍敖为宰㉕，择楚国之令典㉖，军行，右辕，左追蓐㉗，前茅虑无㉘，中权，后劲㉙。百官象物而动㉚，军政不戒而备㉛，能用典矣㉜。其君之举也㉝，内姓选于亲㉞，外姓选于旧㉟；举不失德㊱，赏不失劳㊲；老有加惠㊳，旅有施舍。君子小人，物有服章㊴。贵有常尊，贱有等威；礼不逆矣㊵。德立、刑行，政成、事时、典从、礼顺㊶，若之何敌之？见可而进㊷，知难而退，军之善政也。兼弱攻昧㊸，武之善经也㊹。子姑整军而经武乎㊺！犹有弱而昧者，何必楚？仲虺有言曰㊻：'取乱侮亡。'兼弱也。《汋》曰：'於铄王师，遵养时晦。'㊼耆昧也㊽。《武》曰：'无竞惟烈。'㊾抚弱耆昧，以务烈所㊿，可也。"彘子曰[51]："不可。晋所以霸，师武、臣力也。今失诸侯，不可谓力[52]；有敌而不从，不可谓武。由我失霸，不如死[53]。且成师以出[54]，闻敌强而退，非夫也[55]。命为军师，而卒以非夫，唯群子能[56]，我弗为也。"以中军佐济[57]。

【注释】

①"荀林父"二句：荀林父为晋大夫，又称桓子、荀

伯、中行氏。晋三军以中军为首，中军之将即三军的统帅。先縠（hú）：先轸的后裔，原名原縠，又称彘子。邲之役，因刚愎自用而为楚所败，后又招狄攻晋，终为晋人所杀。

②"士会"二句：士会字季，名会，亦称士季、随季、随会、随武子、范武子、范会。郤（xì）克：晋大夫，亦称郤献子、郤伯。

③"赵朔"二句：赵朔为赵盾之子，晋成公的女婿，亦称赵庄子。栾书：晋名将，亦称栾武子、栾伯。

④赵括：赵盾的异母弟，亦称屏括、屏季。赵婴齐：赵括的同母弟，亦称赵婴、楼婴。中军大夫：指中军将佐之外的官，三军皆置有"大夫"。

⑤巩朔：晋大夫，亦称巩伯、士庄伯。韩穿：晋大夫韩简的同族。

⑥荀首：荀林父之弟，亦称知（zhì）庄子、知氏。赵同：赵括的同母兄，亦称原同、原叔。

⑦韩厥：韩简之孙，晋之名臣，亦称韩献子。司马：掌军政、军赋的官。

⑧桓子：荀林父的谥号。

⑨无及于郑：郑已降楚，救郑已来不及。剿：劳苦。

⑩随武子：士会。

⑪衅：间隙，机会。

⑫不易：不违背常规。

⑬不为是征：即"不征是"，不冒然进攻。

⑭军：或本作"君"。

⑮贰：贰于楚而亲晋。卑，指郑襄公卑辞以求服楚。

⑯柔服：用怀柔之道对待服罪的国家。

⑰二者：指德和刑两方面。

⑱昔岁入陈：即上年入陈杀夏征舒事。

⑲罢（pí）：通“疲”。

⑳谮（dú）：怨言，怨谤。

㉑有经：符合常规。

㉒荆尸：是楚武王创造的一种作战阵法。举，举兵。

㉓卒：步兵。乘：战车上的甲士。辑睦：和睦。

㉔奸：犯，干扰，抵触。

㉕蒍敖：即宣公十一年传的蒍艾猎，孙叔敖。宰：楚之
令尹。

㉖令典：政令和法典。

㉗“右辕”二句：右、左与下文的前、中、后都指军
队。辕：此指将军之战车。右辕，右军夹辕（即夹
车），保护兵车前进。左追蓐：左军搜寻粮食刍薪。
蓐，草，用以喂军马及人睡卧时铺地。

㉘茅：通“旄”，指“旄旌”，即饰以旄牛尾巴的旌旗。
古代军制，前军探道时，以旌为标志告诉后军。虑
无：侦查有无敌人的踪迹。

㉙后劲：作为殿后。

㉚象物而动：物，指绘有各种鸟兽图案的旗帜。古代
行军，以各种不同的旗帜作行动的标志，如，举日
章（绘有太阳的旗帜，下仿此。）则昼行，举月章
则夜行，举龙章则行水，举虎章则行林，举鸟章则

行陂，举蛇章则行泽，举鹊章则行陆，举狼章则行
山等（见《管子·兵法》）。

㉛戒：下令戒备。

㉜用典：运用法典。

㉝举：举荐人才。

㉞内姓：同姓。亲：王室支系中亲近的人。

㉟外姓：异姓。旧：指贵族世家。

㊱失德：遗漏有德之人才。

㊲失劳：遗漏有功劳的人。

㊳加惠：增加恩惠，优待。

㊴物有服章：衣饰器物各有标志和文采。

㊵逆：不顺。

㊶事时：办事合于时宜。典从：法典人人服从。

㊷可：指有可能。

㊸兼弱：兼并弱小国家。攻昧：攻取政治上昏昧的国家。

㊹善经：指治军的好方法，好原则。

㊺经武：加强武备。

㊻仲虺（huǐ）：商汤的左相，姓任。

㊼"於铄王师"二句：语出《诗经·周颂·酌》。
酌：亦作为。於（wū），感叹词，有赞美之意。铄
（shuò），盛大。遵，顺着。养，取。时，通"是"，
此。晦，昏昧之人。

㊽耆（qí）：致，此指攻伐。耆昧，攻昧。

㊾无竞惟烈：语出《诗经·周颂·武》，无竞，无止
境。烈，功业。

(50)务：致力于，寻求。烈所：功业之所在。

(51)彘子：先縠。

(52)力：为诸侯尽力。

(53)不如死：晋国从文公以来，称霸已久，先縠认为不与楚会战将丢掉霸主地位。

(54)成师：整顿军队。

(55)夫：大丈夫。

(56)群子：你们这些人。

(57)济：渡河。

【译文】

夏六月，晋出兵救郑。荀林父率中军，先縠辅助他。士会率上军，郤克辅助他。赵朔率下军，栾书辅助他。赵括、赵婴齐为中军大夫。巩朔、韩穿为上军大夫，荀首、赵同为下军大夫，韩厥为司马。

晋军来到黄河，听说郑国已经跟楚国讲和，荀林父想撤军回去，说："救郑国既然已经来不及，士卒又非常劳苦，再进军又有何用？等楚军撤走后再兴师伐郑，为时也不晚。"士会说："对。士会听说凡用兵，必须见有机可乘，然后才可发动进攻。凡德行、刑罚、政令、事务、典则、礼仪不违背常道的国家，都是不可抵挡的，这样的国家是不能征讨的。楚军讨伐郑国，恼怒它的三心二意，哀怜它的卑谦，郑国反叛，就讨伐它，服罪就赦免它，楚国的德行、刑罚都已具备。讨伐反叛者，这是用刑罚；怀柔服罪者，这是施德行。这二者楚国都已树立起来了。去年伐陈国，今年又征讨郑国，人民不觉得疲劳，国君也不被人所怨恨诽谤，这说明楚之政令合乎常道。楚举兵出征，摆开阵势，国内的商贩、农夫、工匠、店主并没废弃他们的本职，步卒、甲士和睦相处，这说明楚国的事务是互不抵触的。蒍敖为楚之宰相，能斟酌选择适于楚国的好法典，行军打仗时，右军随将军战车之所向而进退，左军负责寻找草蓐，前军以旌旐为标志，探查有无敌人的踪迹，中军负责权衡一切，后军以劲旅殿后，军中百官根据不同的旗帜，采取不同的行动，军中政令，不待主帅下令警戒，士卒就已有所防备，这说明楚国善于运用典则。楚君录用人才，同姓的从亲族中选拔，异姓的从旧臣中选拔，选拔而不遗漏有德者，赏赐而不遗漏有功者，老者受优待，旅客得馈赠，君子小人，其衣饰器物都各有标志和章纹，以别尊卑，高贵者有不变的尊位，卑贱者有威仪之等差，这说明楚之礼仪不悖有序。德行树立，刑罚施行，政令完备，事务适时，典则人人服从，礼仪和谐顺畅，我们怎能与之为敌？见到有利就前进，知道艰难就撤退，这是治军的良好准则。兼并弱小之国，攻讨昏昧之国，这是用兵的良好韬略。你姑且先整顿军队，经营武备吧，诸侯中尚有弱小或昏昧的国家，何必非伐楚不可？仲虺说过：'攻取内乱之国，凌辱衰亡之国。'说的就是兼并弱者。《汋》说：'伟大而强盛的王师，它顺从民意，攻取昏昧之王。'说的就是进取昏昧者。《武》说：'武王功业强盛无比。'说明安抚弱者、攻取昏昧、以求功业之所在，是可以的。"先縠说："不行。晋国之所以称霸诸侯，是因为军队勇武，群臣尽力，现在失去了郑国，不能说尽到了力。遇到敌人，却不敢与之周旋，不能说勇武。因为我们而失去霸主的地位，还不如死去。况且组成军队而出征，听说敌人强大就撤退，这不是大丈夫。受命为军中主帅，而最终却不能像个大丈夫，唯有诸位能做到，我不做这样的人。"他带领自己中军副帅的部属，渡过了黄河。

知庄子曰①："此师殆哉②！《周易》有之，在《师》之《临》③，曰：'师出以律④，否臧⑤，凶。'执事顺成为臧⑥，逆为否。众散为弱⑦，川壅为泽⑧，有律以如己也，故曰律⑨。否臧，且律竭也⑩。盈而以竭，天且不整⑪，所以凶也。不行谓之《临》⑫，有帅而不从，临孰甚焉⑬！此之谓矣。果遇⑭，必败，彘子尸之⑮，虽免而归⑯，必有大咎。"韩献子谓桓子曰⑰："彘子以偏师陷⑱，子罪大矣。子为元帅，师不用命，谁之罪也？失属亡师⑲，为罪已重，不如进也。事之不捷⑳，恶有所分。与其专罪㉑，六人同之，不犹愈乎？"师遂济。

楚子北师次于郔㉒。沈尹将中军，子重将左，子反将右㉓。将饮马于河而归。闻晋师既济，王欲还，嬖人伍参欲战㉔。令尹孙叔敖弗欲，曰："昔岁入陈，今兹入郑，不无事矣㉕。战而不捷，参之肉其足食乎㉖？"参曰："若事之捷，孙叔为无谋矣㉗。不捷，参之肉将在晋军，可得食乎？"令尹南辕、反旆㉘，伍参言于王曰："晋之从政者新㉙，未能行令。其佐先縠刚愎不仁，未肯用命。其三帅者，专行不获^㉚，听而无上，众谁适从？此行也，晋师必败。且君而逃臣^㉛，若社稷何？"王病之^㉜，告令尹改乘辕而北之^㉝，次于管以待之^㉞。

【注释】

①知庄子：荀首。

②殆：危险。

③在《师》之《临》：《师》卦卦形为，《坎》下《坤》上。《临》卦卦形为，《兑》下《坤》。从《师》变成《临》，即由《坎》变为《兑》，其卦形唯初爻不同，故下文即《师·初六》爻辞。

④师出以律：出师必须以法制号令指挥军队。

⑤否（pǐ）：不。臧：善。下文的"否臧"指将佐不服从主帅，军纪实施不顺利。以上二句是《师》卦初六的爻辞。

⑥执事：行事。

⑦众散为弱：以下二句解释卦象：《师》变为《临》，是由于《坎》变为《兑》。"坎"象征众，"兑"象征柔弱，因此"坎"变为"兑"是众变为弱之象。

⑧川壅为泽："坎"代表大川，"兑"代表泽；"坎"变为"兑"又象征流动的川水因壅塞而变成沼泽。

⑨"有律"二句：如己，军队有纪律就像自己指挥自己一样。律，指有纪律，即听从法制号令。

⑩竭：尽。以上暗指先縠不服从主帅指挥，自己先渡河。

⑪夭：塞。不整：此指水流不畅。此是承上面"众散"

两句卦象而言。

⑫不行之谓《临》：从《师》卦变成《临》卦，唯下卦从《坎》变成《兑》，坎为水，兑为泽，说明水因堵塞不通畅而积聚成沼泽，故云"不行之谓《临》"。

⑬临孰甚焉：军中号令不行，这是最严重的"临"。

⑭遇：遇敌。

⑮尸：主，承受。

⑯免：免于战死。

⑰韩献子：韩厥。

⑱偏师：此指先縠所率领的中军佐的军队。

⑲属：属国，此指郑国。

⑳事：戎事，战争。

㉑专罪：指元帅一人承担罪责。

㉒郔（yán）：地名，在今河南郑州市北，靠近黄河。

㉓"沈尹"三句：沈尹，楚大夫，余不详。子重：公子婴齐的字，楚庄王之弟，楚之正卿，亦称左尹子重。子反：公子侧的字，原为宋国公子，仕楚为正卿，后为大司马，亦称大司马侧。

㉔嬖（bì）：受宠之人。伍参：伍子胥的曾祖父。

㉕不无事：非无战事。

㉖参之肉其足食乎：言外之意即，若战而不胜，虽杀伍参不足以谢国人。

㉗孙叔：孙叔敖。

㉘反：同"返"。反旆，军旗也掉过头来。

㉙从政者新：指荀林父，荀林父于郔之战前数月才任

中军之将，故云。

㉚专行不获：在主帅的统帅下，不能专行己意。

㉛君：指楚王。臣：指晋臣。

㉜病之：对伍参君逃臣的话感到不舒服。

㉝改乘辕：改变车辕的方向。

㉞管：地名，在今河南郑州北二里。

【译文】

知庄子（荀首）说："先縠的这支队伍危险呀！《周易》有这样的话，从《师》卦变成《临》卦，爻辞说：'行军出征，须有法度纪律，若纪律不好，则凶。'办事顺从主帅、完成使命，这叫善，反之则为否。众心涣散，力量就削弱，江河堵塞，就会变成沼泽地，行军有纪律，进退一如己意，这叫律。军纪实施得不好，说明军队已经败坏穷竭了。水由充盈而枯竭，堵塞而不通畅，这是凶险之兆。水流不通畅叫做《临》，有主帅却不听从，还有什么比《临》更严重的？这里讲的就是先縠这样的人。要是他带兵与敌人相遇，必败无疑，他（彘子）定遭此祸，即使能免于一死而回来，也一定有大难。"韩厥对荀林父说："先縠带领部分军队陷于敌阵，您的罪过可大了。您身为元帅，而军队却不听从命令，这是谁的罪过？失去属国，丧失军队，罪过是很重的。不如进军更好，要是战事不胜，罪过可由大家共同分担。与其由你一人独担罪责，不如我们六人共同承担，这不是更好吗？"于是全军遂渡过黄河。

楚王率军北上，驻扎于郔地。沈尹率中军，子重率左军，子反率右军，准备饮马于黄河然后回师。听说晋军已经渡过黄河，楚王想撤军，其宠幸小臣伍参想交战。令尹孙叔敖不想打，说："去年伐陈，今年征郑，不是没有战争之事。战而不胜，伍参的肉够全国人吃吗？"伍参说："如果作战胜利了，孙叔敖就是无谋之人了。如果不胜，伍参的肉将在晋军之中，能吃得到吗？"令尹把车辕转而向南，把军旗也掉转方向。伍参对楚王说："晋国的执政者新任不久，无法推行军令。副将先縠倔强固执，缺乏仁心，不肯听令，三军之帅想自主行事也无法办到，士卒即使想听令也不知谁是主帅，不知该听谁的。此一仗，晋军必败。况且国君逃避臣子，这对国家的社稷之神如何交代？"楚庄王对"君避臣"很是忌讳，传令令尹，让他将战车再转而北上，驻扎在管地等待晋军。

　　晋师在敖、鄗之间①。郑皇戌使如晋师②，曰："郑之从楚，社稷之故也，未有贰心。楚师骤胜而骄，其师老矣③，而不设备，子击之，郑师为承④，楚师必败。"彘子曰："败楚服郑，于此在矣，必许之。"栾武子曰⑤："楚自克庸以来⑥，其君无日不讨国人而训之于民生之不易、祸至之无日、戒惧之不可以怠⑦。在军，无日不讨军实而申儆之于胜之不可保、纣之百克而卒无后⑧，训之以若敖、蚡冒筚路蓝缕以启山林⑨。箴之曰⑩：'民生在勤，勤则不匮⑪。'不可谓骄⑫。先大夫子犯有言曰：'师直为壮，曲为老。'⑬我则不德，而徼怨于楚⑭。我曲楚直，不可谓老⑮。其君之戎，分为二广⑯，广有一卒，卒偏之两。右广初驾[17]，数及日中[18]；左则受之，以至于昏。内官序当其夜[19]，以待不虞，不可谓无备[20]。子良，郑之良也。师叔[21]，楚之崇也。师叔入盟，子良在楚，楚、郑亲矣。来劝我战，我克则来[22]，不克遂往，以我卜也[23]！郑不可从。”赵括、赵同曰：“率师以来，唯敌是求。克敌、得属[24]，又何俟？必从彘子。”知季曰[25]：“原、屏[26]，咎之徒也[27]。”赵庄子曰[28]：“栾伯善哉[29]！实其言[30]，必长晋国。”

【注释】

①敖、鄗（qiāo）：二山名，在今河南荥泽县境内。

②皇戌：郑卿。

③骤胜：屡胜。楚自伐庸以来，屡次取胜。老：士气衰竭。

④承：后继。

⑤栾武子：栾书。

⑥楚自克庸以来：楚克庸在文公十六年。

⑦其君：指楚庄王。讨：治。训：教导。于：以。

⑧军实：指军中将士。申儆（jǐng）：再三告诫。

⑨若敖、蚡冒：均为楚国的远祖。若敖，名熊仪。蚡（fēn）冒，见文公十六年传。筚（bì）：以荆柴编物。路：通“辂”，大车。筚路，用竹木编成的车。蓝缕：同“褴褛”，破旧的衣服。启山林：指开辟山林，垦拓荒野。

⑩箴：规劝。

⑪匮：缺乏，不足。

⑫不可谓骄：以上驳皇戌"楚师骤胜而骄"的话。

⑬"先大夫"句：子犯之言见僖公二十八年传。

⑭不德：做事不合道德。

⑮不可谓老：此驳皇戌"其师老矣"。

⑯广：广，以及下文的卒、偏、两均楚国军队中的编
制。楚王亲兵分为左右两部，每部叫广。楚以十五
乘兵车为一偏，两偏为三十乘。三十乘为一卒，一
卒就是一广。之：与。

⑰初驾：先驾。

⑱数：数其时刻。

⑲内官：王左右亲近之臣。序：依照次序。

⑳不可谓无备：以上驳"不设备"。

㉑师叔：潘尫。

㉒我克则来：晋胜则郑来服晋。

㉓以我卜也：意为以我方之胜负决定其从晋或从楚。

㉔得属：指郑可从属晋国。

㉕知季：知庄子荀首。

㉖原：赵同。屏：赵括。

㉗徒：通"途"，道路。

㉘赵庄子：赵朔。

㉙栾伯：栾书。

㉚实：实践，履行。

【译文】

晋军驻扎在敖、鄗两山之间。郑国派卿大夫皇戌出使

晋军，说："郑国跟从楚国，是为了国家社稷的缘故，对晋国并无二心。楚军因屡胜而骄傲，士卒疲劳，又不设防，你们攻击他，郑军为后继，楚军必败。"先縠（彘子）说："打败楚国，降服郑国，就在这一战，一定要答应郑国要求。"栾书说："楚国自攻克庸国以来，其君没有一天不在治理楚民，并教导他们注意：人生之艰难不易，灾祸没几天就会到来，警戒、畏惧之心不可懈怠。在军中，没有一天不在治理将士，并一再告诫他们注意：胜利无法长保，殷纣王虽然百战百胜，但最终亡国绝后。又用若敖、蚡冒乘着简朴柴车穿着破旧衣服，以开辟山林的事迹来教导楚人。还用良言规劝道：'人之生计在于勤，勤则不匮乏。'故而不能说楚军已经骄傲了。先大夫子犯曾经说过：'军队理直则士气盛壮，理曲则士气衰老。'这次是我们做事不符合道德，跟楚结下怨恨，我们理曲，楚国理直，不能说楚军士气衰老。楚君亲兵的战车，分为左右二广，每广又令配有步兵一'卒'，每又有一'偏'与一'两'为其后备。右广在鸡初鸣时即驾车巡视，时至中午而止；然后由左广接替，直到黄昏。近臣依次值夜班，以防不测，故不能说楚军无备。子良，是郑国的贤良。师叔，是楚人所崇敬的大夫。师叔入郑结盟，子良在楚为质，楚、郑亲密极了。郑国来劝我们与楚交战，我们胜了他们就来归附，不胜就倒向楚国，这是以战之胜负作占卜来决定是否归服我。郑国的要求不能答应。"赵括、赵同说："率军而来，所求的就是与敌交战，战胜敌人，得到属国，还等什么？一定得听先縠的话。"荀首说："按照赵同、赵括的话，那是取祸之道。"赵朔说："栾书说得太好了，按栾书的话去做，必能使晋国长治久安。"

　　楚少宰如晋师^①，曰："寡君少遭闵凶^②，不能文^③。闻二先君之出入此行也^④，将郑是训定^⑤，岂敢求罪于晋？二三子无淹久^⑥！"随季对曰^⑦："昔平王命我先君文侯曰^⑧：'与郑夹辅周室^⑨，毋废王命。'今郑不率^⑩，寡君使群臣问诸郑，岂敢辱候人^⑪？敢拜君命之辱^⑫。"彘子以为谄，使赵括从而更之^⑬，曰："行人失辞^⑭。寡君使群臣迁大国之迹于郑^⑮，曰：'无辟敌^⑯！'群臣无所逃命^⑰。"
　　楚子又使求成于晋，晋人许之，盟有日矣^⑱。楚许伯御乐伯，摄叔为右，以致晋师^⑲。许伯曰："吾闻致师者，御靡旌摩垒而还^⑳。"乐伯曰："吾闻致师者，左射以菆^㉑，代御执辔，御下，两马、掉鞅而还^㉒。"摄叔曰："吾闻致师者，右入垒，折馘、执俘而还^㉓。"皆行其所闻而复^㉔。晋人逐之，左右角之^㉕。乐伯左射马而右射人，角不能进。矢一而已^㉖。麋兴于前，射麋丽龟^㉗。晋鲍癸当其后，使摄叔奉麋献焉，曰："以岁之非时^㉘，献禽之未至，敢膳诸从者^㉙。"鲍癸止之^㉚，曰："其左善射，其右有辞^㉛，君子也。"既免。

【注释】
①少宰：官名，其人不详。

②闵凶：忧患。

③文：辞令。

④二先君：指楚成王、楚穆王，二君都曾征讨过郑国。

⑤将郑是训定：此为倒装句，即"将训定郑"。

⑥淹：久。淹久，即久。

⑦随季：随武子士会。

⑧文侯：晋文侯，名仇，周平王时曾与郑武公共定周室。

⑨夹辅：共同辅佐。

⑩率：遵从。

⑪候人：侦察敌情的哨兵。士会言外之意是：我们不
　想与楚军交战，因而也不敢劳驾楚军的候人。

⑫辱：指"二三子无淹久"。

⑬更之：更改对少宰的答复。

⑭行人：使者。此行人指随季。

⑮大国：指楚。迹：足迹。此句为委婉的外交辞令，
　指把楚国赶出郑国。

⑯辟：同"避"。

⑰无所逃命：指非与楚军决战不可。

⑱盟有日：已约定结盟日期。

⑲致晋师：向晋军挑战。按，楚王既与晋军讲和，又
　令人挑战，表示不欲讲和，使晋军将帅相疑。

⑳靡：倾斜。车疾驰时，军旗会倾侧在一边，所以靡
　旌即指疾驰。摩：迫近。垒：军垒，古代在作战的
　阵地外围都筑有营垒，如近代的碉堡。

㉑左：车左，古代兵车，若非元帅，则御者居中，射

者居左，执戈、盾者居右。故此"左"即乐伯自称。
镞（zōu）：一种质地坚硬的箭。

㉒"御下"二句：下，下车。两，作动词，排比。两马，古代战车由四匹马拉，两马在中为"服"，两马在边为"骖"，两马，即排比其马，使之两两整齐。时车右入垒挑战，车在垒外等待，故御者以"两马"示其从容不迫。掉，整理。

㉓"右入垒"二句：右，车右。摄叔是车右。折馘，杀敌割取左耳。执俘，生擒敌人。

㉔行其所闻：三人所说，是御者、车左、车右在挑战时各自的动作。

㉕角之：张开左右翼从旁夹攻。

㉖矢一：只剩一支箭。

㉗丽：附着。龟：动物背脊中央耸起的部分。按，射麋丽龟，为古代善射的表现。

㉘非时：指不是献禽兽的季节。西周、春秋时，每年夏中，各地都有专门负责猎取禽兽的人（即下文的"兽人"）来献禽兽，邲之役在初夏，故云"非时"。

㉙禽：走兽的总称。膳：进献。

㉚止之：阻止部下，不再追赶。

㉛有辞：善辞令。

【译文】

　　楚国少宰来到晋军，说："寡君年少时就遭受忧患困苦，不善于文辞。听说我们二先君也曾来往于这条路上，那是为了教导、平定郑国的，岂敢得罪晋国。你们诸位无须久留此地。"士会回答说:"从前周平王命令我先君文侯说:'与郑国一同辅佐周王室,不得废弃我周王的命令。'现在郑国不遵从,寡君派群臣向郑国问罪,岂敢劳驾你们侦查的士兵?我谨拜谢贵国君王的命令。"先縠认为这是在讨好楚王,立即叫赵括去更正,说:"外交官讲错了话,寡君派群臣把大国的足迹挪移出郑国,说:'不要躲避敌人。'下臣们无法逃避命令。"

楚王又派使者与晋国求和,晋人答应了,结盟之事指日可待。楚国的许伯为乐伯驾战车,摄叔为车右,向晋军挑战。许伯说:"我听说挑战时,御者须快速驾车,使车上旌旗倾斜,擦过敌方营垒然后回还。"乐伯说:"我听说挑战时,车左射以菆矢,代御者执缰绳,让御者下车,将驾车的马两两排列整齐,调整马颈上的皮带,然后回还。"摄叔说:"我听说挑战时,车右冲入敌垒,杀敌割下左耳,抓获敌人然后回来。"三人全都按他们所听说的去做,然后回来。晋人追击他们,张开左右翼以夹击。乐伯向左射马向右射人,夹击者无法前进,他的箭只剩下一支。突然一只麋鹿出现在面前,他箭射麋鹿正中脊背。晋将鲍葵在后面追赶,乐伯叫摄叔将麋鹿献给他,说:"现在还不是献禽兽的季节,奉禽兽的人还没到,我冒昧地将它作为食物进献给你们的随从。"鲍葵停止追击,说:"楚军的车左善射,车右很有口才,他们都是君子啊。"乐伯等三人都因此而免于被俘。

晋魏锜求公族未得^①,而怒,欲败晋师。请致师,弗许。请使^②,许之。遂往,请战而还。楚潘党逐之③，及荥泽④，见六麋，射一麋以顾献⑤，曰："子有军事，兽人无乃不给于鲜⑥？敢献于从者。"叔党命去之⑦。赵旃求卿未得⑧，且怒于失楚之致师者⑨，请挑战，弗许。请召盟⑩，许之。与魏锜皆命而往。郤献子曰⑪："二憾往矣⑫，弗备，必败。"彘子曰："郑人劝战，弗敢从也。楚人求成，弗能好也。师无成命⑬，多备何为？"士季曰："备之善。若二子怒楚，楚人乘我⑭，丧师无日矣。不如备之。楚之无恶，除备而盟，何损于好？若以恶来，有备，不败。且虽诸侯相见，军卫不彻⑮，警也。"彘子不可。士季使巩朔、韩穿帅七覆于敖前⑯，故上军不败⑰。赵婴齐使其徒先具舟于河⑱，故败而先济。

【注释】

①魏锜（qí）：亦称厨武子、吕锜。公族：公族大夫。

②使：作为使者前往楚军。

③潘党：潘尪之子，亦称叔党。

④荥泽：地名，时为泽薮，东汉时埋塞为平地，在今河南荥阳东。

⑤顾献：回过头来献给追赶的潘党。

⑥兽人：主管田猎的官。鲜：新鲜禽兽。

⑦去之：命部下离去不追赶。

⑧赵旃（zhān）：赵穿之子。

⑨"且怒"句：指上文乐伯等致晋师，鲍癸放走了他们。

⑩召盟：召楚人来结盟。

⑪郤献子：郤克。

⑫二憾：两个挟有私怨的人。

⑬成命：一成不变的命令。

⑭乘我：乘机袭击我方。

⑮彻：同"撤"，撤除。

⑯七覆：伏兵七处。敖：敖山。

⑰"士会"句：士会为上军将，作了应变措施，故不败。

⑱先具舟于河：事先在黄河边预备了船只。

【译文】

　　晋国的魏锜想做公族大夫，未得满足，心甚恼怒，他想让晋军失败。他请求去挑战，没有允许。请求出使楚军，得到了允许。他前往楚军，竟说要楚军与晋交战，说了这些话后才回来。楚军潘党去追赶他，追到荥泽，见到六只麋鹿，魏锜射中一只，回过头献给潘党说："你有军事在身，负责猎取禽兽的人恐怕来不及供应时鲜吧，我冒昧地将这献给你的随从人员。"潘党下令撤回，不再追击。晋国的赵旃想做卿而没成功，而且对放走楚军的挑战者感到愤怒。他请求挑战，未得允许。请求去楚军营中召楚人结盟，得到了允许。他与魏锜一同受命前往楚军。郤克说："两个挟有私怨的人去了，我们如不防备，必然会失败。"先縠说："郑人劝我们作战，我们不敢听从。楚人要讲和，我们又不能表示友好。打仗却没有始终如一的策略，多作防备又有何用？"士会说："还是防备的好。如果那两个人激怒了楚人，楚人乘机袭击我方，我军的败亡是没几天的事。不如加以防备。楚人要是没有恶意，我们有所戒备而结盟，对于和好又有何损害？要是怀着恶意来，有备就不败。再说就是两国诸侯相见，军中的卫士也并不撤去，这也是有所警戒呀。"先縠不同意设防。士会跟巩朔、韩穿率兵埋伏于敖山前的七个地方，所以上军未被打败。赵婴齐派他的部属预先在黄河准备舟船，所以战败后能先渡过黄河。

  潘党既逐魏锜，赵旃夜至于楚军，席于军门之外①，使其徒入之。楚子为乘广三十乘，分为左右。右广鸡鸣而驾，日中而说②；左则受之，日入而说。许偃御右广，养由基为右；彭名御左广，屈荡为右③。乙卯④，王乘左广以逐赵旃。赵旃弃车而走林⑤，屈荡搏之，得其甲裳。晋人惧二子之怒楚师也，使軘车逆之⑥。潘党望其尘，使骋而告曰："晋师至矣。"楚人亦惧王之入晋军也，遂出陈⑦。孙叔曰："进之。宁我薄人，无人薄我。《诗》云：'元戎十乘，以先启行⑧。'先人也⑨。《军志》曰：'先人有夺人之心'。薄之也。"遂疾进师，车驰卒奔，乘晋军。桓子不知所为，鼓于军中曰："先济者有赏。"中军、下军争舟，舟中之指可掬也⑩。

【注释】
①席：席地而坐。
②说（shuì）：解驾，休止。
③"许偃"四句：以上的许偃、养由基、彭名、屈荡皆

楚臣。养由基，春秋时著名的神箭手，亦称养叔。

④乙卯：六月某日。

⑤走林：跑入林中。

⑥轒（tún）车：防守用的兵车。

⑦陈：同"阵"。

⑧"元戎十乘"二句：语出《诗经·小雅·六月》。元戎，大兵车。行（háng）：道路。

⑨先人也：抢在敌人之先，取得主动。

⑩舟中之指可掬：晋之中军、下军为了争船，竞相用手攀附船舷，船上的人恐人多船沉，便用刀乱砍争船者的手，致使"舟中之指可掬"。掬，双手合捧。

【译文】

潘党赶走魏锜之后，赵旃于夜里来到楚军阵前，在军门外席地而坐，派他的部下冲进楚军。楚王有广车三十乘，分为左右两部。右广鸡鸣时驾车，中午时卸车。左广接替右广，到太阳下山后卸车。许偃为右广主车的御者，养由基为车右。彭名为左广主车的御者，屈荡为车右。六月某日，楚王乘左广之车追击赵旃。赵旃弃车逃入林中，屈荡和他搏斗，缴获他的铠甲和下衣。晋人怕魏锜、赵旃二人激怒楚军，就派防卫用的战车去迎接他们。潘党望见飞扬的尘土，就派人驰车报告楚军说："晋军来了。"楚人也怕楚王深入晋军，于是就出兵列阵。孙叔敖说："前进，宁可我们逼近敌人，也不能让敌人逼近我们。《诗》上说：'大兵车十辆，在前面开路。'这是说要抢在敌人之先。《军志》说：'先发制人，就能夺敌人的士气。'这是说要主动逼近敌人。"于是急速进军，战车飞驰，士卒奔跑，掩杀晋军。荀林父不知所措，在军中击鼓喊道："先渡过黄河的有赏。"中军、下军争着上船，船中被砍下的手指多到都可以用双手捧了。

晋师右移①，上军未动。工尹齐将右拒卒以逐下军②。楚子使唐狡与蔡鸠居告唐惠侯曰③："不穀不德而贪，以遇大敌，不穀之罪也。然楚不克，君之羞也。敢藉君灵④，以济楚师。"使潘党率游阙四十乘⑤，从唐侯以为左拒⑥，以从上军。驹伯曰⑦："待诸乎⑧？"随季曰："楚师方壮⑨，若萃于我⑩，吾师必尽，不如收而去之。分谤生民⑪，不亦可乎？"殿其卒而退⑫，不败。

王见右广，将从之乘。屈荡户之⑬，曰："君以此始，亦必以终⑭。"自是楚之乘广先左⑮。

【注释】

①右移：黄河在晋军右方，晋军退过河去，所以说右移。

②工尹齐：楚大夫。工尹，官名；齐，人名。拒：方形战阵。

③唐狡、蔡鸠居：皆楚大夫。唐惠侯：唐国国君。唐，小国名，春秋时为楚之属国，在今湖北随县附近。

④藉君灵：借国君您的福。

⑤游阙：兵车的一种，可以在战场巡游，何处需要，即投入补充。

⑥以为左拒：作左方阵。

⑦驹伯：郤克之子，名锜，时与其父同在军中。

⑧待诸：御之，抵御楚军。

⑨壮：气盛，斗志昂扬。

⑩萃：兵力集中。

⑪分谤：指上军也退兵不战，以此分担战败的罪名。

⑫殿其卒：士会以上军帅亲自为其军殿后。

⑬户：通"扈"，阻止。

⑭"君以"二句：指楚庄王开始时乘左广追逐赵旃，屈荡认为必须坚持乘左广到结束。

⑮先左：原先楚之广车，由右广鸡鸣时先驾，日中后由左广接替，自此役后，改由左广先驾，右广日中接替，故云"先左"。

【译文】

晋军向右转移，上军没有动。楚将工尹齐率领右方阵士卒追击晋之下军。楚王派唐狡和蔡鸠居告诉唐惠侯说："不穀无德而贪功，遇到了强敌，这是不穀的罪过。然而楚军不能取胜，您也将蒙受耻辱，我冒昧地想借助你的威灵以帮助楚军。"楚王派潘党率流动补阙战车四十乘，跟从唐侯作为左方阵，以追击晋之上军。驹伯说："要抵御楚军吗？"士会说："楚军士气正盛，若集中兵力攻我上军，我军必然全军覆灭。不如收兵撤离，共同分担失败的恶名，使士卒得以生还，这不是也可以吗？"士会亲自为其士卒殿后以撤退，故上军得以不败。

楚王见到右广的战车，准备改乘右广。屈荡阻止说：

"君王从乘左广开始出战，也应当乘左广结束。"从此楚国的广车改为左广先驾。

晋人或以广队不能进①，楚人惎之脱扃②。少进，马还③，又惎之拔旆投衡④，乃出。顾曰："吾不如大国之数奔也⑤。"

赵旃以其良马二济其兄与叔父⑥，以他马反。遇敌不能去，弃车而走林。逢大夫与其二子乘⑦，谓其二子无顾⑧。顾曰："赵傁在后。⑨"怒之，使下，指木曰："尸女于是⑩。"授赵旃绥⑪，以免。明日以表尸之⑫，皆重获在木下⑬。

楚熊负羁囚知罃⑭。知庄子以其族反之⑮，厨武子御⑯，下军之士多从之。每射，抽矢，菆，纳诸厨子之房⑰。厨子怒曰："非子之求⑱，而蒲之爱⑲，董泽之蒲⑳，可胜既乎㉑？"知季曰："不以人子，吾子其可得乎㉒？吾不可以苟射故也㉓。"射连尹襄老㉔，获之，遂载其尸。射公子榖臣㉕，囚之。以二者还㉖。

及昏，楚师军于邲。晋之余师不能军，宵济，亦终夜有声㉗。

【注释】

①广：此泛指战车。队：通"坠"，指陷入。

②惎（jì）：教。扃（jiǒng）：兵车前面的横板，用以遮拦兵器，防其掉落。

③还（xuán）：盘旋不进。

④拔斾投衡：拔掉军旗放在车前横木上，此举为减少风的阻力。

⑤"吾不如"句：这是晋人解嘲的话，言外之意即：你们经常打败仗，很有逃跑的经验。数奔：多次逃跑。

⑥济：救助。

⑦逢大夫：晋人，逢，姓氏。

⑧无顾：不要回头看。

⑨赵傁：此指赵旃。傁：同"叟"，对长辈的敬称。"顾曰"的主语是"二子"。

⑩尸女：收你的尸骨。女，同"汝"。

⑪绥：用手挽以登车的绳索。逢大夫的车不能容多人，故使其二子下车，让赵旃上车。

⑫表：标记，依标记去找两个二子的尸体。

⑬重获：两具尸体重叠而卧。获，被杀。

⑭熊负羁：楚大夫。知罃（yīng）：荀首的儿子，子子羽。

⑮族：部属，也指家兵。反之：重新回来寻找儿子。

⑯厨武子：魏锜。

⑰房：箭袋。御者魏锜在车的前部，荀首在他的身后，如果抽出的是好箭，就不射，顺手装进魏锜的箭袋。

⑱非子之求：不求子。

⑲蒲之爱：即爱蒲。蒲，蒲柳，又名赤杨，其干坚直，可以制箭。爱，舍不得。

⑳董泽：晋地名，即今山西闻喜县东北之董氏陂，盛产蒲柳。

㉑胜：尽。既：通"概"，取。

㉒其：通“岂”。

㉓“吾不可”句：荀首说他并非舍不得好的箭矢，而是要选一个能换回儿子的楚人来射。苟射：随便射。

㉔连尹：楚官名。襄老：人名。

㉕公子毂臣：楚庄王之子。

㉖二者：指襄老和毂臣。

㉗有声：呼喊声不断。

【译文】

晋国人有的兵车陷入泥坑不能前进，楚人教他们把车前的拦板卸掉，车稍微前进了一段，马又盘旋不走，楚人又教他们拔掉军旗，放在车辕端的横木上，这些兵车最终才得以逃脱。晋军却回过头对楚人说："我们不像你们大国经常败逃啊。"

赵旃用他的好马二匹，帮助其兄与叔父逃脱，而自己则用其他的马驾车返回，遇到敌人无法逃脱，只好弃车跑入林中。晋逢大夫和他的两个儿子乘着战车，他交代两个儿子不要回头看。儿子却回头看，说："赵老头在后面。"逢大夫发怒了，叫儿子下车，指着一棵树说："就在这里收你们的尸体。"将登车用的绳子交给赵旃，让他上车，使他得以免去大难。第二天，逢大夫按标记去找尸体，儿子全被杀，尸体重叠在树下。

楚大夫熊负羁把知罃囚禁起来。荀首带着他的部属回来，魏锜为他驾车，下军的很多士卒都跟他回来。荀首每次射箭，抽到坚硬的菆矢时，都把它放到魏锜的箭袋里。魏锜愤怒地说："你不是在心疼儿子，而是在心疼蒲柳之矢，董泽的蒲柳，可以用得完吗？"荀首说："不用他人之子交换，我的儿子难道可以得到吗？这是我不随便射箭的缘故啊。"射中连尹襄老，将他射死。用车载回他的尸体。射中公子榖臣，将他囚禁起来。带着这两个人回去。

到了黄昏，楚军进驻于邲，晋之残余军队溃不成军，连夜渡河，通宵都是渡河的呼喊声。

丙辰①，楚重至于邲②，遂次于衡雍③。潘党曰："君盍筑武军④，而收晋尸以为京观⑤？臣闻克敌必示子孙，以无忘武功。"楚子曰："非尔所知也。夫文，止戈为武⑥。武王克商，作《颂》曰：'载戢干戈，载櫜弓矢。我求懿德，肆于时夏，允王保之。⑦'又作《武》，其卒章曰：'耆定尔功。⑧'其三曰：'铺时绎思，我徂维求定。⑨'其六曰：'绥万邦，屡丰年。⑩'夫武，禁暴、戢兵、保大、定功、安民、和众、丰财者也⑪，故使子孙无忘其章⑫。今我使二国暴骨⑬，暴矣；观兵以威诸侯，兵不戢矣；暴而不戢，安能保大？犹有晋在，焉得定功？所违民欲犹多⑭，民何安焉？无德而强争诸侯，何以和众⑮？利人之几⑯，而安人之乱，以为己荣，何以丰财？武有七德，我无一焉，何以示子孙？其为先君宫⑰，告成事而已⑱。武非吾功也。古者明王伐不敬，取其鲸鲵而封之⑲，以为大戮，于是乎有京观，以惩淫慝⑳。今罪无所㉑，而民皆尽忠以死君命，又何以为京观乎？"祀于河，作先君宫，告成事而还。

【注释】

①丙辰：七月十四日。

②重：辎重。

③衡雍：郑国地名，在今河南原武县西北。

④武军：显示军功的军垒。

⑤京观（guàn）：积尸封土其上叫"京观"。京，高丘。观，古建筑名，形似城阙，取其可观示四方。

⑥"夫文"二句：文：文字。止戈为武，"武"字的甲骨文像人持戈而行，时人因此借以解释为有力量能控制战争，令干戈止息，这才是真正的武。

⑦"载戢干戈"五句：语出《诗经·周颂·时迈》。载，助词。戢，收藏。櫜（gāo），放弓箭的囊鞱，弓袋。此作动词。时：通"是"，这个。允：信，确实。

⑧"又作《武》"三句：《武》：即《诗经·周颂·武》。耆（zhǐ）：致，使之得到。

⑨"铺时绎思"二句：语出《诗经·周颂·赉》，并非《武》篇第三章，庄王所引，与今本《诗经》篇次不同。铺，通"敷"，颁布。时，此指代先王的功业、美德。绎，推演，发扬光大。思，助词。徂：往，指往征纣王。

⑩"绥万邦"二句，语出《周颂·桓》亦非《武》篇第六章。绥：安定。

⑪"夫武"二句：承上面而言，止戈为武是禁暴；戢干戈、櫜弓矢是戢兵；允王保之是保大；耆定尔功是定功；我徂求定是安民；绥万邦是和众；屡丰年是

丰财。

⑫章：功勋卓著叫章。

⑬暴骨：暴露尸骨。

⑭违民欲：违背百姓的意愿。

⑮和众：调和众人。

⑯几：危。

⑰为先君宫：为诸先王修建神庙。

⑱告成事：报告战事的胜利。

⑲鲸鲵：大鱼名，比喻吞灭小国的首恶之人。

⑳淫慝：指不敬之国。

㉑所：处所，此指罪之所在。

【译文】

七月十四日，楚军的辎重运抵郔地，军队便驻扎在衡雍。潘党说："君王何不修筑一座显耀武功的军垒，收聚晋人尸体造一座城阙似的坟丘呢？下臣听说战胜敌人后，一定要将这件事昭告后代子孙，以此让他们不忘武功。"楚王说："这不是你所知道的。从文字的结构看，'止'和'戈'组合而成为'武'字。周武王灭掉商朝，作《颂》诗云：'收藏起干戈，将弓矢放进囊鞘，我求的是美德，并将此心公布于华夏，这样才能成就王业，保有天下。'又作《武》篇，最后一章云：'获得并巩固你的功业。'第三章云：'铺陈先王的功德，并加以发扬光大，我出师征讨，求的是天下安定。'第六章云：'安定万邦，屡获丰年。'所谓武，就是禁止暴力、消弥战争、保有强大、巩固功业、安定人民、使民众和谐、财物丰厚。目的是使后代子孙无忘其显赫功德。

现在我使二国将士暴露尸骨，这是暴；诶示兵力，以威势压服诸侯，使战争无法消弭。强暴而不消弭战争，怎能保住强大？晋国还在，怎能说功业已经巩固？违背人民愿望的事还很多，人民怎能安定？无德又与诸侯强争，怎能使人民和谐？以他人之危来利己，以他人之乱来安己，以败晋来作为自己的荣誉，这怎能使自己的财货丰厚呢？武有七种品德，我一种也没有，用什么来昭示子孙？给先王建造神庙，不过是将成功之事告诉先王罢了。用武不是我所要做的事。古代明主讨伐不敬之国，杀其首恶，埋其尸骸，以土封之，把这当作大杀戮，于是才有宫阙似的坟丘，这是为了惩处邪恶。现在无法确指晋人罪在何处，而晋人又全都尽忠于国君，愿为国君的命令而死，我们怎能去建造宫阙似的坟丘呢？"楚人祭祀了黄河，建造了先王的神庙，向先王报告了战事的成功然后回国。

是役也，郑石制实入楚师①，将以分郑②，而立公子鱼臣③。辛未④，郑杀仆叔及子服。君子曰："史佚所谓'毋怙乱'者⑤，谓是类也。《诗》曰：'乱离瘼矣，爰其适归？'⑥，归于怙乱者也夫⑦。"

郑伯、许男如楚⑧。

【注释】

①石制：郑国大夫，字子服。

②分郑：按，石制欲分裂郑国，准备将其一半送给楚国，另一半立鱼臣为君，而自己则意欲专宠得权，

故将楚军引入郑都城。

③公子鱼臣：字仆叔，郑国同姓公族。

④辛未：七月二十九日。

⑤"史佚"句：此言常为人所引，参见僖公十五年传及注。

⑥"乱离瘼矣"二句：语出《诗经·小雅·四月》，第二句的原意是"何处是我们的归宿"，君子引此诗时，将其作另一种解释。瘼，病，作状语，形容乱离之甚。爰，通"焉"，何。

⑦归：此变用原诗之意，指祸患归于谁。

⑧许男：许昭公，名锡我。

【译文】

　　这次战役，事实上是郑国的石制把楚军引入了都城，他想分裂郑国而立公子鱼臣为君。七月二十九日，郑国杀了鱼臣和石制。君子说："史佚所说的不要倚仗动乱，说的就是这种人。《诗》里说：'人们陷于乱离的痛苦之中，这要归罪于谁人呢？'归罪于倚仗乱离而谋私利的人吧！"

　　郑襄公、许昭公到楚国。

　　秋，晋师归，桓子请死，晋侯欲许之。士贞子谏曰①："不可。城濮之役，晋师三日谷，文公犹有忧色②。左右曰：'有喜而忧，如有忧而喜乎？'公曰：'得臣犹在③，忧未歇也。困兽犹斗，况国相乎④！'及楚杀子玉，公喜而后可知也⑤，曰：'莫余毒也已。'是晋再克而楚再败也⑥。楚是以再世不竞⑦。今天或者大警晋也⑧，而又杀林父以重楚胜⑨，其无乃久不竞乎⑩？林父之事君也，进思尽忠，退思补过，社稷之卫也，若之何杀之？夫其败也，如日月之食焉⑪，何损于明？"晋侯使复其位。

【译文】

秋天，晋军回到国内，荀林父请求处死自己，晋景公想答应他的请求。士贞子劝谏说："不行。城濮之战，晋军连着三天吃缴获来的楚军的粮食，国君文公仍面有忧色。左右说：'有了喜事还在忧虑，如果有忧虑那反倒高兴吗？'文公说：'得臣还在，忧虑还无法消除。被困的野兽还想搏斗一番，何况一国的宰相？'到楚王杀了得臣，文公才喜形于色，说：'没有谁能害我了。'这是晋国两次胜利而楚国两次失败，所以楚国一连两代都无法振兴。这次失败，大概上天想要严厉警告晋国，但我们又要杀掉荀林父来增加楚国的胜利，这样做晋国恐怕也会长久无法振兴起来。荀林父侍奉国君，进，想着如何竭尽忠诚；退，想着如何弥补过失，这是国家的卫士，怎能杀掉他？他这次战败，如同日蚀月蚀，何损于日月的光明？"晋景公让荀林父官复原职。

宋及楚人平　宣公十四、十五年

　　长期以来，晋楚两国争霸，影响到其他小国。宋国因与晋国亲近，引起楚国不满。宣公十三年，楚国攻宋。十四年九月，楚人又围攻宋国。本篇写出了在争霸斗争中楚、晋、宋君主、将领的表现。楚庄王不假道，写出他的骄横；申周被杀，楚庄王狂怒；后又释放解扬显得大度；晋大夫解扬在楼车上将计就计传达晋人的意见；宋大夫华元连夜进入楚方军营，胁迫楚军主帅子反退兵媾和，这些都是精彩之笔，可见作者的艺术匠心。

　　（宣公十四年）楚子使申舟聘于齐^①，曰："无假道于宋^②。"亦使公子冯聘于晋^③，不假道于郑。申舟以孟诸之役恶宋^④，曰："郑昭宋聋^⑤，晋使不害，我则必死。"王曰："杀女，我伐之^⑥。"见犀而行^⑦。及宋，宋人止之^⑧，华元曰："过我而不假道，鄙我也^⑨。鄙我，亡也^⑩。杀其使者必伐我，伐我亦亡也。亡一也。"乃杀之^⑪。楚子闻之，投袂而起^⑫，屦及于窒皇^⑬，剑及于寝门之外^⑭，车及于蒲胥之市^⑮。秋九月，楚子围宋。

【注释】

①楚子：楚庄王。申舟：楚大夫，名无畏，一作毋畏，亦称文之无畏，字子舟。

②无假道于宋：楚使聘于齐，须经过宋国，按规定须向宋国公开借道，庄王说"无假道于宋"，是对宋国的藐视，含有挑衅之意。

③公子冯（píng）：楚之同姓公族。

④孟诸之役：孟诸，泽名，在今河南商丘县东北，鲁文公十年（前617），宋昭公陪同楚穆王在孟诸打猎，因宋昭公违背楚王之命，申舟遂以执法官的身份，责打宋昭公的御者，以示惩罚。"孟诸之役"即指此。

⑤昭：眼明。聋：耳聋。此句意指郑国明白，宋国昏聩。

⑥"杀女"二句：楚庄王知宋必杀申舟，为了攻宋服宋，正要以此为借口。

⑦犀：申舟儿子。

⑧止之：扣留申舟。

⑨鄙我：以我为鄙。鄙，边邑，此作动词。古代凡过
　　他国之境，本应公开要求借道，否则，就是视他国
　　为本国边境之地。

⑩亡也：不向我借道，是将宋国当作楚边境，等于亡国。

⑪杀之：宋杀了申舟。

⑫投袂（mèi）：一甩袖子。投，挥。袂，袖子。

⑬屦（jù）：鞋。窒皇：即经皇，寝宫的庭院。按，古
　　代脱鞋入室，席地而坐，庄王怒而出，忘了穿鞋，
　　故尔到寝宫门外，送鞋的人才赶上。

⑭"剑及于"句：剑也是到寝宫门外才送上。

⑮蒲胥：楚郢都内的街市名。

【译文】

　　楚庄王派申舟到齐国去聘问，说："不要向宋国请求借
道。"又派公子冯到晋国聘问，也不向郑国借道。申舟因
为孟诸的事情得罪宋国，说："郑国明白，宋国昏聩，聘晋
的使者不会被害，我则必死无疑。"楚庄王说："宋国要是
杀了你，我就征讨它。"申舟让庄王接见自己的儿子申犀，
然后才出发。到了宋国，宋人拦住了他。宋华元说："经过
我国而不借道，这是把我国当做他们的边邑。把我当做边
邑，就是亡国。杀其使者，楚必伐我，伐我也是亡国，反
正是一样的亡国。"于是杀了申舟。楚王听到这消息，拂袖
而起，（赤脚就走）随从一直追到寝宫门外才给他穿上鞋子，
追到寝宫的殿门外才给他送上佩剑，车驾追到蒲胥街市才

赶上他。秋九月，楚庄王围攻宋国。

（宣公十五年）宋人使乐婴齐告急于晋①，晋侯欲救之②。伯宗曰③："不可。古人有言曰：'虽鞭之长，不及马腹④。'天方授楚⑤，未可与争。虽晋之强，能违天乎？谚曰：'高下在心⑥。'川泽纳污，山薮藏疾⑦，瑾瑜匿瑕⑧，国君含垢⑨，天之道也，君其待之。"乃止。

使解扬如宋⑩，使无降楚，曰："晋师悉起，将至矣。"⑪郑人囚而献诸楚。楚子厚赂之，使反其言⑫。不许。三而许之⑬。登诸楼车⑭，使呼宋人而告之。遂致其君命⑮。楚子将杀之，使与之言曰："尔既许不榖，而反之，何故？非我无信，女则弃之⑯。速即尔刑⑰。"对曰："臣闻之，君能制命为义⑱，臣能承命为信⑲，信载义而行之为利。谋不失利，以卫社稷，民之主也。义无二信⑳，信无二命㉑。君之赂臣，不知命也㉒。受命以出，有死无霣㉓，又可赂乎？臣之许君，以成命也㉔。死而成命，臣之禄也㉕。寡君有信臣，下臣获考死㉖，又何求？"楚子舍之以归㉗。

【注释】
①乐婴齐：宋公族，华元的族弟。
②"晋侯"句：依清丘之盟，晋应救宋。
③伯宗：晋大夫。

④"虽鞭"二句：意指楚国不是晋国所宜攻击的对象。鞭长，比喻晋之强大。马腹，喻所击非宜。

⑤天方授楚：指楚正得天命而强大。

⑥高下：犹言屈伸。遇事能屈伸，必须心中有数。

⑦薮（sǒu）：草野。疾：指蛇蝎等毒虫。

⑧瑾瑜：美玉。瑕：玉上的疵点。

⑨含垢：喻指国君也可忍受一时之辱，不必以不救宋为耻。

⑩解扬：晋国壮士，字子虎，为晋大夫。

⑪"使解扬"句：晋已决定不救宋，却叫解扬去诈称晋将发兵，要宋坚守。

⑫反其言：让解扬告诉宋人晋不肯出兵相救。

⑬三：威逼再三。

⑭楼车：兵车的一种，较高，用于望敌。

⑮致：送达，传达。解扬登上楼车后，并未按楚王的意思办，而是把晋军的命令如实地传达给宋国。

⑯女则弃之：指楚王自己先丢弃了信用。

⑰即：就。即尔刑，去接受死刑。

⑱制命：制定正确的命令。

⑲承命：接受命令。

⑳义无二信：言外之意，即下臣不能既承担晋君的命令，又承担楚君的命令。

㉑信无二命：讲信用就不能接受两种命令。意为既受晋君之命，就不受楚王之命。

㉒不知命：不知"信无二命"。

㉓霣（yǔn）：通"陨"，此指废弃。

㉔"臣之"二句：解释之所以答应庄王，是为了完成
　晋君的使命。

㉕禄：福。

㉖考死：死得其所。考，高寿，此指善终。

㉗舍：赦免。

【译文】

宋人派乐婴齐到晋国告急求援。晋景公想救宋，大夫
伯宗说："不能救。古人有过这样的话：'马鞭虽长，也打不
到马腹。'上天正把强盛授予楚国，我们不可与之争锋。晋
国虽然强大，可是能违背天的旨意吗？俗话说：'或高或低，
或屈或伸，一切全由我心来裁度。'江河湖泽可以容纳污泥
浊水，山林草莽可以藏毒害之物，美玉也隐藏着瑕疵。国
君忍受耻辱，这也是天的常道。君王还是再等等吧。"晋景
公于是停止发兵。

晋派解扬到宋国去，叫宋人不要投降楚国，说："晋军
已经全部出发了，就要到达了。"解扬路经郑国时，郑人将
他抓获，并献给楚军。楚王给他大量财物，要他对宋人说
相反的话，解扬不答应，威逼再三他才答应。解扬登上楼
车，楚人要他呼叫宋人并把情况告诉他们。解扬却乘机传
达了晋君的命令。楚王要杀掉他，派人对他说："你既然已
答应我君却又翻悔，这是何故？不是我们不讲信义，是你
违背了诺言，你赶快去接受死刑吧。"解扬回答说："下臣
听说，国君能制定正确的命令叫义，臣子能承担命令叫信，
以臣子的信去贯彻君王的义并加以推广叫利。谋划而不失

去利，并以此来捍卫社稷，这是百姓的领袖。贯彻义不能有两种相互矛盾的信，守信的臣子也不能同时接受两种相互矛盾的命令。君王赠给臣下财物，说明君王不懂得命令的含义。臣下接受寡君的命令出使于外，宁死也不废弃寡君的命令，又怎么可以因财物而改变呢？臣下之所以应许君王，是为了完成寡君的命令。身虽死但能完成命令，这是臣下的福气。寡君有守信的臣子，下臣得以善终，我还求什么呢？"楚庄王于是赦免了解扬，让他回国去了。

夏五月，楚师将去宋，申犀稽首于王之马前①，曰："毋畏知死而不敢废王命②，王弃言焉③。"王不能答。申叔时仆④，曰："筑室反耕者⑤，宋必听命。"从之。宋人惧，使华元夜入楚师，登子反之床⑥，起之，曰："寡君使元以病告⑦，曰：'敝邑易子而食，析骸以爨⑧。虽然，城下之盟，有以国毙⑨，不能从也⑩。去我三十里，唯命是听。'⑪"子反惧，与之盟，而告王。退三十里。宋及楚平，华元为质⑫。盟曰："我无尔诈，尔无我虞⑬。"

【注释】
①申犀：申舟儿子犀。
②毋畏：申舟。
③王弃言：上年楚庄王许诺宋杀申舟，必伐宋，今要撤兵，是食言。
④仆：为王驾车。

⑤筑室：在城外盖起房子。反耕者：楚军所到之处，农民多逃亡，现在让农民回来种田。这是楚军的策略，造成不想撤离的假象，以逼使宋国屈服。

⑥子反：即公子侧，时为楚军主帅。

⑦病：此指严重的困难。

⑧析骸以爨（cuàn）：拆了尸骨当柴烧。爨，烧火煮饭。

⑨以国毙：指全国牺牲。

⑩从：从命，指与楚订立城下之盟。

⑪"去我"二句：此为华元转述宋君的话。

⑫为质：华元为质于楚，后宋以公子围龟换回。

⑬虞：欺骗。

【译文】

夏五月，楚军准备撤离宋国。申犀在楚王马前叩头说："毋畏明知要死但也不敢废弃君王的命令，可君王却抛弃了自己的诺言。"楚王无法回答。申叔时正好为楚王驾车，他说："建好房子，让耕田的人回来，宋国就一定听命于楚国。"楚庄王采纳了他的计策。宋人害怕了，派华元深夜潜入楚军阵营，登上子反之床，把子反拉起来，说："寡君让华元将严重的困难都告诉你们了，说：'敝国城内已经是交换儿子杀了吃，劈碎骸骨当柴烧，即使这样，兵临城下而被迫结盟，我们宁可让国家灭亡，也不能从命。你们撤离我城三十里，我们就惟命是听。'"子反害怕了，与华元私下订立盟约，然后报告楚王。楚庄王命令大军后退三十里。宋与楚讲和结盟，华元入楚作人质。盟誓说："我不骗你，你也不欺我。"

齐晋鞌之战　成公二年

　　鲁成公期间，诸侯争霸继续，晋国的霸业仍然稳固。宣公十七年，晋国的郤克出使齐国受到侮辱。成公二年，齐国攻打鲁国，卫国侵齐，齐国报复，鲁、卫乞师于晋。其时晋国是郤克执政，于是领兵以救援鲁、卫，和齐国交战，引发了鞌之战。晋国由郤克将中军，齐国齐顷公亲自挂帅。由于齐顷公的轻敌狂妄，结果齐国大败，齐顷公险些被俘。作者写齐顷公"灭此朝食"、高固"贾余馀勇"、逢丑父易位以救齐顷公、宾媚人赂晋人，写晋将领团结击敌、韩厥抓捕假齐顷公等，都写得紧张、惊险，饶有兴趣。齐顷公、高固、逢丑父以及韩厥、郤克等人物的性格，在战争中也被刻画得鲜明有致。

二年春，齐侯伐我北鄙，围龙①。顷公之嬖人卢蒲就魁门焉②，龙人囚之。齐侯曰："勿杀！吾与而盟③，无入而封④。"弗听，杀而脯诸城上⑤。齐侯亲鼓，士陵城⑥。三日，取龙，遂南侵，及巢丘⑦。

【注释】

①"齐侯"二句：齐侯即齐顷公无野。龙：古地名，在今山东泰安。

②门：攻城。

③而：同"尔"，你。

④封：边境。

⑤脯（bó）：暴露，陈尸于城上。

⑥陵城：登上城墙。

⑦巢丘：古地名，在今山东泰安。

【译文】

二年春，齐顷公进攻我国北部边境，包围了龙地。齐顷公的宠臣卢蒲就魁攻打城门，龙人把他擒获。齐顷公说："不要杀，我和你们盟誓，不进入你们的境内。"龙人不听，杀了卢蒲就魁，暴尸城上。齐顷公亲自击鼓，兵士爬上城墙。三天，占领了龙地。就此向南侵袭，到达巢丘。

卫侯使孙良夫、石稷、宁相、向禽将侵齐①，与齐师遇。石子欲还，孙子曰："不可。以师伐人，遇其师而还，将谓君何？若知不能②，则如无出③。今既遇矣，不如战也。"

【译文】

　　卫穆公派遣孙良夫、石稷、宁相、向禽率兵侵袭齐国，和齐军相遇。石稷打算撤回，孙良夫说："不行。带领军队攻打人家，遇上敌人就回去，怎么对国君交代呢？如果知道打不过，就应当不出兵。如今既然和敌军相遇，不如一战。"

　　石成子曰："师败矣。子不少须①，众惧尽。子丧师徒，何以复命？"皆不对。又曰："子，国卿也。陨子②，辱矣。子以众退，我此乃止。"且告车来甚众③。齐师乃止，次于鞫居④。新筑人仲叔于奚救孙桓子⑤，桓子是以免。

【注释】

①须：等待。

②陨：损失。

③且：同时。

④鞫（jú）居：古地名，在今河南封丘。

⑤新筑人：指新筑大夫。

【译文】

　　石稷说："军队战败了，您如不停止顶住一阵，恐怕会全军覆灭。您丧失了军队，如何回报君命？"孙良夫都不回答。石稷又说："您，是国家的卿。损失了您，对国家是一种耻辱。您带着众人撤退，我留下来抵挡。"同时向全军通告大批援军的战车已来到。齐军于是停止前进，驻扎在鞫居。新筑大夫仲叔于奚救援孙良夫，孙良夫因此得免于难。

既①，卫人赏之以邑，辞。请曲县、繁缨以朝②，许之。仲尼闻之曰："惜也，不如多与之邑。唯器与名③，不可以假人，君之所司也。名以出信，信以守器，器以藏礼④，礼以行义，义以生利，利以平民⑤，政之大节也。若以假人，与人政也。政亡，则国家从之，弗可止也已。"

【注释】

① 既：事过之后。

② 曲县：诸侯所用乐器，也叫轩县。县，同"悬"，指悬挂着的钟、磬等乐器。繁（pán）缨：马鬃毛前的装饰，是诸侯所用的马饰。

③ 器：指车马服饰乐器等物件。名，爵位名号。二者人君用以明等级、指挥、统治臣民的工具。

④ 藏：体现。

⑤ 平：治理。

【译文】

不久，卫国人把城邑赏给仲叔于奚。仲叔于奚辞谢，而请求得到诸侯用的曲县、用繁缨饰马朝见，卫穆公同意了。孔子听说了这件事，说："可惜啊，还不如多给他几个城邑。只有器物和名号不能假借给别人，这是国君所掌管的。名号用来赋予威信，威信用来保持器物，器物用来体现礼制，礼制用来推行道义，道义用来产生利益，利益用来治理百姓，这是政事的大纲。如果把名位、礼器假借给别人，就是授予人政权。政权丢失，国家也会跟着灭亡，这是无法阻止的。"

　　孙桓子还于新筑，不入①，遂如晋乞师。臧宣叔亦如晋乞师。皆主郤献子②。晋侯许之七百乘。郤子曰："此城濮之赋也③。有先君之明与先大夫之肃④，故捷。克于先大夫，无能为役，请八百乘。"许之。郤克将中军，士燮佐上军，栾书将下军，韩厥为司马，以救鲁、卫。臧宣叔逆晋师，且道之⑤。季文子帅师会之。及卫地，韩献子将斩人，郤献子驰，将救之，至则既斩之矣。郤子使速以徇⑥，告其仆曰："吾以分谤也⑦。"

【注释】
①不入：指不入国都。
②主郤献子：以郤克为主人。郤克为中军帅、执政大臣，因此二人通过他的关系请求出兵。
③赋：兵员数量。
④先君：指晋文公。先大夫，指先轸、狐偃等先辈大

夫。肃，通"速"，敏捷。

⑤道：同"导"，作向导。

⑥徇：陈尸示众。

⑦分谤：分担责任。

【译文】

孙桓子回到新筑，不进国都，就到晋国请求出兵。臧宣叔也到晋国请求出兵。两人都通过郤克向晋景公请求。晋景公答应派兵车七百辆。郤克说："这是城濮之战我军的兵车数。因为有先君的明察和先大夫们的敏捷才能，所以得胜。我郤克和先大夫们相比，连做他们的仆役都嫌无能，请派八百乘兵车。"晋景公同意了。郤克率领中军，士燮辅佐上军，栾书率领下军，韩厥做司马，出兵救援鲁国和卫国。臧宣叔迎接晋军，并作为向导开路。季文子率领军队和他们会合。到达卫国境内，韩厥将要杀人，郤克飞车赶去，准备救下那个人。等赶到时，已经杀了。郤克让人赶快把死者尸体在军中示众，告诉自己的御者说："我用这样的做法来分担人们对韩厥的非议。"

师从齐师于莘①。六月壬申②，师至于靡笄之下③。齐侯使请战，曰："子以君师，辱于敝邑，不腆敝赋④，诘朝请见⑤。"对曰："晋与鲁、卫，兄弟也。来告曰⑥：'大国朝夕释憾于敝邑之地⑦。'寡君不忍，使群臣请于大国，无令舆师淹于君地⑧。能进不能退，君无所辱命。"齐侯曰："大夫之许，寡人之愿也；若其不许，亦将见也。"齐高固入晋师，桀石以投人⑨，禽之而乘其车⑩，系桑本焉⑪，以徇齐垒，曰："欲勇者贾余馀勇⑫。"

【注释】

①莘：卫地名，在今山东莘县。

②壬申：十六日。

③靡笄：山名，即今山东济南千佛山。

④腆：不厚。

⑤诘朝：次日早晨。

⑥来告：指鲁、卫来告。

⑦大国：指齐国。释憾，发泄愤恨。敝邑，鲁、卫自称。

⑧舆师：众多军队。

⑨桀：举起。

⑩禽：同"擒"。

⑪桑本：连根的桑树。本，根。

⑫贾：买。

【译文】

　　晋、鲁、卫联军在莘地追上齐军。六月壬申日，军队到达靡笄山下。齐顷公派人请战，说："您带领贵国国君的军队光临敝邑，敝国将以不强大的军队，要求和你们在明天早晨相见决战。"郤克回答说："晋和鲁、卫是兄弟国家，鲁、卫前来告诉我们说：'大国不分日夜到敝邑土地上发泄气愤。'寡君于心不忍，派我们这些下臣们来向大国请求，不要使我们的军队过久地停留在贵国。我们只能前进不能后退，用不着再劳动您的命令。"齐顷公说："大夫允许决战，正是齐国的愿望；如果你不允许，也要兵戎相见的。"齐国的高固冲入晋军中，举起石头投掷晋军，抓获晋兵而抢坐上他的战车，把桑树根系在车上，遍行齐军中，说："需要勇气的人可以来买我多余的勇气！"

　　癸酉①，师陈于鞌。邴夏御齐侯②，逢丑父为右③。晋解张御郤克④，郑丘缓为右⑤。齐侯曰："余姑翦灭此而朝食⑥。"不介马而驰之⑦。郤克伤于矢，流血及屦，未绝鼓音，曰："余病矣⑧！"张侯曰⑨："自始合⑩，而矢贯余手及肘，余折以御，左轮朱殷⑪，岂敢言病。吾子忍之！"缓曰："自始合，苟有险，余必下推车，子岂识之⑫？然子病矣！"张侯曰："师之耳目，在吾旗鼓，进退从之。此车一人殿之⑬，可以集事⑭，若之何其以病败君之大事也？擐甲执兵⑮，固即死也。病未及死，吾子勉之！"左并辔，右援枹而鼓⑯，马逸不能止，师从之。齐师败绩。逐之，三周华不注⑰。

【注释】

①癸酉：十七日。

②邴夏：齐国大夫。

③逢丑父：齐国大夫。

④解张：晋国大夫。

⑤郑丘缓：晋国大夫，郑丘为复姓。

⑥翦灭：消灭。朝食：早饭。

⑦不介马：马不披甲。介，甲。

⑧病：身负重伤，意指不能再坚持。

⑨张侯：指解张。

⑩合：交战。

⑪殷（yān）：赤黑色。

⑫子岂识之：你哪里知道呢？

⑬殿：镇守。

⑭集：完成。

⑮擐（huàn）：穿。

⑯援：引。枹（fú）：鼓槌。

⑰华（huà）不注：山名，在今山东济南。

【译文】

　　癸酉日，齐、晋两军在鞌地摆开阵势。邴夏为齐顷公驾车，逢丑父为车右。晋国的解张为郤克驾车，郑丘缓为车右。齐顷公说："我暂且消灭了这些人后再吃早饭。"马不披甲，飞驰而出。郤克受了箭伤，血流到鞋子上，但是鼓声没有停歇过，说："我受伤了！"解张说："从一开始交战，箭就射穿了我的手和肘，我折断了箭杆继续驾车，左边的车轮都染成深红色，哪里敢说受伤？您还是忍着点吧！"郑丘缓说："从一开始交战，只要遇到险阻，我必定下车推车，您难道知道吗？不过您真是受伤了！"解张说："军队的耳目，在于我们的旌旗和鼓声，前进后退都要听从旗鼓的指挥。这辆战车有一个人镇守着，就可以完成战斗任务。怎能因为受伤而败坏国君的大事呢？身披盔甲，拿起武器，本来就是抱定必死的决心，现在受伤还没到死的程度，你还是尽力而为吧！"于是，用左手总揽马缰，右手拿起鼓槌击鼓。马失去控制一直向前不能停止，军队也就跟着冲上去。齐军大败，晋国追赶齐军，绕华不注山跑了三圈。

韩厥梦子舆谓己曰①："且辟左右。"故中御而从齐侯②。邴夏曰："射其御者，君子也。"公曰："谓之君子而射之，非礼也。"射其左，越于车下③。射其右，毙于车中，綦毋张丧车④，从韩厥，曰："请寓乘⑤。"从左右，皆肘之，使立于后。韩厥俛⑥，定其右。逢丑父与公易位。将及华泉⑦，骖絓于木而止⑧。丑父寝于辒中⑨，蛇出于其下，以肱击之⑩，伤而匿之，故不能推车而及。韩厥执絷马前⑪，再拜稽首，奉觞加璧以进⑫，曰："寡君使群臣为鲁、卫请，曰：'无令舆师陷入君地。'下臣不幸，属当戎行⑬，无所逃隐。且惧奔辟，而忝两君⑭，臣辱戎士，敢告不敏⑮，摄官承乏⑯。"丑父使公下，如华泉取饮。郑周父御佐车⑰，宛伐为右⑱，载齐侯以免。韩厥献丑父，郤献子将戮之。呼曰："自今无有代其君任患者⑲，有一于此，将为戮乎！"郤子曰："人不难以死免其君。我戮之不祥，赦之以劝事君者。"乃免之。

【注释】

①子舆：韩厥父亲。

②中御：站在车中央，代替御者。

③越：坠。

④綦毋（qíwù）张：晋国大夫，姓綦毋名张。

⑤寓乘：搭乘。寓，寄。

⑥俛：同"俯"。

⑦华泉：华不注山下之泉。

⑧骖（cān）：左右两旁的马。絓（guà），绊住。

⑨辀（zhàn）：有棚的卧车。

⑩肱（gōng）：小臂。

⑪絷（zhí）：绊马索。

⑫奉觞加璧：敬酒献玉。

⑬属：适合，恰当。戎行：兵车的行列。

⑭忝（tiǎn）：羞辱。

⑮不敏：不才。

⑯摄：代理。乏，缺乏人手。

⑰郑周父：齐国大夫。佐车：诸侯的副车。

⑱宛伐：齐国大夫。

⑲任患：担当祸患。

【译文】

韩厥梦见父亲子舆对他说："明天交战不要站在战车左右两侧。"因此韩厥就在中间驾车而追赶齐顷公。邴夏说："射那个驾车人，他是个君子。"齐顷公说："认为他是君子而射他，这不合于礼。"射车左，车左死在车下。射车右，车右死在车里。綦毋张丢了战车，跟上韩厥说："请让我搭乘您的战车。"上车后准备站在车左或车右，韩厥用肘推他，使他站在自己身后。韩厥弯下身子，放稳车右的尸体。逢丑父和齐顷公乘机互换位置。快到华泉时，骖马被树木绊住了，车停了下来不能前进。前几天，逢丑父睡在栈车里，有一条蛇爬到他身边，他用手臂去打蛇，被蛇咬伤，没有声张，因此这时不能用臂推车，被韩厥赶上。韩厥握着马缰走到马前，跪下叩头，捧着酒杯加上璧献上，说："寡君派遣臣下们为鲁、卫两国请命，说：'不要让军队久留齐国的土地。'下臣不幸，正好在军中服役，不能逃避责任。而且也怕奔走逃避会成为两国国君的耻辱。下臣勉强充当一名战士，谨向君王禀告我的无能，但由于人手缺乏，不得不承当这个职位。"逢丑父让齐顷公下车，去华泉取水。郑周父驾御副车，宛茷为车右，载上齐顷公使之免于被俘。韩厥献上逢丑父，郤克准备杀死他。逢丑父喊叫说："到现在为止还没有能代替他的国君受难的人，有一个这样的人在这里，还要被杀死吗？"郤克说："一个人不怕牺牲自己来使自己的国君免于祸患，我杀了他是不吉利的。赦免他用来勉励事奉国君的人吧。"于是赦免了逢丑父。

齐侯免，求丑父，三入三出①。每出，齐师以帅退。入于狄卒②，狄卒皆抽戈楯冒之③。以入于卫师，卫师免之④。遂自徐关入⑤。齐侯见保者⑥，曰："勉之！齐师败矣。"辟女子⑦，女子曰："君免乎？"曰："免矣。"曰："锐司徒免乎⑧？"曰："免矣。"曰："苟君与吾父免矣，可若何⑨？"乃奔。齐侯以为有礼，既而问之，辟司徒之妻也⑩。予之石窌⑪。

晋师从齐师，入自丘舆⑫，击马陉⑬。

【注释】

①三入三出：指齐顷公三次出入晋军，企图救出逢丑父。

②狄卒：指参加晋军的狄人步卒。

③楯：同"盾"。冒：遮拦，庇护。

④免：不加伤害。

⑤徐关：地名，在今山东临淄。

⑥保者：守卫城邑的人。

⑦辟：通"避"。

⑧锐司徒：官名，主管锋利军械。锐司徒为女子之父。

⑨可若何：还要怎样。意谓不必再担心了。

⑩辟司徒：官名，主管军中营垒之事。辟，同"壁"。

⑪石窌（jiào）：齐地名，在今山东长清。

⑫丘舆：在今山东益都。

⑬马陉：在丘舆之北。

【译文】

　　齐顷公免于被俘以后，寻找逢丑父，在晋军中三进三出。每次出来的时候，齐军都簇拥着护卫他后退。冲入狄人的军队中，狄人士兵都拿起戈和盾护卫他。冲入卫军中，卫军也不让他受伤。于是，齐顷公就从徐关进入齐都。齐顷公见到守城军队，说："你们努力吧！齐军战败了！"齐顷公的前卫让一女子让路，这个女子问："国君免于祸难了吗？"说："免了。"又问："锐司徒免于祸难了吗？"说："免了。"女子说："如果国君和我父亲都免于祸难了，还要怎么样？"便跑开了。齐顷公认为她知礼，不久后查问，才知道她是辟司徒的妻子，便赐给她石窌作为封邑。

冬晋军追赶齐军，从丘舆进入齐国，攻打马陉。

齐侯使宾媚人赂以纪甗、玉磬与地①。不可，则听客之所为②。宾媚人致赂，晋人不可，曰："必以萧同叔子为质，而使齐之封内尽东其亩③。"对曰："萧同叔子非他，寡君之母也。若以匹敌，则亦晋君之母也。吾子布大命于诸侯，而曰：'必质其母以为信。'其若王命何？且是以不孝令也。《诗》曰：'孝子不匮，永锡尔类。④'若以不孝令于诸侯，其无乃非德类也乎⑤？先王疆理天下⑥，物土之宜⑦，而布其利⑧。故《诗》曰：'我疆我理，南东其亩。⑨'今吾子疆理诸侯，而曰'尽东其亩'而已，唯吾子戎车是利，无顾土宜，其无乃非先王之命也乎？反先王则不义，何以为盟主？其晋实有阙⑩。四王之王也⑪，树德而济同欲焉⑫。五伯之霸也⑬，勤而抚之⑭，以役王命⑮。今吾子求合诸侯，以逞无疆之欲⑯。《诗》曰'布政优优，百禄是遒。⑰'子实不优⑱，而弃百禄，诸侯何害焉！不然，寡君之命使臣则有辞矣，曰：'子以君师辱于敝邑，不腆敝赋，以犒从者⑲。畏君之震⑳，师徒桡败㉑，吾子惠徼齐国之福㉒，不泯其社稷㉓，使继旧好，唯是先君之敝器、土地不敢爱㉔。子又不许，请收合馀烬㉕，背城借一。敝邑之幸，亦云从也㉖。况其不幸，敢不唯命是听。’”

禽郑自师逆公㉗。

【注释】

①宾媚人：即国佐。甗（yǎn）：古代炊器。磬（qìng）：乐器。二者均为齐灭纪国时获得的珍宝。

②客：指晋国。

③封内：境内。东其亩，古代多南亩，若田垄改为东西向，道路也随之东西向，晋在齐之西，日后兵车入齐境时易于通行。亩：此指田垄。

④孝子不匮，永锡尔类：见隐公元年《郑伯克段于鄢》注。

⑤非德类：不符合道德法则。

⑥疆：定疆界。理：分地理。

⑦物：考察。

⑧布：布置。

⑨我疆我理，南东其亩：诗见《诗经·小雅·信南山》。意谓我划定疆界，分别地理，南向东向开辟田亩。

⑩阙：过失。

⑪四王之王（wàng）：指舜、禹、汤、武统一天下。四王，指舜、禹、汤、武。

⑫树德：树立德政。济：满足。同欲：诸侯共同的愿望。

⑬五伯：指夏之昆吾，商之大彭、豕韦，周之齐桓公、晋文公。

⑭勤：勤劳。抚之：安抚其他诸侯。

⑮役王命：服役于天子之命。

⑯无疆：无止境。

⑰布政优优，百禄是遒：诗见《诗经·商颂·长发》。意谓推行宽仁之政，百种的幸福都将聚集在他身上。布，施行。优优，和缓宽大的样子。遒，聚集。

⑱不优：即"不优优"。

⑲犒：犒劳。

⑳震：威严。

㉑桡（náo）败：失败。

㉒徼……福：求福。

㉓泯：灭。

㉔爱：爱惜。

㉕馀烬：烧残的灰，比喻残余的军队。

㉖云：语助词，无义。

㉗禽郑：鲁国大夫。

【译文】

齐顷公派遣宾媚人把纪甗、玉磬和土地送给战胜诸国以求和，指示他如果对方不同意讲和，就听任他们怎么办。国佐献上财礼，晋国人不同意，说："一定要以萧同叔子作为人质，而且把齐国境内的田陇全都改成东西走向。"国佐回答说："萧同叔子不是别人，是寡君的母亲。如果从对等地位来说，也就是晋国国君的母亲。您在诸侯中发布重大命令，反而说'一定要把他的母亲作为人质才能取信。'将怎样对待周天子的命令呢？而且这样做，就是用不孝来号令诸侯。《诗》说：'孝子的孝心没有穷尽，他永远把自己的孝思分给同类的人。'如果以不孝来号令诸侯，那恐怕不符合道德准则吧！先王把天下的土地划分疆界、区分条理，因地制宜，以获取应得的利益。所以《诗》说：'我划定疆界、分别地理，南向东向开辟田亩。'如今您让诸侯定疆界、分地理，却说"把田垄全部改成东向"而已，只考虑方便自己兵车通行，不顾土地是否适宜，恐怕不符合先王的政令吧！违反先王的遗命就是不合道义，怎么能做住诸侯的盟主呢？晋国在这点上确实是有过失的。四王之所以能统一天下，是因为他们能树立德行，满足诸侯的共同愿望。五伯之所以成就霸业，是因为他们勤劳而安抚诸侯，共同为天子效命。如今您要求会合诸侯，来满足自己没有止境的欲望。《诗》说：'政事的推行宽大和缓，各种福禄都将积聚到你身上。'您如果不肯宽和施政，而丢弃一切福禄，这对诸侯又有什么害处呢？如果您不肯答应讲和，寡君命令我使臣，还有一番话要说，即"您带领贵国国君的军队光临敝邑，敝邑只能以自己微薄的力量来犒劳您的随从。畏惧贵国国君的威严，我们的军队战败了。承蒙您惠临为齐国求福，如果不灭亡我们的国家，让齐、晋两国继续过去的友好关系，那么先君留下的破旧器物和土地，我们是不敢爱惜的。您如果又不允许，我们就只能请求收拾残兵败将，背靠自己的城墙决一死战。如果敝邑侥幸取胜，也还是会依从贵国的。如果不幸而败，岂敢不惟命是从？"

禽郑从军中去迎接鲁成公。

秋七月，晋师及齐国佐盟于爰娄①，使齐人归我汶阳之田②。公会晋师于上鄍③，赐三帅先路三命之服④，司马、司空、舆帅、候正、亚旅⑤，皆受一命之服。

【注释】

①爰娄：地名，在今山东临淄。

②汶阳：鲁国地名，故城在今山东宁阳县。

③上鄍（míng）：齐、卫二国交界之地，在今山东阳谷。

④三帅：指郤克、士燮与栾书。先路：天子、诸侯乘车叫路，卿大夫接受天子、诸侯所赐之车也叫路。路，同"辂"。三命之服：卿大夫所受的最高等级的礼服。三命是卿的品级。

⑤司马：指韩厥。司空，主管军事工程之官。舆帅：主管兵车之官。候正：主管侦察谍报之官。亚旅，比卿地位低一些的大夫。

【译文】

秋，七月，晋军和齐国国佐在爰娄结盟，让齐国归还我国汶阳的土田。成公在上鄍会见晋军，赐给晋军三位主将先路和三命的车服，司马、司空、舆帅、候正、亚旅都接受了一命的车服。

晋师归，范文子后入①。武子曰②："无为吾望尔也乎③？"对曰："师有功，国人喜以逆之，先入，必属耳目焉④，是代帅受名也，故不敢。"武子曰："吾知免矣。"

【注释】

①范文子：指士燮。

②武子：士会，士燮父亲。

③望：盼望。

④属耳目：众人耳目都集中于我一个人。属，同"瞩"，专注。

【译文】

晋军回到国内，范文子最后进城。他的父亲范武子说："你不知道我也在盼望你吗？"范文子回答说："军队打了胜仗，国内的人们高兴地迎接他们。先进城的人，一定格外受到人们的注意，这是代替统帅接受荣誉，所以我不敢走在前面。"武子说："你这样谦让，我认为可以免于祸害了。"

郤伯见①，公曰："子之力也夫！"对曰："君之训也，二三子之力也，臣何力之有焉！"范叔见②，劳之如郤伯③。对曰："庚所命也④，克之制也⑤，燮何力之有焉！"栾伯见⑥，公亦如之，对曰："燮之诏也⑦，士用命也，书何力之有焉！"

【注释】

①郤伯：指郤克。

②范叔：范文子。

③劳：慰劳。

④庚所命：荀庚将上军，未出战，士燮为上军佐，应

受命于上军将。庚，指荀庚，荀林父之父。

⑤克之制：郤克为中军帅，节制上军。

⑥栾伯：指栾书。

⑦诏：指示。

【译文】

郤克进见，晋景公说："这是您的功劳啊！"郤克回答说："这是君王的教导，诸位将帅的功劳，下臣有什么功劳呢？"范文子进见，晋景公像对郤伯一样慰劳他。范文子回答说："这是荀庚的命令，郤克的节制，我士燮有什么功劳呢？"栾书进见，晋景公也这样慰劳他。栾书回答说："这是士燮的指示，将士们效命，我栾书有什么功劳呢？"

楚归知罃于晋　成公三年

　　宣公十二年邲之战，晋军大败，知罃被俘。知罃的父亲荀首射死楚大夫连尹襄老，射伤楚公子穀臣，一并带回晋国，以备日后换取知罃。此篇即写知罃回归晋国前与楚共王的对话。知罃的回答，不温不火，不卑不亢，非常巧妙且不辱国体。其回答如何报答楚王的话，使人想起僖公二十三年晋公子重耳到楚国时对楚王的回答，有异曲同工之妙。

晋人归公子穀臣与连尹襄老之尸于楚①，以求知罃。于是荀首佐中军矣，故楚人许之。王送知罃②，曰："子其怨我乎？"对曰："二国治戎③，臣不才，不胜其任，以为俘馘④。执事不以衅鼓⑤，使归即戮⑥，君之惠也。臣实不才，又谁敢怨？"王曰："然则德我乎⑦？"对曰："二国图其社稷，而求纾其民⑧，各惩其忿⑨，以相宥也⑩，两释累囚以成其好⑪。二国有好，臣不与及⑫，其谁敢德？"王曰："子归，何以报我？"对曰："臣不任受怨，君亦不任受德，无怨无德，不知所报。"王曰："虽然，必告不穀⑬。"对曰："以君之灵，累臣得归骨于晋⑭，寡君之以为戮，死且不朽。若从君之惠而免之，以赐君之外臣首⑮；首其请于寡君，而以戮于宗，亦死且不朽。若不获命，而使嗣宗职⑯，次及于事，而帅偏师，以修封疆⑰。虽遇执事⑱，其弗敢违⑲。其竭力致死⑳，无有二心，以尽臣礼，所以报也。"王曰："晋未可与争。"重为之礼而归之。

【注释】

①归：归还。

②王：楚共王。

③治戎：交战。

④俘馘（guó）：俘，俘虏；馘，截耳。古代作战，杀敌后把左耳割下来献功。此指俘虏。

⑤衅鼓：用血祭鼓。

⑥即戮：回去就被诛戮。

⑦然则：既然这样，那么。

⑧纾：缓解，指得到平安。

⑨惩：抑止。忿：愤怒。

⑩宥（yòu）：赦免。

⑪"两释"句：此句指双方都释放被拘禁的囚人。

⑫不与及：指两国都为社稷，并非为己。

⑬不穀：楚共王自称。

⑭累臣：累囚之臣，知罃自称。归骨：指放他回去。

⑮外臣：对异国国君自称外臣。首：荀首，知罃的父亲。

⑯宗职：家族世袭的官职。

⑰以修封疆：参与边境的战事。

⑱执事：指楚王。

⑲其：将，作副词。违：逃避。

⑳致死：不惜牺牲。

【译文】

晋国人把公子穀臣和连尹襄老尸首归还给楚国，要求换回知罃。当时荀首已经任中军佐，所以楚国人答应了。楚共王为知罃送别，说："你怨恨我吗？"知罃回答说："两国交战，下臣没有才能，不能胜任职务，所以做了俘虏。君王的左右没有用我的血来祭鼓，而让我回国接受杀戮，这是君王对我的恩惠。下臣实在没有才能，又敢怨恨谁呢？"楚共王说："那么你感激我吗？"知罃回答说："两国为自己的国家利益打算，希望让百姓得到安宁，各自抑止自己的愤怒，求得互相原谅，两边都释放俘虏，建立友好关系。两国友好，下臣不曾与谋，又敢感激谁呢？"楚共王说："你回去，用什么报答我？"知罃回答说："下臣既没有什么可怨恨的，君王也不值得感恩，没有怨恨没有恩德，就不知道该报答什么。"楚共王说："尽管这样，你一定要告诉我你的想法。"知罃说："承君王的福佑，我这被囚的下臣能够带着这身骨头回到晋国，寡君如果加以诛戮，死且不朽。如果由于君王的恩惠而受到赦免，把下臣赐给君王的外臣荀首，荀首向我君请求而把下臣杀戮在自己的宗庙中，也死得其所。如果得不到我君诛戮的命令，而让下臣继承宗子的职位，按次序承担晋国的政事，率领部分军队保卫边疆，虽然碰到君王的左右，我也不敢违背礼义回避，竭尽全力以至于死，没有二心，以尽到为臣的职责，这就是所报答于君王的。"楚共王说："晋国是不能够与它相争的呀！"于是就对知罃重加礼遇后放他回晋国去。

晋归锺仪　成公九年

　　鲁成公七年，楚大夫锺仪被郑国俘虏，后被献于晋国。晋景公要释放锺仪，临释放时与锺仪的一番对话，颇能表现出锺仪的风范。乐操南音，说明他不忘故国；不妄议君王，说明他恪守为臣之道。由此引出范文子的一番感慨。此节故事，给我们留下了"楚囚"、"南冠"这两个成语典故。

　　晋侯观于军府，见锺仪。问之曰："南冠而絷者^①，谁也？"有司对曰："郑人所献楚囚也。"使税之^②。召而吊之^③。再拜稽首。问其族^④，对曰："泠人也^⑤。"公曰："能乐乎？"对曰："先父之职官也，敢有二事？"使与之琴，操南音^⑥。公曰："君王何如？"对曰："非小人之所得知也。"固问之^⑦，对曰："其为大子也，师、保奉之^⑧，以朝于婴齐而夕于侧也^⑨。不知其他。"公语范文子，文子曰："楚囚，君子也。言称先职，不背本也。乐操土风^⑩，不忘旧也。称大子，抑无私也^⑪。名其二卿^⑫，尊君也。不背本，仁也；不忘旧，信也；无私，忠也；尊君，敏也^⑬。仁以接事，信以守之^⑭，忠以成之，敏以行之。事虽大，必济。君盍归之^⑮，使合晋、楚之成？"公从之，重为之礼，使归求成。

【注释】

① 南冠：楚式帽子。

② 税：同"脱"，解开刑具。

③ 吊：慰问。

④ 族：此指世官。

⑤ 泠人：亦作伶人，乐官。

⑥ 南音：南方各地乐调，此指楚乐。

⑦ 固：再三。

⑧ 奉：事奉。

⑨ 婴齐：令尹子重。侧，司马子反。

⑩土风：本乡本土的乐调，此指南音。

⑪抑：发语词，无义。

⑫名其二卿：当时时尚，下对上才称名。锺仪在晋景公前直呼子重、子反之名，是尊敬景公的表现。

⑬敏：通达事理。

⑭之：指事情。

⑮盍：何不。

【译文】

晋景公视察军用仓库，见到锺仪。问看管的人说："戴着南方人的帽子而被囚禁的人是谁？"主管官吏回答说："是郑国人所献的楚国俘虏。"晋景公让人把他释放出来，召见他，并表示慰问。锺仪再拜叩头。晋景公问他世系职业，他回答说："是乐官。"晋景公说："能够奏乐吗？"锺仪回答说："这是我先人所掌管的职务，我岂敢从事其他工作呢？"晋景公让人给锺仪琴，他弹奏的是南方的乐调。晋景公说："你们的君王怎么样？"锺仪回答说："这不是小人所能知道的。"晋景公再三问他，他回答说："他做太子时，师保奉事他，每天早晨向婴齐请教，晚上向侧请教。我不知道别的事。"晋景公把这件事告诉范文子。文子说："这个楚囚是个君子。言辞中举出先人的职官，这是不忘根本；奏乐奏家乡的乐调，这是不忘故旧；列举楚君做太子时之事，这是没有私心；对二卿直呼其名，这是尊崇国君。不忘根本，是仁；不忘故旧，是守信；没有私心，是忠诚；尊崇国君，是敏达。用仁来处理事情，用信来坚持，用忠来完成，用敏来执行。哪怕再大的事情也能成功。君王何不放他回去，让他结成晋、楚之间的友好。"晋景公听从了范文子的话，对锺仪重加礼遇，让他回国去替晋国求和。

晋侯梦大厉　成公十年

　　成公八年，晋景公冤杀了赵氏家族的赵同、赵括。大概自觉有愧，晋景公梦见二人变为厉鬼肆虐，由此得病。患病后，又梦见二厉鬼化为二竖子逃入膏肓为害。最后，恰如桑田巫所预言的那样，晋景公终于未能尝到新麦而死。此节是作者虚构的一个关于梦境的故事，写得离奇生动，揭示了主人公的性格和深层心理状态。《左传》的叙事，"思涉鬼神，功侔造化"，此是一例。

晋侯梦大厉①，被发及地②，搏膺而踊③，曰："杀余孙，不义。余得请于帝矣④！"坏大门及寝门而入。公惧，入于室。又坏户。公觉，召桑田巫⑤。巫言如梦。公曰："何如？曰："不食新矣⑥。"公疾病⑦，求医于秦。秦伯使医缓为之⑧。未至，公梦疾为二竖子⑨，曰："彼⑩，良医也。惧伤我，焉逃之？"其一曰："居肓之上⑪，膏之下⑫，若我何？"医至，曰："疾不可为也。在肓之上，膏之下，攻之不可⑬，达之不及⑭，药不至焉，不可为也。"公曰："良医也。"厚为之礼而归之。六月丙午，晋侯欲麦⑮，使甸人献麦⑯，馈人为之⑰。召桑田巫，示而杀之。将食，张⑱，如厕，陷而卒。小臣有晨梦负公以登天⑲，及日中，负晋侯出诸厕，遂以为殉。

【注释】

①晋侯：指晋景公。厉：恶鬼，也叫厉鬼。

②被（pī）：通"披"。

③搏膺：捶胸。踊：跳跃。

④请于帝：指鬼已诉于上帝，上帝允许他为子孙报仇。

⑤桑田：地名，在今河南灵宝县。桑田本虢邑，晋灭虢后并入晋。

⑥不食新：意谓景公将死在新麦收获之前。新：新麦。

⑦疾病：病重。

⑧缓：秦国名医。为：诊治。

⑨疾为二竖子：疾病变为两个小孩。竖子，小孩。

⑩彼：指秦医缓。

⑪肓（huāng）：胸腹之间的横膈膜。

⑫膏：心脏下方有脂肪处。

⑬攻：指灸。

⑭达：指针。

⑮欲麦：即食新。

⑯甸人：管理土地之官。

⑰馈人：为诸侯主持饮食之官。为之：煮好新麦。

⑱张：通"胀"，肚子发胀。

⑲小臣：宦官。

【译文】

晋景公梦见一个大恶鬼，长发拖到地上，捶胸跳跃，说："你杀了我的子孙，这是不义。我已经请求为子孙复仇，已经得到上帝的允许了！"鬼毁坏了宫门及寝门走进来。晋景公害怕，躲进内室，厉鬼又毁掉了内室的门。晋景公醒来，召见桑田的巫人问吉凶。巫人叙述的情况与晋景公的梦境一样。晋景公问："怎么样？"巫人说："君王吃不到新收的麦子了！"晋景公病重，向秦国请求良医。秦桓公派医缓去晋国为他诊治。医缓还没有到达，晋景公又梦见疾病变成两个小孩，一个说："他是个良医，我们恐怕会受到他的伤害，往哪儿逃好呢？"另一个说："我们呆在肓之上，膏之下，他能拿我们怎么办样？"医缓来了，说："病已不能治了，在肓之上，膏之下，艾灸不能用，针刺够不着，药力也达不到，不能治了。"晋景公说："真是好医生啊。"于是赠送给他丰厚的礼物让他回去。六月丙午日，晋景公想吃麦饭，让甸人献上新麦，馈人烹煮。做好后召见桑田巫人来，让他看了煮好的新麦饭，然后把他杀了。景公将要进食，突然肚子发胀，便上厕所，跌进厕坑里死了。有个宦官早晨梦见背着晋景公登天，到了中午，被派把晋景公从厕坑里背出来，于是就以他作为殉葬。

吕相绝秦　成公十三年

春秋时期，秦晋二国比邻而居，往来密切，但因争霸夺利，亦矛盾重重。成公十一年，秦晋二国相约盟会于令狐，晋君先至，而秦君却突然变卦，背弃盟约；后秦国又挑唆引导狄、楚之军伐晋，故晋厉公遣吕相为使者，列举秦之罪状，与之绝交，此文开篇追述秦晋两国先王世代交好，继而历数秦之罪状，文中句式排闳而来，连用十余处"我"字指责秦之过错，词风犀利、一气贯注、咄咄逼人。这是《左传》中保存完整的一篇行人辞令，为春秋时期外交辞令之典型，开后代战国纵横家游说雄辩之风。唐人刘知几《史通》称其为："语微婉而多切，言流靡而不淫"，实为千古檄文之祖。

　　夏四月戊午，晋侯使吕相绝秦[1]，曰："昔逮我献公，及穆公相好，戮力同心，申之以盟誓，重之以昏姻[2]。天祸晋国[3]，文公如齐，惠公如秦。无禄，献公即世，穆公不忘旧德，俾我惠公，用能奉祀于晋[4]。又不能成大勋，而为韩之师[5]。亦悔于厥心，用集我文公[6]，是穆之成也。文公躬擐甲胄，跋履山川，逾越险阻，征东之诸侯，虞、夏、商、周之胤，而朝诸秦，则亦既报旧德矣。郑人怒君之疆埸[7]，我文公帅诸侯及秦围郑。秦大夫不询于我寡君，擅及郑盟。诸侯疾之，将致命于秦。文公恐惧，绥静诸侯，秦师克还无害[8]，则是我有大造于西也。无禄，文公即世。穆为不吊[9]，蔑死我君[10]，寡我襄公，迭我殽地[11]，奸绝我好[12]，伐我保城，殄灭我费滑[13]，散离我兄弟，挠乱我同盟[14]，倾覆我国家。我襄公未忘君之旧勋，而惧社稷之陨，是以有殽之师。犹愿赦罪于穆公，穆公弗听，而即楚谋我[15]。天诱其衷[16]，成王陨命，穆公是以不克逞志于我。穆、襄即世，康、灵即位。康公，我之自出[17]，又欲阙翦我公室，倾覆我社稷，帅我蝥贼，以来荡摇我边疆。我是以有令狐之役[18]。康犹不悛，入我河曲，伐我涑川，俘我王官，翦我羁马[19]，我是以有河曲之战。东道之不通，则是康公绝我好也[20]。

【注释】

①晋侯：晋厉公，名州蒲。吕相：晋大夫魏锜之子，

亦称魏相，因食邑为吕，故又称吕相。鲁成公十一年，秦、晋二国在令狐结盟，至期，晋厉公先到，而秦桓公却临时变卦，不欲前往，后秦又挑唆白狄和楚国伐晋。晋得知此事，便派吕相使秦，数秦之罪，与之绝交。

②昏姻：婚姻，指晋献公将女儿嫁给秦穆公。

③天祸晋国：指晋骊姬之乱。晋献公的夫人骊姬为了立自己的儿子为太子，遂设计陷害太子申生及其他公子，致使公子重耳逃奔狄、齐等国，公子夷吾逃奔梁、秦等国。

④奉祀于晋：晋献公去世后不久，秦国即护送夷吾回晋国即位，是为晋惠公。古代国君才有资格主持国家祭祀，故"奉祀于晋"即"为晋之国君"。

⑤"又不能"二句：晋惠公回国即位后，背信弃义，没有兑现他当初对秦许下的诺言，秦穆公兴兵伐晋，战于韩原，晋大败，惠公被俘。

⑥"亦悔"二句：惠公死后，其子怀公即位，这时秦穆公又护送公子重耳回国夺取君位，是为晋文公。

⑦怒：此作"侵犯"解。埸（yì）：边界。文公当年流亡到郑国时，郑文公没有给他应有的礼遇，文公即位后，遂邀秦穆公兴师问罪。郑并未侵犯秦之边境，吕相所言，实为诬枉之词。又，当时围郑的只有晋、秦二国军队，下文说围郑的另有其他诸侯军，亦为不实之词。

⑧"绥静"二句：以上"诸侯疾之"、"救命于秦"、"绥

静诸侯"等亦晋国的夸大之词。克，能够。

⑨不吊：不祥，不善。

⑩蔑死我君：一本作"蔑我死君"，文义较通顺。

⑪"寡我"二句：鲁僖公三十二年（前628），秦过晋而伐郑，并未侵犯晋之殽山，相反，倒是晋军于殽山伏击了秦师，故"迭我殽地"亦为诬枉之辞。迭，通"轶"，突然进犯。

⑫奸绝：断绝，拒绝。奸，通"扦"，排斥。

⑬费（bì）滑：滑国。费，滑国都城，在今河南偃师县附近。秦袭郑不成，回师时遂把滑国灭掉。

⑭"散离"二句：兄弟、同盟指郑、滑二国，二国与晋同为姬姓，又是同盟关系，故云。

⑮即：接近。楚臣斗克本囚于秦，秦在殽山败于晋侯，遂释斗克，以求与楚结盟，后因楚成王为其子所杀，遂使所谋之事不成，故下文有"不克遂志"之语。

⑯诱：本义是诱导、开导，此作"开"解。衷：内心。

⑰康公，我之自出：康公，是出自我晋国的。这里指康公乃晋之外甥。康公之母穆姬乃晋献公女儿，故康公与灵公，乃甥舅关系。

⑱"帅我"三句：蝥（máo）贼：本指两种食禾苗的害虫，此指晋之公子雍。晋襄公死后，群臣因太子夷皋年幼，欲立晋文公之子、襄公庶弟公子雍为君。时公子雍客居于秦，晋遂派人往迎，秦康公亦派兵护送。后襄公夫人极力要立太子夷皋（即晋灵公），

群臣只好依从，并派兵在令狐抵拒秦军和公子雍，史称"令狐之役"。吕相这里说"荡摇我边疆"乃片面之词。令狐，晋地名，在今山西临猗。

⑲"入我"四句：河曲：晋地名，在今山西永济。涑（sù）川，河名，流经山西西南部，注入黄河。王官：晋地名，在今山西闻喜。羁马：晋地名，在今山西永济。

⑳"东道"二句：此指秦晋两国断绝邦交关系。晋在秦的东边，故云。

【译文】

夏，四月戊午日，晋厉公派吕相与秦断绝交往，说："自从我国献公与秦穆公相互友好以来，二国协力同心，又用盟誓加以明确，用婚姻加深关系。后来上天降灾祸给晋国，文公逃亡齐国，惠公逃亡秦国。不幸，献公去世，但穆公仍不忘旧日恩德，使我国惠公能回到晋国主持祭祀。但没能将这一大功业完成好，于是导致了韩原之战。穆公对俘获惠公一事心中颇为后悔，因而又促成我国文公回国即位，这些都是穆公的功劳成就。我国文公亲自披甲戴胄，跋涉山川，穿越险阻，征伐东方的诸侯，让虞、夏、商、周的后代，都到秦国朝见，这样我们也可以算是报答了秦国往日的恩德了。郑国人侵犯君王的边境，我国文公率领诸侯与秦一起包围郑国。可是秦国大夫不征询我国寡君的意见，擅自和郑国订了盟约。诸侯对这事都很憎恨，都准备与秦国拼死一战。文公担心，赶紧说服诸侯，使秦军得以安然回国，这说明我晋国是大有功于秦国的。不幸，文公去世。秦穆公不肯来吊唁，蔑视我已故的国君，欺负我们襄公，突袭我国殽地，断绝与我国和好，攻打我国边境城堡，灭掉我国的盟友滑国，离间我们兄弟之邦，扰乱我们同盟之国，妄图颠覆我国家。我襄公没有忘记秦君旧日的恩德，但又惧怕国家遭到灭亡，因而才有殽之战。我国国君仍然希望向穆公解释我们的罪过，但穆公不答应，而勾结楚国算计我国。幸亏老天开眼，楚成王丧命，使穆公对我晋国的算计没能得逞。穆公、襄公去世，康公、灵公即位。秦康公是我晋国的外甥，却又想削弱我晋国公室，颠覆我国家，率领我晋国的败类，前来骚扰我国边疆。所以我国才发动了令狐之役。秦康公仍不悔悟，又侵入我河曲，攻打我涑川，掳掠我王室，损害我羁马。我晋国所以又发动了河曲之战。秦国往东的道路不通畅，就是由于秦康公与我们断绝友好关系而造成的。

"及君之嗣也①，我君景公引领西望曰：'庶抚我乎！'君亦不惠称盟，利吾有狄难②，入我河县，焚我箕、郜③，芟夷我农功④，虔刘我边垂。我是以有辅氏之聚⑤。君亦悔祸之延，而欲徼福于先君献、穆，使伯车来⑥，命我景公曰：'吾与女同好弃恶，复修旧德，以追念前勋。'言誓未就，景公即世，我寡君是以有令狐之会⑦。君又不祥，背弃盟誓。白狄及君同州⑧，君之仇雠，而我之昏姻也。君来赐命曰：'吾与女伐狄。'寡君不敢顾昏姻，畏君之威，而受命于吏。君有二心于狄，曰：'晋将伐女。'狄应且憎，是用告我。楚人恶君之二三其德也，亦来告我曰：'秦背令狐之盟，而来求盟于我，昭告昊天上帝、秦三公、楚三王曰⑨，余虽与晋出入，余唯利是视。不榖恶其无成德，是用宣之，以惩不壹。'诸侯备闻此言，斯是用痛心疾首，昵就寡人。寡人帅以听命，唯好是求。君若惠顾诸侯，矜哀寡人，而赐之盟，则寡人之愿也。其承宁诸侯以退，岂敢徼乱。君若不施大惠，寡人不佞，其不能以诸侯退矣。敢尽布之执事，俾执事实图利之！"

【注释】

① 君：此指秦桓公。

② 有狄难：指鲁宣公十五年（前594），晋灭赤狄潞氏（潞氏是国名）事，把"灭狄"说成"有难"，这也是吕相故意歪曲事实。

③ 箕：晋城邑，在今山西蒲县东北的箕城。郜（gào）：晋城邑，在今山西祁县西。

④ 芟（shān）：本义是"除草"，这里作割除、抢割解。

⑤ 辅氏之聚：鲁宣公十五年，秦桓公伐晋，晋败秦军于辅氏。辅氏，晋地名，在今陕西大荔县东。

⑥ 伯车：秦桓公之子。

⑦ 我寡君：此指晋厉公。

⑧ 白狄：狄族的一支，居住在今陕西北部一带。州：此指雍州，古九州之一。包括今陕西、甘肃二省及青海的一部分。

⑨秦三公：指秦穆公、康公、共公。楚三王：指楚成王、穆王、庄王。

【译文】

到君王继位后，我国君景公伸长脖子西望说："秦国大概会安抚我们吧！"可是君王仍不肯加恩结盟，反而利用我国有赤狄作乱的机会，侵入我黄河沿岸的县邑，焚烧我箕、郜两城，抢割、毁坏我国的庄稼，杀戮我边境的人民，所以我国将兵卒聚于辅氏，以抵御秦军。君王对两国灾祸的漫延也感到后悔，求福于先君献公、穆公，派伯车来我国，命令我景公说：'我和你共同和好，抛弃怨恨，重新恢复旧日的恩德，以追念前人的功业。'盟约尚未达成，景公就去世了。所以寡君又有与贵国君的令狐的盟会。可是君王又萌不良之心，背弃了盟誓。白狄与君王同住在雍州之内，他们是君王的仇敌，但却是我晋国的婚姻亲属之国。君王传来命令说：'我与你晋国共同征讨狄。'寡君不敢顾念婚姻的关系，畏惧君王的威灵，因而接受你的使臣传来的命令。但君王又分心倾向于狄，对狄人说：'晋国准备征伐你们。'狄人表面应和但心中却很憎恨，因而将这话告诉我们。楚人也憎恨君王的三心二意，也来告诉我们说：'秦人违背令狐的盟会，却来要求和我们结盟，并对着皇天上帝、秦三公、楚三王明白宣誓道：秦国无专一道德，因而将他的话揭露出来，以惩治他的言行不一。'诸侯全都听到这些话，因而对秦国感到痛心疾首，都来亲近我寡君。寡君率领诸侯以听从君王的命令，所要求的仅仅是友好。君王如果友好仁慈地顾念诸侯，哀怜我寡君，赐予我们以盟

约，那可真是我寡君的愿望。我们将接受君王的命令，使
诸侯安宁并让其退走，哪里还敢谋求战乱。君王若不愿施
予恩惠，寡人不才，也就无法叫诸侯退兵了。我大胆地将
我们的意见全都陈述于君王的办事人员，以便让办事人员
予以认真考虑。"

晋楚鄢陵之战　成公十六年

鄢陵之战是晋、楚两国发生的又一次大战。这次大战的直接原因是楚国北伐郑、卫，又以汝阴之田赂郑，引起晋、卫两国伐郑，楚国救郑，终于爆发鄢陵之战。在这次战役中，晋国厉公亲征，晋栾书将中军；楚国共王亲征，子反将中军。晋国因国内晋厉公与郤氏家族的原因，本无意于取胜，未料楚军内部混乱，晋国意外取得胜利。鄢陵之战最精彩之处，是作者真实地描写了从清晨至星星出现的一整天的战斗。其中楚国申叔时对战争的分析，楚子登巢车以望晋军，养由基的善射，晋军的塞井夷灶，郤至的免胄趋风，都是精彩的细节描写，使人如闻刀鸣箭响，如见刀光剑影，扣人心弦。交战双方的人物，如楚国的楚共王、子反、子重、申叔时、养由基，晋国的栾书、郤至、韩厥等，都刻画得栩栩如生。

十六年春，楚子自武城使公子成以汝阴之田求成于郑①。郑叛晋，子驷从楚子盟于武城。郑子罕伐宋，宋将鉏、乐惧败诸汋陂②。退，舍于夫渠③，不儆④，郑人覆之⑤，败诸汋陵⑥，获将鉏、乐惧。宋恃胜也。

　　卫侯伐郑，至于鸣雁⑦，为晋故也。

【注释】

①武城：见僖公六年传注。公子成：楚国大夫。汝阴：
　汝水之南，在河南郏县与叶县之间。

②将鉏、乐惧：皆宋国大夫。汋陂：宋国地名，在今
　河南商丘。

③夫渠：离汋陂不远。

④儆：警戒。

⑤覆：通"伏"。

⑥汋陵：地名，在今河南宁陵。

⑦鸣雁：地名，在今河南杞县。

【译文】

　　十六年春，楚共王从武城派公子成以割让汝水以南田地为条件向郑国求和。郑国背叛晋国，子驷前往武城与楚共王结盟。

　　郑国的子罕进攻宋国，宋国的将鉏、乐惧在汋陂打败了他。宋军退兵，驻扎在夫渠，不加警备。郑军设伏兵袭击，在汋陵打败宋军，俘虏了将鉏、乐惧。宋国败在仗恃打了胜仗而不加戒备。

卫献公攻打郑国，到达鸣雁，是为了晋国而出兵。

晋侯将伐郑，范文子曰①："若逞吾愿②，诸侯皆叛，晋可以逞③。若唯郑叛，晋国之忧，可立俟也④。"栾武子曰⑤："不可以当吾世而失诸侯，必伐郑。"乃兴师。栾书将中军，士燮佐之。郤锜将上军，荀偃佐之⑥。韩厥将下军，郤至佐新军，荀罃居守⑦。郤犫如卫，遂如齐，皆乞师焉。栾黡来乞师，孟献子曰⑧："有胜矣。"戊寅⑨，晋师起。

【注释】

①范文子：即士燮，亦称范叔。

②逞吾愿：满足我使晋国政治安定、国家强盛的愿望。逞，意为满足。

③逞：作"行、做"解释。

④立俟：站着就能等得到、看得见。

⑤栾武子：即栾书。

⑥荀偃：字伯游，即中行献子，一称中行偃，荀林父之孙，荀庚之子。

⑦荀罃：即知罃，一称知武子，知庄子（荀首）之子。居守：留守国内。

⑧孟献子：鲁之公族，名蔑。

⑨戊寅：此指四月十二日。

【译文】

晋厉公准备征讨郑国，范文子说："如果满足我的愿望，那么只有当诸侯全都背叛我们时，我们才能出兵征讨；如果只有郑国背叛而我们也同样出兵，那么晋国的忧患，马上就会到来。"栾书说："不能在我们这一代失去诸侯的拥护，一定得征伐郑国。"于是出兵伐郑。栾书率中军，士燮辅佐他。郤锜率上军，荀偃辅佐他。韩厥率下军，郤至辅佐新军。荀罃留守晋都。郤犫前往卫国，接着去齐国，都是为了请求出兵援助。栾黡也前来我国请求出兵，孟献子说："晋国胜算在握了。"四月戊寅日，晋军出发。

　　郑人闻有晋师，使告于楚，姚句耳与往①。楚子救郑，司马将中军②，令尹将左③，右尹子辛将右④。过申⑤，子反入见申叔时，曰："师其何如？"对曰："德、刑、详、义、礼、信⑥，战之器也⑦。德以施惠，刑以正邪，详以事神，义以建利，礼以顺时，信以守物。民生厚而德正，用利而事节，时顺而物成。上下和睦，周旋不逆⑧，求无不具，各知其极⑨。故《诗》曰：'立我烝民，莫匪尔极⑩。'是以神降之福，时无灾害，民生敦庬⑪，和同以听，莫不尽力以从上命，致死以补其阙。此战之所由克也。今楚内弃其民，而外绝其好，渎齐盟⑫，而食话言，奸时以动⑬，而疲民以逞。民不知信，进退罪也。人恤所底⑭，其谁致死？子其勉之！吾不复见子矣。"姚句耳先归，子驷问焉，对曰："其行速，过险而不整。速则失志⑮，不整丧列。志失列丧，将何以战？楚惧不可用也。"

【注释】

① 姚句（gōu）耳：郑国大夫。

② 司马：楚官名。此司马为公子侧，字子反。

③ 令尹：楚官名。此令尹为公子婴齐，字子重。

④ 右尹：楚官名。子辛，即公子壬夫，字子辛。

⑤ 申：地名，在今河南南阳县北。

⑥ 详：同"祥"，指用心精诚专一。

⑦ 器：用器。

⑧ 周旋：举动。逆：悖逆。

⑨ 极：标准、原则。

⑩ 立我烝民，莫匪尔极：语出《诗经·周颂·思文》，意谓周祖先后稷安置众民，无不合乎准则。烝，众。

⑪ 敦：富厚。厖（máng）：大，富足。

⑫ 齐：通"斋"，斋戒，古代盟誓前须斋戒沐浴。

⑬ 奸时以动：奸，犯；奸时，即违时。鄢陵之战在周历四月（夏历二月），正是春耕季节，故云"奸时以动"。

⑭ 恤：忧虑。厎（zhǐ）：往。

⑮ 志：心志，此指思虑。

【译文】

郑国人听说有晋军进犯，就派人向楚国报告，大夫姚句耳也一同前往。楚共王率兵救郑，由司马子反率中军，令尹子重率左军，右尹子辛率右军。经过申地时，子反拜见了申叔时，问："这次交战，结果会怎样？"申叔时回答说："道德、刑罚、赤诚、义理、礼法、信用，都是战争取胜的必备条件。道德用来施予恩惠，刑罚用来纠正邪恶，赤诚用来事奉神灵，义理用来获取利益，礼法用来理顺时尚，信用用来保有万物。人民生活富裕，道德就自然纯正；使用人民若于国有利，则办事就会有节制；时尚顺理，事情就会成功。上下和睦，行为处事就不会受阻，凡是有所求的都无不具备，各人都懂得行事的准则。所以《诗经》上说：'先王治理我民众，让他们无不懂得行为的准则。'因而神灵降下幸福，一年四季都没灾害，人民生活富足，同心协力，听从指挥，无不尽心尽力，服从上面的命令，甘愿牺牲生命以弥补国家的损失。这就是战争之所以取胜的原因。现在楚国，对内抛弃他的人民，对我弃绝友好国家，亵渎斋戒盟誓之事，说过的话不兑现，违背农时而兴师动武，以百姓的疲劳来满足自己的欲望。人民不懂得什么是信义，进退都可能获罪。士卒对奔赴前线心感忧虑，还有谁肯卖命送死？你努力自勉吧，我不会再见到您了。"姚句耳先回到郑国，子驷问他，他回答说："楚师行军甚速，经过险要地段时也不加整饬。行军过速，就会考虑不周，不加整饬，就会失去应有的队形队列。考虑不周，队列丧失，凭什么作战？我怕楚军靠不住。"

五月，晋师济河。闻楚师将至，范文子欲反，曰："我伪逃楚，可以纾忧。夫合诸侯，非吾所能也，以遗能者。我若群臣辑睦以事君，多矣①。"武子曰："不可。"

【注释】

①多：足够。

【译文】

五月，晋军渡过黄河。听说楚军就要到达，士燮想撤军回去，说："我们假装逃避楚军，这样可以缓解国内的忧患。会合诸侯，不是我们所能办到的，把这留给有能力的人吧。如果我们群臣能和衷共济事奉国君，那也就足够了。"栾书说："不行。"

六月，晋、楚遇于鄢陵。范文子不欲战，郤至曰："韩之战①，惠公不振旅②；箕之役③，先轸不反命④；邲之师⑤，荀伯不复从⑥。皆晋之耻也。子亦见先君之事矣。今我辟楚，又益耻也。"文子曰："吾先君之亟战也⑦，有故。秦、狄、齐、楚皆强，不尽办，子孙将弱。今三强服矣，敌楚而已。唯圣人能外内无患，自非圣人⑧，外宁必有内忧。盍释楚以为外惧乎？"

【注释】

①韩之战：指鲁僖公十五年（前645）的秦晋韩之战，晋国战败，惠公被俘。韩，晋地名，在今陕西韩城县南。

②不振旅：失败。振旅，治兵而归，胜利而归。

③箕之役：指鲁僖公三十三年（前627）的晋、狄箕之战，晋军主帅先轸战死。箕，地名，在今山西太谷

县东。

④不反命：没有活着回来。

⑤邲之师：指宣公十二年（前597）的晋楚邲之战，晋
　国战败。邲，郑地名，在今河南郑州。

⑥不复从：也指失败。从，周旋。

⑦亟（qì）：屡次。

⑧自非：若非。

【译文】

六月，晋楚两军在鄢陵相遇。士燮不想交战，郤至
说："韩之战，惠公不能凯旋而归；箕之战，先轸未能回军
复命；邲之战，荀伯战败，不能再与楚军周旋。这些都是
晋国的耻辱。以上先君的事情您也见过吧。现在我们如果
躲避楚军，这是又给晋国增添耻辱。"士燮说："我们先君
之所以屡次征战，这是有原因的。秦、狄、齐、楚，都是
强国，如果不尽力征战，子孙将被消弱。现在秦、狄、齐
三强国已经归服了，敌手只有一个楚国。唯有圣人才能做
到国内外均无忧患，我们不是圣人，国外安宁必然出现国
内的忧患。何不放过楚国，把它当作引起戒惧的外部国
家呢？"

甲午晦，楚晨压晋军而陈。军吏患之。范匄趋
进①，曰："塞井夷灶，陈于军中②，而疏行首。晋、
楚唯天所授，何患焉？"文子执戈逐之，曰："国之
存亡，天也。童子何知焉？"栾书曰："楚师轻窕，
固垒而待之，三日必退。退而击之，必获胜焉。"

郤至曰："楚有六间③，不可失也：其二卿相恶④；王卒以旧；郑陈而不整；蛮军而不陈⑤；陈不违晦⑥；在陈而嚣，合而加嚣，各顾其后，莫有斗心。旧不必良，以犯天忌，我必克之。"

【注释】

①范匄（gài）：士燮之子，一称范宣子。时年尚幼，故其父称之为"童子"。

②陈：同"阵"。古代军中须凿井垒灶以取水炊饭，由于楚军逼近，晋军阵地变小，故范匄建议塞井夷灶，列阵于军中。

③间：间隙、空子。

④二卿：指子反和子重。二人不和，故战败后子重逼子反自杀。

⑤蛮军：指楚王带来的楚国南方的蛮族军队。

⑥陈不违晦：古代迷信，晦日不宜布阵作战，但楚军却不回避，故郤至说这也是楚军的一间。

【译文】

甲午日，这是六月的最后一天，楚军在清晨逼近晋军并摆开阵势。晋军吏为此担心。范匄跑进营帐，说："填掉井铲平灶，在军中摆开阵势，并疏散开队伍的前列。晋楚都是上天所授予的国家，怕什么？"士燮拿起戈要赶走他，说："国家的存亡是由天决定的，小孩懂得什么？"栾书说："楚军轻浮急躁，我们只要固守营垒以等待，三天后楚军必退，等其退时再出击，必获全胜。"郤至说："楚军有六处弱点，这次的机会不可丢失；两位卿相互仇视；楚王的亲兵都是年老的旧卒；郑军虽摆开阵势，但军容不整；虽有南蛮军队，但并未摆开阵势；布阵而不避开晦日；士卒在军阵中喧哗说话，两军相遇后喧哗更甚，各自想着逃脱的后路，全无斗志。旧卒未必都是精兵，晦日布阵犯了天忌，我军必定能打败楚军。"

楚子登巢车以望晋军①，子重使大宰伯州犁侍于王后②。王曰："骋而左右，何也？"曰："召军吏也。""皆聚于军中矣③！"曰："合谋也。""张幕矣。"曰："虔卜于先君也。""彻幕矣！"曰："将发命也。""甚嚣，且尘上矣！"曰："将塞井夷灶而为行也。""皆乘矣，左右执兵而下矣④！"曰："听誓也。""战乎？"曰："未可知也。""乘而左右皆下矣！"曰："战祷也。"伯州犁以公卒告王。苗贲皇在晋侯之侧⑤，亦以王卒告。皆曰："国士在，且厚，不可当也。"苗贲皇言于晋侯曰："楚之良，在其中军王族而已⑥。请分良以击其左右，而三军萃于王卒⑦，必大败之。"公筮之，史曰："吉。其卦遇《复》⑧，曰：'南国蹙，射其元王中厥目⑨。'国王伤，不败何待？"公从之。

【注释】

① 巢车：一种兵车，高大如树上的鸟巢，可以登之而瞭望敌人。

②大宰：官名，掌王族事务。大，通"太"。伯州犁：晋大夫伯宗之子，因其父被杀而奔楚。

③"皆聚"句：这句是楚王的话。以下这段凡不加"曰"的，皆楚王所说，凡加"曰"的，皆伯州犁回答的话。

④左右：春秋时，一般的兵车，将领居左，车右居右。车右，参见《晋灵公不君》注。

⑤苗贲皇：原为楚臣，斗椒之子，鲁宣公四年奔晋。

⑥王族：与下文的"王卒"，均指楚王的亲兵。

⑦萃：聚集。

⑧《复》：复卦，《震》卦在下，《坤》卦在上。

⑨"南国"二句：这两句诗史官根据《复》卦的卦象、卦爻辞而作的归纳。蹙（cù），同"蹙"，窘迫。元王：最高之王。

【译文】

　　楚王登上巢车瞭望晋军，子重叫太宰伯州犁侍立与楚王后面。楚王问："战车时左时右地奔驰，这是何故？"伯州犁回答说："这是在召集军吏。""全都聚集于军帐之中！"说："这是在一同谋划军务。""帐幕拉开又撤去。"说："这是在虔诚地向先君问卜。""帐幕又撤去了。"说："就要发布命令了。""喧哗得很，连尘土都飞扬起来了"说："即将填井平灶布列行阵。""全都登上战车，但将领和车右又都拿着兵器下来了。"说："要去听取主帅的誓师号令。""要出战了吗？"说："还不知道。""上了战车，可是将领和车右又全都下车了！"说："要作战前的祈祷。"伯州犁将晋侯的情况禀报给楚王。苗贲皇站在晋侯旁边，也将楚王亲兵的情况禀报给晋侯。晋侯左右的人都说："楚国的杰出人才，全在军中，而且人数众多，这是不可抵挡的。"苗贲皇对晋侯说："楚国的精兵，仅仅是中军的亲兵而已，请将我们的精兵分成两部分，分别攻击他们的左右军，再集中三军攻其亲兵，必能大败楚军。"晋侯算了一个卦，史官说："吉利。得到《复》卦，该卦意思说：'南国艰难窘迫，射他的元首，中其一目。'国君窘迫，国王受伤，楚国此时不败还要拖到何时？"晋侯按这个卦去做。

有淖于前，乃皆左右相违于淖①。步毅御晋厉公，栾针为右②。彭名御楚共王，潘党为右。石首御郑成公，唐苟为右。栾、范以其族夹公行。陷于淖，栾书将载晋侯，针曰："书退，国有大任，焉得专之③。且侵官，冒也；失官，慢也；离局，奸也。有三罪焉，不可犯也。"乃掀公以出于淖。

【注释】
①淖（nào）：泥坑。违：避开。
②"步毅"二句：步毅即郤毅，郤克的同族。栾针，栾书之子，栾黡之弟。
③专：犹如说"一手包办"。

【译文】
晋军的前面有一个泥坑，晋军全都左右绕行，避开泥坑。步毅为晋侯驾车，栾针为车右。彭名为楚王驾车，潘党为车右。石首为郑成公驾车，唐苟为车右。栾氏、范氏带领着他们的家族士兵左右夹护着晋侯前进。战车陷入泥坑之中，栾书准备让晋侯乘坐自己的战车，栾针说："栾书你走开，国家有许多重大任务，哪能由你一人独占。而且侵夺他人职责，这是冒犯；丢弃本人职守，这是怠慢；离开自己的部属，这是错误的。这三条罪过，都是不可触犯的。"于是他托起晋侯的坐车，将它推出泥坑。

　　癸巳①，潘尪之党与养由基蹲甲而射之②，彻七札焉③。以示王，曰："君有二臣如此，何忧于战？"王怒曰："大辱国④。诘朝尔射⑤，死艺⑥。"吕锜梦射月⑦，中之，退入于泥。占之，曰："姬姓，日也。异姓，月也，必楚王也⑧。射而中之，退入于泥，示必死矣。"及战，射共王中目。王召养由基，与之两矢，使射吕锜，中项，伏弢⑨。以一矢复命。

【注释】

①癸巳：这是上文"甲午、晦"的前一天，即六月二十八日。以下补叙癸巳日的事情。

②潘尪之党：即潘尪之子潘党。养由基：楚国名将，善射。蹲甲：把铠甲积叠起来。

③彻：穿透。札：编织甲的叶片。

④大辱国：楚王认为为将应有勇有谋，而潘、养二人仅以"彻七札"的匹夫之勇就说"何忧于战"，显然是"不尚智谋"的表现，因而引起楚王的愤怒，骂

他们是"大辱国"。

⑤诘朝：第二天早晨。

⑥死艺：只凭射艺，恐怕要死在这武艺上。

⑦吕锜：即晋国的魏锜。

⑧姬姓，日也。异姓，月也，必楚王也：古代以日比
天子，以月比臣、诸侯，周天子与晋侯均姬姓，故
云"日也"，楚王芈姓，为异姓诸侯，故云"月也"。

⑨韥（tāo）：弓衣，盛弓的套子。

【译文】

癸巳日，楚大夫潘尪的儿子潘党与楚大夫养由基堆叠
起皮甲衣而比赛射箭，二人都射透七层皮甲。他们拿着这
些皮甲给楚王看，说："君王有二位如此能耐的臣子，还担
忧什么与晋交战？"楚王发怒道："太羞辱国家了。明天早
上，你们要是射箭，就会死在这射技上面。"这天晚上，晋
将吕锜做梦朝月亮射箭，射中了，但后退时又掉入泥坑里。
占梦的人占卜后说："姬姓，是太阳。异姓，是月亮，必定
是楚王。你射中他，但后退时又掉入泥坑里，你也必死无
疑。"到第二天甲午日交战时，吕锜射中楚王眼睛。楚王召
来养由基，给他两支箭，要他去射吕锜，他一箭射中吕锜
的脖子，吕锜伏在弓套上死去。养由基拿着剩下的一支箭
去复命。

郤至三遇楚子之卒，见楚子必下，免胄而趋风①。
楚子使工尹襄问之以弓②，曰："方事之殷也，有
韎韦之跗注③，君子也。识见不穀而趋④。无乃伤

乎？”郤至见客，免胄承命，曰：“君之外臣至⑤，从寡君之戎事，以君之灵，间蒙甲胄⑥，不敢拜命。敢告不宁⑦，君命之辱，为事之故，敢肃使者⑧。”三肃使者而退。

【注释】

①免胄而趋风：这是臣见君时的恭敬表现。

②工尹：官名。襄，人名。问，春秋时，向某人问候时，一般须送上礼物以表示情意。

③韎（mèi）：赤黄色。韦：熟牛皮。跗（fū）注：当时的军服，衣裤相连，裤脚系在踝跗之上。

④不穀：不善。这是春秋时诸侯君的谦称。

⑤君：此指楚王。外臣：古代臣子在他国国君之前自称“外臣”。文中工尹襄代表楚王，故郤至亦自称“外臣”。

⑥间：近来。蒙：披着，穿着。

⑦宁：通“㥏”，受伤。

⑧肃：古代的一种行礼方式，与今之作揖相似。

【译文】

郤至三次遇到楚王的士卒，每次见到楚王时都要下车，脱去头盔，疾走如风。楚王派工尹襄送给他一张弓，说：“正当战事激烈之时，有个身穿金黄色皮军装的人，他真是个君子。见到不穀就快步走，他莫非受伤了？”郤至接见楚军来客，脱下头盔并接受楚王的问候，说：“君王的外臣郤至，跟随寡君来作战，托楚君的威灵，近来依然披戴铠甲和头盔，所以无法拜受君王慰劳的旨意。我冒昧地告诉您，我并没受伤，对于君王的问候，我感到惭愧，因为战事的缘故，我冒昧地向您作揖行礼。"他向使者作了三次揖后才退去。

晋韩厥从郑伯，其御杜溷罗曰："速从之！其御屡顾，不在马，可及也。"韩厥曰："不可以再辱国君①。"乃止。郤至从郑伯，其右茀翰胡曰："谍辂之②，余从之乘而俘以下。"郤至曰："伤国君有刑。"亦止。石首曰："卫懿公唯不去其旗③，是以败于荧④。"乃内旌于弢中。唐苟谓石首曰："子在君侧，败者壹大⑤。我不如子，子以君免，我请止。"乃死。

【注释】

①不可以再辱国君：吕锜已羞辱过楚王（射其一目），故韩厥说："不可以再辱国君"。

②谍：侦察兵，此指轻兵。辂：迎战，此指拦击。

③卫懿公：春秋初年卫国国君，名赤。鲁闵公二年（前660），卫与狄战于荧泽，卫军大败，卫懿公因不去其旗，被狄人认出而被杀。

④荧：荧泽，地名，在河北境内的黄河以北，具体方位已无法确指。

⑤壹：专心一意。大：此指国君。

【译文】

晋韩厥追赶郑成公，他的御者杜溷罗说："赶快追赶！

他的御者屡屡回顾，心不在战马，可以赶上。"韩厥说："不能再羞辱国君了。"因而停止了追击。郤至追赶郑成公，他的车右茀翰胡说："派遣轻兵绕道拦击，我从后面登上他的车将他俘获抓下。"郤至说："伤害国君是要受处罚的。"也停止了追击。郑成公的御者石首说："卫懿公就是因为不拿掉车上的旗帜，所以才在荧泽打了败仗。"他们于是把旗帜放进弓套里。车右唐苟对石首说："您在国君的旁边，战败者应异心保护国君。这方面我不如您，您带着国君逃走，我请留下。"唐苟因此而战死。

楚师薄于险①，叔山冉谓养由基曰②："虽君有命③，为国故，子必射！"乃射。再发，尽殪。叔山冉搏人以投④，中车折轼。晋师乃止。囚楚公子筏。

【注释】

①薄于险：逼到险地。薄，同"迫"。

②叔山冉：楚之勇士，复姓叔山，名冉。

③君有命：楚共王曾责潘党、养由基二人"尔射，死艺"，言外之意即禁止其射箭。

④搏人以投：抓住晋人，又将此人向晋军投过去。

【译文】

楚军在一险要地段受到晋军的逼迫，叔山冉对养由基说："虽然有国君的禁令，但为了国家，你也一定要射箭。"养由基便箭射晋军。他连发二箭，所射尽死。叔山冉捉住晋人，又将他向晋军投去，投中战车，折断车前横木。晋军这才停止追击。晋军俘获、囚禁了楚国的公子筏。

栾针见子重之旌，请曰："楚人谓：'夫旌，子重之麾也。'彼其子重也。日臣之使于楚也^①，子重问晋国之勇。臣对曰：'好以众整。'曰：'又如何？'臣对曰：'好以暇。'今两国治戎，行人不使，不可谓整；临事而食言，不可谓暇。请摄饮焉^②。"公许之。使行人执榼承饮^③，造于子重，曰："寡君乏使，使针御持矛^④。是以不得犒从者，使某摄饮。"子重曰："夫子尝与吾言于楚，必是故也，不亦识乎^⑤？"受而饮之。免使者而复鼓。

【注释】

①日：日前，从前。

②摄：代。栾针为晋侯车右，不能离开，故请求派人代为献酒。

③榼：同"盒"，装食物的器具。承：奉。

④御持矛：指为晋侯的车右。御，侍。

⑤识（zhì）：记。

【译文】

栾针看见子重的旗帜，向晋侯请求道："楚人说'那面旗帜是子重的旗帜。'那个人大概就是子重。从前下臣出使楚国时，子重问晋人勇武的表现。下臣回答说：'喜欢部队整饬周密。'又问：'还有什么？'下臣回答说：'喜欢从容不迫。'现在两国交战，不派使者，不能说是整饬周密；遇到战事就自食其言，不能说是从容不迫。请派人代下臣向子重进酒。"晋侯答应了。派使者拿着食盒和酒，到子重那里，说："寡君缺乏人才，让栾针持矛侍立于寡君之侧，所以无法来犒劳你的随从人员，派我来代为进酒。"子重说："那位先生曾跟我在楚国交谈过，必定是为了那次交谈的缘故，我不是也记起来了吗？"收下酒并喝下。送走使者后又重新擂鼓。

旦而战，见星未已。子反命军吏察夷伤①，补卒乘，缮甲兵，展车马②，鸡鸣而食，唯命是听。晋人患之。苗贲皇徇曰："蒐乘补卒，秣马利兵，修陈固列，蓐食申祷③，明日复战。"乃逸楚囚④。王闻之，召子反谋。榖阳竖献饮于子反，子反醉而不能见。王曰："天败楚也夫！余不可以待。"乃宵遁。晋入楚军，三日榖。范文子立于戎马之前，曰："君幼，诸臣不佞，何以及此？君其戒之！《周书》曰：'唯命不于常⑤'，有德之谓。"

【注释】

①夷：通"痍"，创伤。

②展：排列。

③蓐食：黎明清晨，尚未起床，就在寝席被蓐上吃早饭，极言进食之早。

④乃逸楚囚：故意放松警惕，让楚军俘虏逃走。按，晋军"逸楚囚"的目的，是想借楚囚的口告诉楚王：

晋军亦早有准备。

⑤惟命不于常：语出《尚书·周书·康诰》。意谓天命之所在并非一成不变的。常，不变的规律。

【译文】

这天，从清晨开始交战，到晚上星星出来了还没结束。子反命令军吏去查点伤员，补充士卒战车，修理甲胄和兵器，排列好兵车战马，天亮鸡鸣时就进食，要绝对服从命令。晋人很担心。苗贲皇向军中传令说："检阅战车，补充士卒，喂饱战马，磨快兵器，整顿军阵，巩固行列，早早地进食，再三地祈祷，明日再战。"晋人故意放走楚军俘虏。楚王听了这些俘虏的报告后，忙召子反商量。子反的小臣榖阳竖献酒给子反，子反喝醉了，不能去见楚王。楚王说："天败楚国啊，我不能坐以待毙。"因而连夜逃走。晋军攻入楚军营垒，一连三天，吃缴获来的楚军粮食。士燮站在晋侯兵车的马前，说："国君年幼，诸臣无才，凭什么取得这种战果？君王要警惕啊！《周书》说：'天命之所在并非一成不变的'，说的是有德者才能享有天命。"

楚师还及瑕①。王使谓子反曰："先大夫之覆师徒者②，君不在③。子无以为过，不榖之罪也。"子反再拜稽首曰："君赐臣死，死且不朽。臣之卒实奔，臣之罪也。"子重使谓子反曰："初陨师徒者④，而亦闻之矣！盍图之？"对曰："虽微先大夫有之，大夫命侧，侧敢不义？侧亡君师，敢忘其死？"王使止之，弗及而卒。

【注释】

①瑕：随国地名，随为楚之附庸国，故楚军得以在瑕地歇息。

②先大夫：指子玉，子反的父亲。

③君不在：子玉在城濮之战中，败于晋军，时楚成王不在军中，故失败的责任应由子玉承担（时子玉为令尹、中军之帅），而这次楚王在军中，故下文共王说"不穀之罪也"。

④初陨师徒者：此指子玉。按，子重要子反考虑一下子玉的下场，其用意是逼其自杀。陨：损失。

【译文】

楚军撤回到瑕地，楚王派人对子反说："先大夫使楚军覆败，当时国君不在军中。您不要认为自己这次有过错，这是不穀的罪过。"子反对来人拜了又拜，叩头说："国君赐臣以死，臣虽死而不朽。下臣的士卒确实有溃败逃奔的，这是下臣的罪过。"子重派人对子反说："当初那位使楚军受挫的人，你大概也听说过了吧，你何不考虑考虑？"子反回答说："即使没有先大夫那件事，可是有大夫命令侧考虑，侧岂敢不义而偷生？侧损失了君王的军队，岂敢忘记先大夫的自杀？"楚王派人去制止，但还没赶到，子反就自杀了。

战之日，齐国佐、高无咎至于师①。卫侯出于卫，公出于坏隤②。宣伯通于穆姜③，欲去季、孟④，而取其室。将行，穆姜送公，而使逐二子。公以晋

难告⑤，曰：“请反而听命。”姜怒，公子偃、公子
锄趋过⑥，指之曰：“女不可，是皆君也。”公待于
坏隤，申宫儆备，设守而后行，是以后。使孟献子
守于公宫。

【注释】

①高无咎：高固之子。

②坏隤：地名，在今山东曲阜。

③宣伯：叔孙侨如。穆姜，鲁成公之母。

④季、孟：指季文子和孟献子。

⑤晋难：即晋国让鲁国出兵会同伐郑。

⑥公子偃、公子锄：二人皆为成公庶弟。

【译文】

　　作战的时候，齐国国佐、高无咎到达军中，卫献公从
卫国出来，鲁成公从坏隤出来。宣伯和穆姜私通，想要去
掉季、孟两人而占取他们的家财。成公将要出行，穆姜送
他，让他赶走季文子和孟献子。成公以要应晋国要求出兵
的事敷衍她，说：“请等我回来后再听取您的命令。”穆姜
很生气，公子偃、公子锄快步走过，穆姜指着他们说：“你
不同意，这两个人都可以是国君。”鲁成公便在坏隤等待，
防护宫室，加强戒备，设置守卫后出行，所以迟到了。他
让孟献子在公宫留守。

魏绛戮扬干　襄公三年

　　魏绛是晋国后期的贤臣，他执法不阿，不因为扬干是晋悼公之弟而手下留情。针对晋悼公的责问，魏绛的回答义正词严，而且提高到是否影响晋国霸主在诸侯中的地位的高度来认识。晋悼公是晋国霸业的中兴之主，此篇也表现他能听谏改过、识才爱才、用人有方的特点。

晋侯之弟扬干乱行于曲梁①，魏绛戮其仆②。晋侯怒，谓羊舌赤曰③："合诸侯，以为荣也。扬干为戮，何辱如之？必杀魏绛④，无失也！"对曰："绛无贰志，事君不辟难⑤，有罪不逃刑，其将来辞⑥，何辱命焉？"言终，魏绛至，授仆人书⑦，将伏剑。士鲂、张老止之⑧。公读其书，曰："日君乏使⑨，使臣斯司马⑩。臣闻师众以顺为武，军事有死无犯为敬。君合诸侯，臣敢不敬？君师不武，执事不敬，罪莫大焉。臣惧其死，以及扬干，无所逃罪。不能致训⑪，至于用钺⑫。臣之罪重，敢有不从以怒君心？请归死于司寇。"公跣而出⑬，曰："寡人之言，亲爱也。吾子之讨，军礼也。寡人有弟，弗能教训，使干大命，寡人之过也。子无重寡人之过⑭，敢以为请。"

晋侯以魏绛为能以刑佐民矣，反役⑮，与之礼食⑯，使佐新军⑰。张老为中军司马⑱，士富为候奄⑲。

【注释】

①"晋侯"句：此句指扬干在鸡泽之会上乱行。乱行：扰乱军队行列。鸡泽在今河北邯郸东，曲梁在鸡泽附近。

②仆：车夫。魏绛：又称绛，魏庄子，魏犨之子，时为晋国中军司马，主管军法。不能戮（侮辱）扬干，故戮（杀）其仆。

③羊舌赤：羊舌职之子，字伯华。羊舌职，叔向之父。

④必杀魏绛：羊舌赤时为中军尉佐，职位高于司马，
　故晋侯可以命其杀魏绛。

⑤辟：同"避"。

⑥来辞：自己前来供状解释。

⑦仆人：接受官员紧急奏事之官。

⑧士鲂：晋士会之子，食邑于彘，又称彘季。张老：
　晋臣，名老，字孟。

⑨日：昔日，指悼公新即位时。

⑩斯：同"司"，担任的意思。

⑪致训：事前不能教导众人。

⑫钺（yuè）：大斧。这里指大刑。

⑬跣（xiǎn）：赤足。古人入室脱履，出室要穿上。悼
　公恐魏绛自杀，来不及穿履，故赤脚而出。

⑭重（chóng）：再。

⑮反役：从鸡泽之役归来。

⑯礼食：国君在太庙宴请臣子称"礼食"。

⑰佐新军：司马位为大夫，佐新军则位列于卿。

⑱张老为中军司马：张老本是候奄，此是提升。

⑲士富：士会的别族。

【译文】

晋悼公弟弟扬干在曲梁扰乱军队的行列，魏绛杀了他的车夫。悼公发怒，对羊舌赤说："会合诸侯是引以为荣的事，现在扬干受到羞辱，还有什么比这更大的侮辱？一定要杀掉魏绛，不要耽误了！"羊舌赤回答："魏绛并没有二

心异志，事奉君主不避危难，有了罪不逃避惩罚，他会来供状解释的，何必劳驾您下命令呢？"话刚落地，魏绛就来了，把一封信交给传事官后，就要拔剑自杀。士鲂、张老劝阻了他。悼公读信，信上说："以前君主缺少使唤的人，派我担任司马。我听说军旅以服从命令为武，军中之事以宁死不犯军纪为敬。您会合诸侯，下臣岂敢不敬？君主的军队有不服从军令的，办事的人有不严肃执行军法的，罪过没有比这更大的了。我害怕自己因不严肃执行军法而犯死罪，所以处理了扬干，这罪过无可逃避。我没能事先进行教导，以至于要动用大刑。我的罪很重，哪里敢不服从刑罚，而使君主发怒？请求回去死在司寇那里。"悼公光着脚跑出来，说道："我的话，是出于对兄弟的亲爱。你杀死扬干的车夫，是执行军法。我有弟弟，却没有教育好，使他犯了军令，这是我的过错。请别让我错上加错，拜托你了！"

晋悼公由此认为魏绛能够用刑罚来治理人民，从盟会回国，就在太庙设宴款待他，并提拔他为新军副帅。张老任中军司马，士富当候奄。

魏绛论和戎　襄公四年

　　春秋时期，中原诸国对于周围的少数民族多采取轻视的态度，即所谓"攘夷"。晋国对于其北部的戎族无终国也是这样的态度。魏绛虽也认为"戎，禽兽也"，但他从晋国霸业的利益出发，提出"和戎"的主张，这对于巩固霸业、团结少数民族是明智的。魏绛的对答，着重谈到有穷后羿的故事，虽未必就是信史，但可以知道春秋时期已有有穷后羿及其部族的传说，为后人保存了甚为珍贵的史料。不过魏绛说此历史的目的在于劝谏晋悼公不要沉迷于田猎，不要轻易发动战争。晋悼公欣然接受劝谏，派魏绛和戎，并且励精图治，使晋国霸业重新进入辉煌时期。

无终子嘉父使孟乐如晋①，因魏庄子纳虎豹之皮，以请和诸戎②。晋侯曰："戎狄无亲而贪，不如伐之。"魏绛曰："诸侯新服，陈新来和，将观于我。我德，则睦；否，则携贰。劳师于戎，而楚伐陈，必弗能救，是弃陈也。诸华必叛③。戎，禽兽也。获戎失华，无乃不可乎！《夏训》有之曰④：'有穷后羿……'⑤"公曰："后羿何如？"对曰："昔有夏之方衰也，后羿自鉏迁于穷石⑥，因夏民以代夏政⑦。恃其射也，不修民事，而淫于原兽⑧。弃武罗、伯困、熊髡、龙圉⑨，而用寒浞⑩。寒浞，伯明氏之谗子弟也⑪。伯明后寒弃之⑫，夷羿收之⑬，信而使之，以为己相。浞行媚于内⑭，而施赂于外，愚弄其民，而虞羿于田⑮。树之诈慝⑯，以取其国家，外内咸服。羿犹不悛⑰，将归自田，家众杀而亨之⑱，以食其子。其子不忍食诸⑲，死于穷门。靡奔有鬲氏⑳。浞因羿室㉑，生浇及豷㉒，恃其谗慝诈伪，而不德于民。使浇用师，灭斟灌及斟寻氏㉓。处浇于过㉔，处豷于戈㉕。靡自有鬲氏，收二国之烬㉖，以灭浞而立少康㉗。少康灭浇于过，后杼灭豷于戈㉘，有穷由是遂亡，失人故也。昔周辛甲之为大史也㉙，命百官，官箴王阙㉚。于《虞人之箴》曰㉛：'芒芒禹迹㉜，画为九州㉝，经启九道㉞。民有寝庙，兽有茂草，各有攸处㉟，德用不扰㊱。在帝夷羿，冒于原兽㊲，忘其国恤㊳，而思其麀牡㊴。武不可重㊵，用不恢于夏家㊶。兽臣司原㊷，敢告仆夫㊸。'《虞箴》如是，可不惩乎⑭？”于是晋侯好田，故魏绛及之。

【注释】

①无终：国名，在今山西太原一带。嘉父，无终国君名。《春秋》对落后之国国君常称子。孟乐：无终使臣。

②因魏庄子纳虎豹之皮，以请和诸戎：晋国此时国力强盛，声威大振，戎人因此也来请和。魏庄子，即魏绛。

③诸华：指中原诸国。

④《夏训》：夏书。

⑤有穷：夏代国名。后：君主。羿（yì）：国君名。这里是魏绛的话还没讲完，晋悼公突然插问。

⑥鉏（jū）：古地名。在今河南滑县。穷石：即穷谷，在今河南洛阳。

⑦因：依靠。相传禹之孙太康荒淫失国，夏人立其弟仲康。仲康死，儿子相立，后羿遂推翻相而夺取王位。

⑧原兽：田兽，田猎。

⑨武罗、伯困、熊髡（kūn）、龙圉（mángyǔ）：四人都是后羿的贤臣。

⑩寒浞（zhuó）：后羿相。寒，本为部落名，在今山东潍县。寒浞以部落名为氏。

⑪伯明：寒国国君。谗：奸诈。

⑫伯明后寒：即寒后伯明，寒国国君伯明。后，君王。

⑬夷羿：后羿。

⑭行媚于内：指浞与后羿妻妾通奸。

⑮虞：同“娱”。

⑯慝（tè）：邪恶。

⑰悛（quān）：悔改。

⑱亨：同“烹”，煮。

⑲诸：之，他（后羿）。

⑳靡：夏朝人，曾事奉羿。有鬲（gé）氏：部落名，地在今山东德州。

㉑室：妻妾。

㉒浇（ào）及豷（yì）：浞和后羿妻妾通奸所生二个儿子。

㉓斟灌：部落名，在今山东范县。斟寻，也是部落名。在今河南偃师。

㉔过：部落名，在今山东掖县，近海。

㉕戈：部落名，在宋、郑之间。

㉖烬：遗民。

㉗少康：夏后相之子，相传他在有鬲氏的帮助下，攻杀寒浞，恢复了夏朝统治。

㉘后杼：少康子。

㉙辛甲：本为殷商大臣，后为周太史。大史：即太史。

㉚箴（zhēn）：规诫。阙：过失。

㉛虞人：掌管田猎之官。

㉜芒芒：邈远的样子。禹迹：大禹治水的痕迹，指中国国土。

㉝画：分。

㉞九：泛指多数。

㉟攸处：所处。

㊱德：指人与兽的本质而言。用：因。

㊲冒：贪恋。

㊳国恤：国家的忧患。

㊴麀（yōu）：雌鹿，牡，雄兽。麀牡，泛指各种禽兽。

㊵武：田猎。重：多次，意即过度。

㊶用：因。恢：扩大。意谓因此使国家灭亡。

㊷兽臣：虞人自称。司：主管。原：原兽，田猎。

㊸仆夫：这里不敢直言告诉君王，以仆夫代称。

㊹惩：引以为诫。

【译文】

　　无终国国君嘉父派孟乐到晋国去，通过魏绛献上虎豹皮，请求晋国和各部落戎人媾和。晋悼公说："戎狄不认亲情而贪婪，不如攻打他们。"魏绛说："诸侯才归顺，陈国刚来讲和，都在观察我们的行动。我们有德，他们就亲近我们，否则就将背叛我们。发动军队去打戎人，一旦楚国进攻陈国，我们肯定无法救援，这就是丢弃陈国。这样中原诸国一定会背叛我们。戎人犹如禽兽，得到戎而失去中原，恐怕不合适吧？《夏训》有这样的话：'有穷后羿……'"晋悼公说："后羿怎么样呢？"魏绛回答说："从前正当有夏衰落的时候，后羿从钼迁徙到穷石，借用夏朝民众的力量夺取了夏朝政权。倚仗自己精于射箭，他不致力于治理百姓，而沉湎于打猎。废弃武罗、伯困、熊髡、龙圉而任用寒浞。寒浞本是伯明氏的奸诈子弟。寒君伯明抛弃了他，却被后羿所接纳，信任并重用他，作为自己的辅相。寒浞在内宫对女人献媚，在外广布恩惠以收买人心。愚弄民众，而且引诱后羿沉迷于田猎。扶植奸诈邪恶者，由此夺取了后羿的家和国，朝廷内外都顺从归附。后羿还不知悔改，当他准备从狩猎处回家时，手下人把他杀死并煮了他，强迫他的儿子吃。后羿的儿子不忍心吃，又被杀死在有穷国的城门。在这种局面下，靡逃亡到了有鬲氏部落。寒浞霸占了后羿的妻妾，与她们生了浇和豷。仗着他的奸邪诈伪而不对百姓施德。派浇出兵，消灭了斟灌氏、斟寻氏。把浇安置在过地，让豷住在戈地。靡从有鬲氏那里收容二国遗民，用他们消灭了寒浞而拥立少康。少康在过灭掉了浇，后杼在戈灭掉了豷。有穷氏因此而灭亡，这都是因为失去贤人的缘故啊。当初辛甲任周太史时，命令百官都来劝诫天子的过失。《虞人之箴》中就说：'大禹走过的邈远辽阔的大地，划分为九州，开辟了众多的道路。民众有住处有宗庙，野兽有丰盛茂密的青草，人兽各有所处，互不干扰。后羿身居帝位，却一心贪恋打猎，忘记国家的忧患，想的只是飞禽走兽。田猎之事不能太频繁，那样做不利于扩大夏朝国力，其后果是导致国家的灭亡。我主管的是田猎之事，谨以此规劝君主的左右。'《虞箴》都这样说，能不引以为戒吗？"这时晋悼公爱好打猎，所以魏绛委婉地说了这件事。

公曰："然则莫如和戎乎？"对曰："和戎有五利焉：戎狄荐居①，贵货易土②，土可贾焉，一也。边鄙不耸③，民狎其野，穑人成功，二也。戎狄事晋，四邻振动，诸侯威怀，三也。以德绥戎，师徒不勤④，甲兵不顿⑤，四也。鉴于后羿，而用德度，远至迩安，五也。君其图之！"

公说⑥，使魏绛盟诸戎，修民事，田以时。

【注释】

①荐居：逐水草而居。荐，草。

②易土：轻视土地。

③耸：恐惧。

④勤：劳。

⑤顿：同"钝"。

⑥说：同"悦"。

【译文】

晋悼公说："那么就没有比跟戎人修好更好的对策吗？"魏绛回答："与戎人讲和有五个好处：戎狄逐水草而居，重财宝而轻土地，可以向他们收买土地，这是其一。边境不再恐惧，民众安心于农事，农夫可获收成，这是其二。戎狄事奉晋国，四边邻国都受到震动，诸侯们慑服于我们的威严，这是其三。用德行安抚戎人，将士免去辛劳，武器不被损坏，这是其四。有鉴于后羿失国的教训，而使用道德法度，远方国家来朝，近邻国家安定，这是其五。请主公您好好考虑考虑吧！"

晋悼公很满意魏绛这一番话，就派他与各部戎人媾和，又致力于治理民事，打猎合乎时令。

驹支不屈于晋　襄公十四年

　　吴国被楚国所败，向晋国求救。晋国范宣子责备吴国在楚国丧期侵楚不合礼仪，以此为借口拒绝出兵。此时的晋国，霸主的威风已经削弱，但又要维持着霸主的体面，于是找借口逮捕莒国使臣公子务娄，又把目标对准姜戎首领驹支。范宣子加给驹支的罪名是蛮横无理的，驹支据理反驳，从晋惠公接纳姜戎氏说起，指出姜戎历来效忠于晋，与晋国合力败秦，晋之百役，无不参加，顺从晋国，从不变心。今日晋国如果恩将仇报，不让参加盟会亦无所谓。驹支最后的赋诗，含蓄地忠告范宣子"无信谗言"。驹支的反驳，说理严密，辞令委婉而严正，令人信服。

十四年春，吴告败于晋①。会于向，为吴谋楚故也②。范宣子数吴之不德也，以退吴人③。

执莒公子务娄，以其通楚使也④。

【注释】

①吴告败于晋：上一年，吴、楚发生战争。楚国在子庚、养由基的指挥下打败吴军。晋、吴同盟，因此吴国向晋国报告被楚国打败的事。

②向：吴地，在今安徽怀远县。为吴谋楚故：打算伐楚为吴国报仇。

③"范宣子"二句：范宣子即士匄，此时为晋国执政大臣。数（shǔ）吴之不德也：责备吴国乘楚国丧而伐楚是不道德的。数，责备。

④执莒公子务娄，以其通楚使：晋以通楚之罪扣留莒公子务娄。

【译文】

十四年春，吴国向晋国通报去年被楚国战败的事。在向地相会，这是为了要替吴国策划攻打楚国的缘故。范宣子责备吴国人不讲道德，以此拒绝了吴国人的请求。

逮捕莒国公子务娄，这是因为他派使者和楚国私通。

将执戎子驹支①。范宣子亲数诸朝②，曰："来！姜戎氏③！昔秦人迫逐乃祖吾离于瓜州④，乃祖吾离被苫盖、蒙荆棘以来归我先君⑤。我先君惠公有不腆之田⑥，与女剖分而食之。今诸侯之事我寡君不如昔者，盖言语漏泄，则职女之由⑦。诘朝之事⑧，尔无与焉⑨！与，将执女！"对曰："昔秦人负恃其众，贪于土地，逐我诸戎⑩。惠公蠲其大德⑪，谓我诸戎是四岳之裔胄也⑫，毋是翦弃⑬。赐我南鄙之田，狐狸所居，豺狼所嗥⑭。我诸戎除翦其荆棘，驱其狐狸豺狼，以为先君不侵不叛之臣，至于今不贰⑮。昔文公与秦伐郑，秦人窃与郑盟而舍戍焉⑯，于是乎有殽之师⑰。晋御其上，戎亢其下⑱，秦师不复⑲，我诸戎实然⑳。譬如捕鹿，晋人角之㉑，诸戎掎之㉒，与晋踣之㉓，戎何以不免㉔？自是以来㉕，晋之百役，与我诸戎相继于时㉖，以从执政，犹殽志也㉗。岂敢离逿㉘？今官之师旅无乃实有所阙㉙，以携诸侯㉚，而罪我诸戎！我诸戎饮食衣服不与华同，贽币不通㉛，言语不达，何恶之能为㉜？不与于会，亦无瞢焉㉝！"赋《青蝇》而退㉞。宣子辞焉㉟，使即事于会，成恺悌也㊱。

于是子叔齐子为季武子介以会㊲，自是晋人轻鲁币而益敬其使㊳。

【注释】

①驹支：戎部落头目之名。

②朝：盟会的地方也设朝位。

③姜戎氏：瓜州之戎有姜姓、允姓二支，这里是姜姓。

④吾离：姜戎祖父名。瓜州：古地名，在今甘肃敦煌。

⑤被苫（zhān）盖，蒙荆棘：这里是形容其贫困。被，

同"披"。苫盖，编茅草为衣。蒙荆棘，头戴用荆
棘所编的冠。

⑥先君：指晋惠公。不腆：不多。

⑦职女之由：都是由于你的缘故。职，当，主要。

⑧诘朝：明天早上。

⑨尔无与：你不要参加明天的会盟。

⑩昔秦人负恃其众，贪于土地，逐我诸戎：指秦穆公
称霸西戎。

⑪镯（juān）：昭明，显示。

⑫四岳：尧时诸侯之长，姜姓。裔胄：后代。

⑬毋是翦弃：不要灭亡他们。翦弃，灭亡。

⑭噑（háo）：咆哮。

⑮不贰：不改变做法。

⑯昔文公与秦伐郑，秦人窃与郑盟而舍戍焉：指僖公
三十年烛之武退秦师，秦国与郑国结盟，并派杞子
等三人戍郑。舍，安置。

⑰殽之师：殽之战在僖公三十三年。

⑱戎亢其下：戎人配合晋军抗秦。亢，同"抗"，抵抗。

⑲不复：战败而回不去。

⑳诸戎实然：所以如此，是诸戎之功。

㉑角之：从正面执其角。角，用作动词。

㉒掎（jǐ）之：从后面拖其足。

㉓踣（bó）之：向前仆倒。

㉔不免：不能免于罪责。

㉕是：此，指殽之战。

㉖晋之百役，与我诸戎相继于时：晋国有战事，诸戎都共同从事，从未间断。

㉗以从执政，犹殽志也：从，追随。犹殽志，还是与殽之战时候一样无二心。

㉘逷（tì）：同"逖"，疏远。

㉙官之师旅：指晋国群臣大夫。有所阙：有过失。

㉚以携诸侯：使诸侯离心。携，叛离。

㉛贽币不通：财礼不相往来。

㉜言语不达，何恶之能为：这是驳范宣子责备戎人使得诸侯离晋、言语漏泄。

㉝瞢（méng）：惭愧。以上数句是驹支历举戎人帮助晋国打败秦国的事实，说明晋国的责难毫无根据。

㉞《青蝇》：《诗经·小雅》中的一篇。这里是取其中"恺悌君子，无信谗言"的意思。

㉟辞：道歉。

㊱成恺悌：不信谗言。

㊲子叔齐子：叔老，子叔婴齐之子。介：副手。

㊳轻鲁币：减轻鲁国的财礼。币，指财礼。

【译文】

打算抓捕戎部落首领驹支。范宣子亲自在朝堂上责备他，说道："过来，姜戎氏！当初秦国人在瓜州追赶你的祖父吾离，你祖父吾离身穿蓑衣、头戴草帽来归附我国先君。我们先君惠公只有并不多的田地，还和你们共同平分而食用。如今诸侯事奉我国主君不如以前，这是由于话语泄漏了机密，显然是你们传出去的。明天早晨的事，你们就不要参与了！如果参与，就要把你们逮起来！"驹支回答说："从前秦国人倚仗人多，贪图土地，驱赶我们各部戎人。惠公显示了他的大德，认为我们戎人各部都是是四岳的后裔，不应把我们丢弃不管。于是赐给我们南部边境的田地。这里都是狐狸出没、豺狼乱嚎的荒野之地。我们戎人砍掉这里的荆棘，赶走狐狸豺狼，成为贵国先君不侵犯不背叛的臣下，至今没有二心。当初晋文公与秦国讨伐郑国，秦国人暗地里和郑国结盟而安排了戍守的兵力，于是有殽的战役。晋国在上面抵御，戎人在下面对抗，秦国军队师无法撤回，正是我们戎人各部做到的。譬如捕鹿，晋人抓住了它的角，戎人拖住了它的腿，与晋国一起把它放倒。戎人为何不能免于罪责呢？此后，晋国的各个战役，我各部戎人一个接一个地随时参与，以追随执事，如同殽之战一样。岂敢逃避远离？现在群臣官员恐怕有所失误，使得诸侯离心，反而怪罪我各部戎人！我们各部戎人饮食衣服与中原不同，财礼不相往来，言语不通，还能做什么坏事呢？不参加会见，我们也没什么好惭愧的。"赋了《青蝇》这首诗然后退下。范宣子听完之后表示了歉意，让他参加会见，成就了不信谗言的雅量。

　　当时，子叔齐子作为季武子的副手介参加了会见，从此晋国减轻鲁国的财礼而更敬重其使者。

崔杼弑齐庄公　襄公二十五年

　　在春秋后期，齐国的崔杼是一个奸佞之臣的代表。他迎立齐庄公，直接掌握了齐国的政权，齐庄公不过是个傀儡。齐庄公和棠姜淫乱，给崔杼弑君提供了可能性。所以他设计杀了齐庄公。齐国的晏子，却是一个贤臣的代表。在崔杼弑君这一事件中，充分展现了他的性格。崔杼弑君，他一方面认为弑君为非，另方面又认为齐庄公是为私欲而死，不值得为他殉葬或逃亡。在崔杼的凶焰面前，晏子表现出刚正不阿的品质。后来，在《左传》记载的晏子形象的基础上，演绎出《晏子春秋》的许多故事。本篇所记的齐太史氏兄弟和南史氏不畏强暴、忠于职守的事迹，也非常感人，激励着后代的史官和志士仁人。

齐棠公之妻，东郭偃之姊也①。东郭偃臣崔武子②。棠公死，偃御武子以吊焉③。见棠姜而美之，使偃取之④。偃曰："男女辨姓⑤，今君出自丁，臣出自桓⑥，不可。"武子筮之，遇《困》之《大过》⑦。史皆曰"吉⑧"。示陈文子⑨，文子曰："夫从风，风陨妻⑩，不可娶也。且其《繇》曰：'困于石，据于蒺藜，入于其宫，不见其妻，凶⑪。'困于石，往不济也⑫。据于蒺藜，所恃伤也⑬。入于其宫，不见其妻，凶，无所归也⑭。"崔子曰："嫠也⑮，何害？先夫当之矣⑯。"遂取之。

【注释】

①棠公：齐国棠邑大夫。东郭偃：崔杼家臣。

②臣：动词，做家臣。崔武子：即崔杼，齐国执政大臣。

③御：驾车。吊：前往吊唁。

④取之：为崔杼娶棠姜为妻。

⑤男女辨姓：辨姓，分别姓氏，指同姓不通婚。

⑥今君出自丁，臣出自桓：丁，指齐丁公。桓，指齐桓公，同为姜姓。同为姜姓，故不能通婚。

⑦遇《困》之《大过》：《困》卦为《坎》下《兑》上，《大过》卦为《巽》下《兑》上，《困》卦变为《大过》卦，即第三爻由阴爻变为阳爻。

⑧史皆曰"吉"：太史为了逢迎崔杼，所以说"吉"。

⑨陈文子：齐国大夫，又称陈须无。

⑩夫从风，风陨妻：上面的变卦，是《困》卦的《坎》

变为《巽》，是夫变为风。《大过》卦是风吹掉其妻。
陈文子根据卦象断言不可娶。

⑪"困于石"五句：这是《困》卦为"六三"的爻辞，
下面是陈文子的解释。

⑫困于石，往不济也：人走路竟被石头绊倒，前进也
没有用。

⑬据于蒺藜，所恃伤也：绊倒而两手抓在蒺藜上，是
受到所依靠者的伤害。

⑭入于其宫，不见其妻，凶，无所归也：回到家中，
将看不到妻子，家破人亡，无可归宿。

⑮嫠（lí）：寡妇。

⑯先夫当之矣：意思是棠公已受棠姜之凶而死。先夫，
指棠公。

【译文】

　　齐国棠公的妻子，是东郭偃的姐姐。东郭偃是崔杼的
家臣。棠公死后，东郭偃驾车送崔杼前往吊唁。崔杼见到
棠姜而觉得她很美，让东郭偃把她嫁给自己。东郭偃说：
"男女结婚前要辨明姓氏，您是丁公的后代，下臣出自桓
公，同姓不能结婚。"崔杼让人卜筮，得到《困》卦变成
《大过》卦。史官都说："吉利。"崔杼把卦象拿给陈文子看，
陈文子说："丈夫变为风，风把妻子吹落，不能娶她。而且
这卦的《繇》词说：'被石头所困，以蒺藜为依靠，回到家
里，不见他的妻子，凶。'为石头所困，意味着做了不会成
功。以蒺藜为依靠，意味着所依靠的对象会使人受伤。回
到家中，不见他的妻子，凶，意味着无家可归。"崔杼说：

"她是个寡妇，有什么妨碍？即便有，他的前夫已经承担了这凶险。"于是娶了她。

庄公通焉①，骤如崔氏②。以崔子之冠赐人，侍者曰："不可。"公曰："不为崔子，其无冠乎③？"崔子因是④，又以其间伐晋也⑤，曰："晋必将报。"欲弑公以说于晋，而不获间⑥。公鞭侍人贾举，而又近之⑦，乃为崔子间公⑧。

【注释】

①庄公通焉：齐庄公私通棠姜。

②骤：屡次。

③不为崔子，其无冠乎：意思是不用崔杼之冠，岂无他冠可用。这是庄公目无崔杼，有意侮辱他。不为，不是。其，同"岂"。

④崔子因是：崔杼因此怨恨齐庄公。

⑤间伐晋：乘晋国有难而攻打他。

⑥不获间：没有找到机会。间，机会。

⑦公鞭侍人贾举，而又近之：庄公鞭打贾举，过后又亲宠他。

⑧间公：寻找机会杀庄公。

【译文】

齐庄公与棠姜私通，多次到崔宅。把崔杼的帽子赐给别人，侍者说："不能这样。"庄公说："不用崔杼的帽子，难道就没有别人的帽子可用了吗？"崔杼因此怨恨庄公，又因为庄公曾乘晋国的内乱而进攻晋国，说："晋国必然要报复。"他想要杀死庄公以取悦晋国，只是没找到机会。庄公鞭打侍人贾举而又亲宠他，贾举便为崔杼窥察机会。

夏五月，莒为且于之役故①，莒子朝于齐。甲戌②，飨诸北郭，崔子称疾，不视事③。乙亥，公问崔子④，遂从姜氏。姜入于室，与崔子自侧户出⑤。公拊楹而歌⑥。侍人贾举止众从者而入，闭门⑦。甲兴⑧，公登台而请⑨，弗许；请盟，弗许；请自刃于庙，弗许。皆曰："君之臣杼疾病，不能听命⑩。近于公宫，陪臣干掫有淫者⑪，不知二命⑫。"公逾墙，又射之，中股，反队⑬，遂弑之。贾举、州绰、邴师、公孙敖、封具、铎父、襄伊、偻堙皆死⑭。祝佗父祭于高唐⑮，至，复命，不说弁而死于崔氏⑯。申蒯，侍渔者⑰，退，谓其宰曰："尔以帑免⑱，我将死。"其宰曰："免，是反子之义也⑲。"与之皆死⑳。崔氏杀鬷蔑于平阴㉑。

【注释】

①且于之役：去年，齐国攻打晋国，回国途中袭击莒国，攻城时齐庄公受伤。

②甲戌：十六日。

③崔子称疾，不视事：崔杼称病不上朝，意在诱使庄公来崔家。

④问：问候。

⑤姜入于室，与崔子自侧户出：将庄公引入彀中。

⑥公拊楹而歌：庄公以此暗示棠姜。拊，拍打。楹，柱子。

⑦闭门：将庄公的随从关在门外。

⑧甲兴：崔杼预先埋伏的甲士一拥而上。

⑨请：请求免死。

⑩君之臣杼疾病，不能听命：称崔杼病重而不能听取庄公的命令。

⑪近于公宫，陪臣干掫（zōu）有淫者：由于地近公宫，所以要严防奸盗。近于公宫，指崔宅靠近国君宫室。陪臣，家臣自称。干掫，巡夜捕击不法的人。

⑫不知二命：只知奉崔杼之命捕杀淫者，不知其他。

⑬中股，反队：庄公中箭，仍跌到墙里。

⑭贾举、州绰、邴师、公孙敖、封具、铎父、襄伊、偻堙皆死：以上八人都是庄公的宠臣，此贾举非侍人贾举。

⑮高唐：古地名。在今山东高唐县，这里有齐国的别庙。

⑯不说弁：祭服还没脱。说，同"脱"。弁，祭服。死于崔氏：死在崔杼家里。

⑰侍渔者：主管渔业之官。

⑱尔以帑免：托他保护自己的家室。帑，指申蒯的妻子。

⑲免，是反子之义也：我如果逃走，是违背了死君之义。

⑳皆：同"偕"。

㉑崔氏杀鬷（zōng）蔑于平阴：以上包括鬷蔑这些被

杀者都是庄公的宠臣。鬷蔑，平阴大夫。齐庄公之母叫鬷声姬，鬷蔑为其母党。

【译文】

夏五月，莒国由于去年进攻且于的缘故，莒犁比公去齐国朝见庄公。十六日，庄公在北城设享礼招待莒犁比公，崔杼推说有病，不理政事。十七日，庄公来探望崔杼，乘机和姜氏见面。姜氏进入内室，又和崔杼一起从侧门避出去。庄公拍着柱子唱歌。侍人贾举拦住庄公的随从不让进，自己进去后又把门关上。埋伏的甲士一拥而出，庄公登上高台请求免死，不被允许；请求结盟，也不答应；请求在太庙自杀，还是不同意。都说："国君的下臣崔杼病的厉害，不能来听取命令。这里离公宫很近，我们只知道巡夜搜捕淫乱者，不知有其他的命令。"庄公爬墙逃跑，被射了一箭，射中大腿，坠落在墙里，便被杀了。贾举、州绰、邴师、公孙敖、封具、铎父、襄伊、偻堙也都被杀死。祝佗父在高唐祭祀，回到都城，复命，还没脱掉祭服便被杀。申蒯是主管渔业之官，退出来，对自己的家宰说："你带着我的妻儿逃命去，我准备一死。"家宰说："如果我逃命，这是违背了您所持的道义之义了。"便和申蒯一起自杀。崔杼又在平阴杀了鬷蔑。

晏子立于崔氏之门外①，其人曰②："死乎③？"曰："独吾君也乎哉，吾死也④？"曰："行乎？"曰："吾罪也乎哉，吾亡也⑤？"曰："归乎⑥？"曰："君死，安归？君民者，岂以陵民？社稷是主⑦。臣君者，岂为其口实，社稷是养⑧。故君为社稷死，则死之；为社稷亡，则亡之。若为己死，而为己亡，非其私昵，谁敢任之⑨？且人有君而弑之⑩，吾焉得死之？而焉得亡之？将庸何归⑪？”门启而入，枕尸股而哭⑫。兴，三踊而出⑬。人谓崔子："必杀之⑭！"崔子曰："民之望也⑮！舍之，得民⑯。"

卢蒲癸奔晋，王何奔莒⑰。

【注释】

①晏子：即晏婴。

②其人：指晏婴的随从。

③死乎：是否为国君而死。

④"独吾君"二句：岂独是我一人的国君，为什么要为其死。

⑤"吾罪也"二句：我有什么罪要逃亡。

⑥归：回去。

⑦社稷是主：应好好主持国政。

⑧"君臣者"三句：为臣应爱国家，臣君者，为臣的。口实，俸禄。

⑨"若为己死"四句：晏婴认为，国君不是为国家而是为个人的私欲而死，不必为其死或逃亡。私昵，私下亲昵宠爱的人。谁敢任之，谁能承担此祸。

⑩人：指崔杼。有君：得到国君的信任。

⑪"吾焉得死之"三句：崔杼弑君不对，但也不必为国君而死，应该分辨公义和私情。焉得，怎么能。

庸，何。

⑫枕尸股而哭：头枕在尸体的大腿上号哭。

⑬兴：哭完起来。三踊而出：三次跳跃，表示哀痛。当时哭君之礼。

⑭杀之：杀晏婴。

⑮民之望也：晏婴是民心所仰望的人。

⑯舍之：不杀晏婴。

⑰卢蒲癸、王何：二人皆庄公党羽。

【译文】

晏婴站在崔杼门外，他的随从问他："准备为他去死吗？"回答说："难道他只是我一个人的国君吗，为什么要死？"又问："那么逃亡吗？"说："他的死是我的罪过吗，干嘛要逃亡？""那么回去吗？"说："国君死了，回到哪里去？作为百姓的君主，难道可用来凌驾在民众之上吗？是让他来主持国政的。当臣子的，岂能只为俸禄，应保养国家。所以国君是为了国家而死，那么臣子就要为他而死；国君是为了国家而逃亡，那么臣子就要随他逃亡。要是国君是因为自己个人而死，为自己逃亡，不是他所亲昵宠爱的人，谁敢承担这责任？况且别人得到国君信任而把他杀死，我哪能为他而死？哪能为他而逃亡？不过我又能回到哪里去呢？"崔家把门打开，晏婴进入，头枕在庄公尸体的大腿上号哭。然后站起来，跳跃三次而后出去。有人对崔杼说："一定要杀了他！"崔杼说："他是民心所仰望的人。放过他，可以得民心。"

卢蒲癸逃往晋国，王何出奔莒国。

　　叔孙宣伯之在齐也①，叔孙还纳其女于灵公②，嬖，生景公③。丁丑④，崔杼立而相之，庆封为左相，盟国人于大宫⑤，曰："所不与崔、庆者……⑥"晏子仰天叹曰："婴所不唯忠于君、利社稷者是与，有如上帝⑦。"乃歃⑧。辛巳⑨，公与大夫及莒子盟⑩。

【注释】

①叔孙宣伯：即鲁国大夫叔孙侨如。叔孙侨如在成公十六年出奔齐国。

②叔孙还纳其女于灵公：将叔孙侨如女儿送给齐灵公。叔孙还，齐国公子。

③"嬖"二句：受宠而生。景公，景公名杵臼，庄公同父异母弟。

④丁丑：十九日。

⑤大宫：齐太公庙。

⑥所不与崔、庆者……：崔、庆二人宣读盟辞，要使与盟的人都和自己结党，但没读完，晏婴插话改变了它。

⑦"婴所不唯忠于君"三句：言外之意指崔、庆二人不忠于君，不利于社稷，不可与盟。

⑧乃歃：晏婴先歃血定盟。

⑨辛巳：二十三日。

⑩公与大夫及莒子盟：莒犁比公朝齐，因崔氏之乱而未能结盟，现在和齐景公结盟。

【译文】

叔孙侨如在齐国的时候，叔孙还把他的女儿嫁给齐灵公，受到宠爱，生下景公。十九日，崔杼立景公为国君，自己为相辅佐他，庆封任左相，与国人在太公庙中结盟，说："有不亲附崔氏、庆氏的……"晏婴仰天叹息道："我如果不亲附忠君利国的人，有上帝作证。"于是率先歃血定盟。二十三日，景公与大夫和莒犁比公结盟。

大史书曰："崔杼弑其君。"崔子杀之。其弟嗣书，而死者二人①。其弟又书，乃舍之②。南史氏闻大史尽死，执简以往③。闻既书矣，乃还④。

【注释】
①死者二人：太史弟弟仍然秉笔直书，接连二人被杀。
②乃舍之：崔杼不敢再杀。
③南史氏：也是史官。执简以往：带着竹简准备前往。简，竹简。
④既书：已经记载了。

【译文】
太史记载说："崔杼杀了他的国君。"崔杼杀了太史。太史弟弟接着这样写，因而被杀的又有二人。太史另一个弟弟又这样记载，崔杼只得放过他。南史氏听说太史都被杀死了，带着同样写好的竹简前去。听到已经如实记载了，这才回去。

闾丘婴以帷缚其妻而载之，与申鲜虞乘而出①。鲜虞推而下之②，曰："君昏不能匡，危不能救，死不能死，而知匿其昵③，其谁纳之？"行及弇中④，将舍⑤。婴曰："崔、庆其追我！"鲜虞曰："一与一，谁能惧我⑥？"遂舍，枕辔而寝⑦，食马而食⑧，驾而行。出弇中，谓婴曰："速驱之！崔、庆之众，不可当也⑨。"遂来奔⑩。

【注释】

①闾丘婴：与申鲜虞皆为齐庄公近臣。以帷缚其妻而载之：用车帷包捆其妻，放在车上逃跑。

②推而下之：推闾丘婴妻子于车下。

③匿：藏。昵：亲爱，指其妻。

④弇（yǎn）中：峪名，狭道。

⑤舍：住宿。

⑥一与一，谁能惧我：道狭窄，车不能并行，一对一，不足为惧。与，敌。

⑦枕辔：头枕马缰。枕辔而寝，是怕失去马匹。

⑧食马而食：先喂马然后自己才吃饭。

⑨速驱之！崔、庆之众，不可当也：出弇中，路变宽敞，人多有用武之地便抵挡不住。

⑩遂来奔：二人出奔鲁国。

【译文】

闾丘婴用车上的帷布捆好妻子放到车上，和申鲜虞乘坐一辆车出逃。申鲜虞将闾丘婴妻子推到车下，说道："国君昏聩而不能匡正，危难不能解救，死了不能殉死，只知道藏匿自己亲昵的人，会有谁接纳我们？"走到狭道中，准备住宿。闾丘婴说："崔、庆他们恐怕要追上我们！"申鲜虞说："一对一，谁能让我们害怕？"就停下住宿，枕着马缰而睡，喂好马才用餐，然后驾车上路。走出狭道后，对闾丘婴说："赶紧走！崔、庆的人多，无法抵挡他们。"于是逃来我国。

崔氏侧庄公于北郭^①。丁亥^②，葬诸士孙之里^③。四翣^④，不跸^⑤，下车七乘，不以兵甲^⑥。

【注释】

①侧庄公于北郭：不殡于祖庙。侧，用砖把棺材围砌住。

②丁亥：二十九日。

③葬诸士孙之里：按礼诸侯应五月而葬，现在只有十三天便把庄公葬了。士孙是人名，用来作里名。

④四翣（shà）：按礼，诸侯应该六翣，大夫四翣，葬庄公也只用四翣，是有意贬低他。翣，古代出殡时的棺饰，长柄扇形物。

⑤不跸：不戒严清除道路。

⑥下车七乘，不以兵甲：按礼，古代大出殡有甲兵，国君还应列军阵，现在都没用，说明崔氏不以国君之礼而只草草埋葬齐庄公。下车，送葬的车。

【译文】

崔杼在城北用砖把庄公的棺材草草围砌住。二十九日，葬埋在士孙里。只用四把长柄羽扇，也不戒严清除道路，送葬只用旧车七辆，而没用甲士列出军阵。

弭兵之会　襄公二十七年

　　春秋时期，晋、楚两国经过多年的争霸战争，双方都感到疲倦，都有希望停战休息的意愿。襄公二十五年，晋国的赵武，曾提出"弭兵"的主张。二十六年，子产也曾预言晋、楚和诸侯将会息兵停战。此时晋、齐等国因内部斗争消耗了国力，无法大规模对外用兵，楚国受吴国牵制，也无力和晋国争雄，因此具备弭兵的条件。宋国的向戌乘机奔走晋楚之间，终于召开弭兵大会。但是，在弭兵大会上，各国还是各有打算。楚国甚至准备武装发难。晋楚两国为谁歃血主盟吵得不亦乐乎。几经曲折，诸侯国还是达成了弭兵协议。但是，这样的协定必然是脆弱的。此篇对于各国的态度，特别是晋、楚两国尔虞我诈、争强不息的明争暗斗描写非常生动。

宋向戌善于赵文子，又善于令尹子木^①，欲弭诸侯之兵以为名^②。如晋，告赵孟。赵孟谋于诸大夫，韩宣子曰^③："兵，民之残也，财用之蠹^④，小国之大灾也。将或弭之，虽曰不可^⑤，必将许之。弗许，楚将许之，以召诸侯，则我失为盟主矣^⑥。"晋人许之。如楚^⑦，楚亦许之。如齐，齐人难之^⑧。陈文子曰："晋、楚许之，我焉得已？且人曰'弭兵'，而我弗许，则固携吾民矣^⑨，将焉用之？"齐人许之。告于秦，秦亦许之。皆告于小国，为会于宋^⑩。

【注释】

①宋向戌：宋国大夫。赵文子：赵武，又称赵孟。令尹子木：楚国令尹屈建，字子木。

②弭兵：停止战争。以为名，取得名声。欲弭诸侯之兵以为名：宋国向戌和赵文子、子木相友善，并想为自己取得名誉，因此力促弭兵大会的召开。

③韩宣子：又称韩起，晋韩厥之子。

④蠹：蛀虫。

⑤虽曰不可：虽知不能成功。

⑥以召诸侯，则我失为盟主矣：楚国以弭兵团结诸侯，晋国将失去盟主地位。

⑦如楚：向戌到楚国。

⑧难之：不答应弭兵。

⑨携：携贰，叛离，离心。

⑩为会于宋：准备在宋国召开弭兵大会。

【译文】

宋国向戌与晋国赵文子友好，又和楚国令尹子木有交情，想以消除诸侯之间的争战博得名声。他来到晋国，把这想法告诉了赵文子。赵文子和各位大夫商议，韩起说："战争是对民众的残害，又是消耗国家财力的蠹虫，是小国的大灾难。有人想制止战争，即便办不成，也要答应他。要是不答应，楚国将答应他，并以此号召诸侯，那么我们将失去盟主的地位。"晋国答应了向戌。向戌来到楚国，楚国也答应了。到齐国，齐国感到为难。陈文子说："晋、楚都答应了，我们怎么能阻止这事？而且人家说'停止战争'，我们不同意，那就会使我国民众生出二心，将怎么使用他们？"齐国也答应了。又告知秦国，秦国也赞成。于是遍告各小国，在宋国举行盟会。

五月甲辰①，晋赵武至于宋。丙午②，郑良霄至。六月丁未朔③，宋人享赵文子，叔向为介④。司马置折俎，礼也⑤。仲尼使举是礼也，以为多文辞⑥。戊申⑦，叔孙豹、齐庆封、陈须无、卫石恶至。甲寅⑧，晋荀盈从赵武至⑨。丙辰⑩，邾悼公至。壬戌⑪，楚公子黑肱先至，成言于晋⑫。丁卯⑬，宋向戌如陈，从子木成言于楚⑭。戊辰⑮，滕成公至。子木谓向戌："请晋、楚之从交相见也⑯。"庚午⑰，向戌复于赵孟。赵孟曰："晋、楚、齐、秦，匹也⑱，晋之不能于齐，犹楚之不能于秦也⑲。楚君若能使秦君辱于敝邑，寡君敢不固请于齐⑳？"壬申㉑，左师复言于子木㉒，子木使驲谒诸王㉓。王曰："释齐、秦，他国请相见也㉔。"秋七月戊寅㉕，左师至㉖。是夜也，赵孟及子晳盟，以齐言㉗。庚辰㉘，子木至自陈。陈孔奂、蔡公孙归生至㉙。曹、许之大夫皆至。以藩为军㉚。

【注释】

①甲辰：二十七日。

②丙午：二十九日。

③丁未朔：初一。

④为介：做副手，陪客。

⑤司马置折俎：把熟牲切成小块盛于俎上。

⑥仲尼使举是礼也，以为多文辞：向戌很得意于自己的弭兵之举，宴享赵武时辞藻甚美，后来孔子见到这次礼仪的记载，认为辞藻修饰太多。举，记录。

⑦戊申：初二。

⑧甲寅：初八。

⑨晋荀盈从赵武至：晋国以赵武为主，荀偃十天后到。

⑩丙辰：初十。

⑪壬戌：十六日。

⑫成言：征询和约条件。

⑬丁卯：二十一日。

⑭宋向戌如陈，从子木成言于楚：当时楚国令尹屈建在陈国。

⑮戊辰：二十二日。

⑯请晋、楚之从交相见也：请晋、楚二国的附属国属晋的朝楚，属楚的朝晋。

⑰庚午：二十四日。

⑱匹：地位对等。

⑲晋之不能于齐，犹楚之不能于秦也：晋不能指挥齐，楚也不能指挥秦。

⑳"楚君"二句：楚能让秦朝于晋，则晋必能让齐朝于楚。赵武有意以此为难楚国。

㉑壬申：二十六日。

㉒左师：即向戌。

㉓驲（rì）：传车。谒诸王：报告楚王。

㉔释齐、秦，他国请相见也：楚国提出"晋、楚之从交相见也"的要求，即要原先分别从属于晋、楚的中小国家现在同时负担向晋、楚二国朝贡的义务。原来从属晋的侯国占多数，这样对晋不利。由于晋国的反对，楚国同意免去齐、秦，其他各国仍"交相见"。

㉕戊寅：初二。

㉖左师至：向戌从陈国回来。

㉗"赵孟"二句：子晳即楚国公子黑肱。以齐言，商定同意盟辞，到时不能再反悔争讼。

㉘庚辰：初四。

㉙陈孔奂、蔡公孙归生至：陈、蔡二国大夫和屈建一起到达宋国。

㉚以藩为军：虽是盟会，诸侯仍各带有军队，只是不

互相表示敬意。藩，藩篱，不筑营垒，仅以篱笆为营墙。

【译文】

五月二十七日，晋国赵文子到达宋国。二十九日，郑国良霄到。六月初一，宋国设享礼招待赵文子，叔向为副主宾。司马把煮好的熟肉切好放在俎上，这是合于礼的。后来孔子看到这次礼仪的记载，认为宾主间文辞修饰过多。初二，叔孙豹、齐国庆封、陈国须无、卫国石恶也到了。初八，晋国荀盈随赵文子之后到达。初十，邾悼公到。十六日，楚国公子黑肱先来，与晋国商议和约条款。二十一日，宋国向戌到陈国，与子木商谈有关楚国的条件。二十二日，滕成公到。子木对向戌说："请晋、楚二国的服从国互相交换朝见。"二十四日，向戌把子木的意见回复给赵文子。赵文子说："晋、楚、齐、秦四国地位对等，晋国不能指挥齐国，就如楚国不能指使秦国一样。楚国国君要能让秦国国君屈尊到敝国，我们国君岂敢不坚持向齐国提出这种请求？"二十六日，向戌又向子木转告此话，子木派人坐传车请示楚康王。康王说："除去齐、秦二国，其他国家要互相朝见。"秋七月初二，向戌到达。当晚，赵文子和公子黑肱谈妥盟书的条款，统一了口径。初四，子木从陈国到达。陈国孔奂、蔡国公孙归生也来到。曹、许二国的大夫都来了。各国军队以藩篱隔开为分界。

晋、楚各处其偏①。伯夙谓赵孟曰②："楚氛甚恶，惧难③。"赵孟曰："吾左还④，入于宋，若我何⑤？"

辛巳⑥，将盟于宋西门之外，楚人衷甲⑦。伯州犁曰：“合诸侯之师，以为不信，无乃不可乎？夫诸侯望信于楚，是以来服。若不信，是弃其所以服诸侯也。”固请释甲⑧。子木曰：“晋、楚无信久矣，事利而已⑨。苟得志焉，焉用有信？”大宰退⑩，告人曰：“令尹将死矣，不及三年。求逞志而弃信，志将逞乎⑪？志以发言⑫，言以出信⑬，信以立志⑭，参以定之⑮。信亡⑯，何以及三⑰？”赵孟患楚衷甲，以告叔向。叔向曰：“何害也？匹夫一为不信⑱，犹不可，单毙其死⑲。若合诸侯之卿，以为不信，必不捷矣⑳。食言者不病㉑，非子之患也㉒。夫以信召人，而以僭济之㉓，必莫之与也㉔，安能害我？且吾因宋以守病㉕，则夫能致死㉖。与宋致死㉗，虽倍楚可也㉘。子何惧焉？又不及是㉙。曰弭兵以召诸侯，而称兵以害我㉚，吾庸多矣㉛，非所患也。”

【注释】

①晋、楚各处其偏：晋在北，楚在南，各在两头。

②伯夙：即荀盈。

③“楚氛”二句：氛甚恶，气氛不对。惧难（nàn），担心楚国发难攻晋。难，祸难。

④左还：向左而行。还，同“旋”。

⑤入于宋，若我何：赵孟认为，有事就跑进宋国都城，不怕楚人发难。

⑥辛巳：初五。

⑦楚人衷甲：楚国心怀不轨，暗中穿甲作好战斗准备。衷甲，在外衣里穿上铠甲。

⑧固请释甲：伯州犁主张以信用服诸侯。释甲，脱去铠甲。

⑨无信久矣，事利而已：事情有利于我则可，不必讲信义。

⑩大宰：即伯州犁。

⑪求逞志而弃信，志将逞乎：弃信必不能得志。

⑫志以发言：有心志于是发之于语言。志，指心志、思想。

⑬言以出信：有语言则必须有相应的行动，才产生信用。

⑭信以立志：言行相符，其志才得以树立。

⑮参以定之：志、言、信三者俱备才能安定。参，同"三"。

⑯信亡：失掉诚信。楚与向戌本来有约言，现在要动武，是无信。

⑰何以及三：不必等到三年。此为明年子木死伏笔。

⑱匹夫：普通人。

⑲单毙其死：无信的人必定没有善终。单，同"殚"，尽。毙，踣，仆倒。

⑳捷：成功。

㉑不病：不能害人。

㉒非子之患也：意指楚人无信，不足惧。

㉓僭：诈伪。济：利用。

㉔必莫之与也：以信召人，而以诈伪手段达到目的，

必定得不到支持者。

㉕且吾因宋以守病：我们为楚所病（困），则进入宋国都城。

㉖则夫能致死：这样晋军人人能拼死命。

㉗与宋致死：宋军也能拼命。

㉘虽倍楚可也：楚军再增一倍也不怕。

㉙又不及是：此句是叔向估计楚国不敢贸然进攻。

㉚称兵：举兵。

㉛庸：功劳。

【译文】

晋、楚人马各自驻扎在两头。伯夙对赵文子说："楚军的气氛很不好，怕会发动袭击。"赵文子说："我们从左边绕过去，进入宋都，他能把我们怎么样？"初五，将在宋国西门外会盟，楚人贴身穿着铠甲。伯州犁说："会合诸侯的军队，却对他们不讲信用，恐怕不合适吧？诸侯希望得到楚国的信任，所以前来表示顺服。如果不守信，就是丢弃让诸侯顺服的东西了。"坚持脱去铠甲。子木说："晋、楚之间相互无信用已经很久了，只做对我们有利的事就行了。如果获得成功，又要什么信用？"伯州犁退了出来，告诉别人说："子木快死了，用不了三年。为了满足自己的意愿而背信弃义，目的就能实现？有意愿便发而为言语，说出话就形成信用，有了信用便可以实现意愿，这三者是互相关联着的。没了信用，又怎么能活三年呢？"赵文子对楚国人身穿甲衣感到不放心，把它告给叔向。叔向说："这有什么可担心的？普通人一旦做出不守信用的事，尚

且不行，一概不得好死。如果会合诸侯的卿做出不守信的
事情，必定不会成功的。说话不算数的人不可能对人产生
危害，这不会是你的祸患。以信用召集他人，却用虚伪待
人，必然没人听他的，怎么能危害我们？而且我们依凭宋
国来防御他们制造的威胁，那么人人都会拼命。我们和宋
国拼死抗争，即使楚军增加一倍也抵挡得了。你又担心什
么呢？何况事情未必就会到这个地步。说是要消除战争而
把诸侯召来，却发动战事来危害我们，我们将得到的好处
可就多了，你不要担心。"

　　季武子使谓叔孙以公命，曰："视邾、滕①。"
既而齐人请邾，宋人请滕②，皆不与盟③。叔孙曰：
"邾、滕，人之私也④；我，列国也，何故视之？宋、
卫，吾匹也。"乃盟⑤。故不书其族，言违命也⑥。
　　晋、楚争先⑦。晋人曰："晋固为诸侯盟主，未
有先晋者也。"楚人曰："子言晋、楚匹也，若晋常
先，是楚弱也。且晋、楚狎主诸侯之盟也久矣⑧，
岂专在晋？"叔向谓赵孟曰："诸侯归晋之德只⑨，
非归其尸盟也⑩。子务德，无争先。且诸侯盟，小
国固必有尸盟者⑪，楚为晋细，不亦可乎⑫？"乃先
楚人。书先晋，晋有信也⑬。

【注释】

①视邾、滕：由于"交相见"，中小国家要负担双重贡
　赋，因此季武子以襄公之命告诉叔孙豹，将鲁国等

同于邾、滕小国，以求减轻贡赋。

②既而齐人请邾，宋人请滕：齐、宋请求以邾、滕作为自己的属国，不再向晋、楚朝贡。

③皆不与盟：邾、滕因此失去独立国地位，不参与盟会。

④私：私属二国。

⑤乃盟：鲁国和宋、卫相等，于是参加盟会。

⑥故不书其族，言违命也：这是解释经文，指叔孙豹违背命令，因此经文不记叔孙豹，只写"豹及诸侯之大夫"。

⑦争先：争先歃血，实际是争当盟主。

⑧狎主诸侯之盟：更替着主持诸侯会盟。狎，更替。

⑨只：语尾助词，无意义。

⑩尸盟：主盟。

⑪小国固必有尸盟者：小国主持会盟的琐细具体事务。固必，当然。

⑫楚为晋细，不亦可乎：细，指歃血为盟琐细的具体事务。叔向用这话宽慰赵孟，实际上准备作出让步。

⑬书先晋：经文将晋国放在前面。此解释经文。

【译文】

季武子派人以襄公的名义告诉叔孙豹，说："把我国的地位等同于邾、滕二国。"不久齐国提出把邾国作为其属国的要求，宋国则提出滕国为属国，都不参加结盟。叔孙豹说："邾、滕是人家的私属；我们是诸侯国，为什么要和他们等同起来？宋、卫二国才是和我们对等的。"于是参加结盟。经文因此不记载其族名，是说叔孙豹违背了命令的缘故。

晋、楚二国争着要先歃血。晋国人说："晋国本来就是诸侯盟主，从来没有先于晋国歃血的国家。"楚国人说："你说过晋、楚是对等的国家，如果总是晋国在先，这是意味着楚国弱于晋国。再说晋、楚轮流主持诸侯盟会已经很久了，怎么能总由晋国当盟主？"叔向对赵文子说："诸侯归服的是晋国的德行，不是归服他是否主持盟会。您致力于修明德行，不要去争歃血的先后。而且诸侯结盟，小国本来就要有主盟的具体事务，让楚国为晋国做具体琐细的事务，不就行了吗？"于是让楚国先歃血。经文记载把晋国放在前面，这是由于晋国有信用。

　　壬午①，宋公兼享晋、楚之大夫，赵孟为客②，子木与之言，弗能对。使叔向侍言焉③，子木亦不能对也④。
　　乙酉⑤，宋公及诸侯之大夫盟于蒙门之外⑥。子木问于赵孟曰："范武子之德何如⑦？"对曰："夫子之家事治⑧，言于晋国无隐情。其祝史陈信于鬼神无愧辞⑨。"子木归，以语王⑩。王曰："尚矣哉⑪！能歆神、人⑫，宜其光辅五君以为盟主也⑬。"子木又语王曰："宜晋之伯也⑭，有叔向以佐其卿，楚无以当之，不可与争⑮。"
　　晋荀盈遂如楚莅盟⑯。

【注释】
①壬午：初六。

②客：上宾。

③使叔向侍言焉：叔向在旁边帮着答对。

④子木亦不能对：晋、楚相争激烈，互不相让。

⑤乙酉：初九。

⑥蒙门：宋国都东北门。

⑦范武子之德何如：士会以贤闻名诸侯，所以屈建问赵孟。范武子，士会。

⑧家事治：家事井井有条。

⑨其祝史陈信于鬼神无愧辞：士会能取信于国人，以诚事鬼神。无愧辞，没有言不由衷的话。

⑩王：指楚康王。

⑪尚：高尚。

⑫能歆神、人：使神享其祭，人怀其德。歆，享。

⑬五君：指晋文公、襄公、灵公、成公和景公五位国君。

⑭宜晋之伯也：晋国该为盟主。

⑮楚无以当之：晋国多贤臣，楚国自愧不如。

⑯如楚莅盟：晋、楚重新结好。弭兵之盟，前后花了二个月时间，终于在晋、楚等国中达成协议。

【译文】

初六，宋平公同时设享礼招待晋、楚二国大夫，赵文子为主宾，子木和他交谈，赵文子无法应对。让叔向在一旁帮着回应，结果子木也不能应对。

初九，宋平公和诸侯国大夫们在蒙门外结盟。子木问赵文子："范武子的德行怎么样？"赵文子回答："此人治理家事井井有条，对晋国来说没有需要隐瞒的事情。他的祝史祭祀时对鬼神很真诚，没有言不由衷的话。"子木回国后，把这话告诉了楚康王。康王说："范武子真是位高尚的人！能够让神、人都高兴，难怪他能辅佐五世国君成为盟主。"子木对康王说："晋国的确够格当诸侯的领袖，有叔向辅佐正卿，楚国没人能和他匹敌，不能和他们相争。"

晋国荀盈便到楚国参加结盟。

吴公子季札观乐　襄公二十九年

　　本篇记述了吴国公子季札到鲁国观乐的过程。季札所观之"乐",即《诗经》。季札对所观之乐舞进行了评论。季札观乐可以给我们三点启示。一是由此可以发现《诗三百》在春秋时期的传播情况。季札在鲁国所欣赏的"诗三百"乐舞,其编订的次序与今本《诗经》基本相同。说明"诗三百"的编次已经基本定型。此年孔子仅八岁,所以,孔子编订《诗》的说法可不攻自破。二是季札评"诗",将国之盛衰治乱与音乐紧密联系,体现了儒家功利主义的诗乐观。三是季札观乐,融进了自己的主观创造和理性思辨,特别是有关政教风化的原则,这对后代的诗乐理论有很大的影响。

吴公子札来聘①，见叔孙穆子，说之。谓穆子曰："子其不得死乎②！好善而不能择人③。吾闻君子务在择人。吾子为鲁宗卿④，而任其大政，不慎举⑤，何以堪之？祸必及子⑥！"

请观于周乐⑦。使工为之歌《周南》、《召南》⑧，曰："美哉！始基之矣，犹未也，然勤而不怨矣⑨。"为之歌《邶》、《鄘》、《卫》⑩，曰："美哉，渊乎！忧而不困者也。⑪吾闻卫康叔、武公之德如是，是其《卫风》乎⑫！"为之歌《王》⑬，曰："美哉！思而不惧，其周之东乎⑭？"为之歌《郑》⑮，曰："美哉！其细已甚，民弗堪也⑯。是其先亡乎⑰！"为之歌《齐》⑱，曰："美哉，泱泱乎！大风也哉⑲！表东海者，其大公乎⑳！国未可量也。"为之歌《豳》㉑，曰："美哉，荡乎㉒！乐而不淫，其周公之东乎㉓！"为之歌《秦》㉔，曰："此之谓夏声㉕。夫能夏则大㉖，大之至也，其周之旧乎㉗！"为之歌《魏》㉘，曰："美哉，沨沨乎㉙！大而婉㉚，险而易行㉛，以德辅此，则明主也㉜。"为之歌《唐》㉝，曰："思深哉㉞！其有陶唐氏之遗民乎！不然，何其忧之远也㉟？非令德之后，谁能若是㊱？"为之歌《陈》㊲，曰："国无主，其能久乎㊳！"自《郐》以下无讥焉㊴。为之歌《小雅》㊵，曰："美哉！思而不贰㊶，怨而不言㊷，其周德之衰乎？犹有先王之遗民焉㊸。"为之歌《大雅》㊹，曰："广哉，熙熙乎㊺！曲而有直体㊻，其文王之德乎！"为之歌《颂》㊼，曰："至矣哉㊽！直而不倨^㊾，曲而不屈^㊿，迩而不逼^㉘，远而不携^㉙，迁而不淫^㉚，复而不厌^㉛，哀而不愁，乐而不荒^㉜，用而不匮^㉝，广而不宣^㉞，施而不费^㉟，取而不贪^㊱，处而不底^㊲，行而不流^㊳。五声和^㊴，八风平^㊵。节有度^㊶，守有序^㊷，盛德之所同也^㊸。"

【注释】

①吴公子札：即季札，吴王寿梦的小儿子，春秋时期的贤人。聘：访问。

②不得死：不得善终。

③而不能择人：不能了解人的善恶而用之。

④宗卿：与国君同宗的世卿。

⑤不慎举：举拔人不慎重。

⑥祸必及子：昭公四年，叔孙穆子被其儿子竖牛所害。

⑦请观于周乐：鲁为周公之后，所以有天子之乐，季札请求聆听观看周朝的音乐和舞蹈。

⑧工：乐工。歌：弦歌，用各国的乐曲伴奏。《周南》、《召南》：《诗经·国风》的前二篇。周、召是周公、召公的封地，在现在长江、汉水一带。

⑨"始基之"三句：开始为周王奠定教化的基础。"二南"产生的时代较早，季札认为从"二南"中可以听出周的教化已经奠基。勤而不怨：指民虽劳而不怨。

⑩《邶》(bèi)、《鄘》(yōng)、《卫》：分别指《诗经·国风》中的《邶风》、《鄘风》和《卫风》。邶，周代诸侯国名，在今河南淇县东北到河北南部一

带。鄘，也是周代诸侯国名，今河南新乡的鄘城即古鄘国。卫，同样是周代诸侯国名，在今河南淇县。按，这三地本是三国，武王灭纣，分其地为三监，三监叛周，周平王平定后并入卫国。所以季札后面的评论单指卫。

⑪ "渊乎"二句：这时候赞叹其声音的深远。忧而不困者也：指民虽有忧思，但还没到困穷的地步。

⑫ 吾闻卫康叔、武公之德如是，是其《卫风》乎：季札由音乐的优美深远联想到康叔、武公二君的贤能。康叔，周公弟弟；武公，康叔九世孙，二人都是卫国的贤君。

⑬《王》：指《诗经》中的《王风》，是东周洛邑王城的乐曲。

⑭ 思而不惧，其周之东乎：《王风》是忧伤宗周陨灭的诗歌。季札认为它虽有忧思，但无恐惧之意，或许是周室东迁以后的诗。

⑮《郑》：指《诗经·郑风》。

⑯ 其细已甚，民弗堪也：季札认为由此可知郑国风化日衰，政情可见，因此百姓不能忍受。细，指民歌反映男女恋情过于琐碎。已，太。弗堪，受不了。

⑰ 是其先亡乎：由此预言郑国将先灭亡。

⑱《齐》：指《诗经·齐风》。

⑲ 泱（yāng）泱乎！大风也哉：齐是大国，季札论其音乐有大国之风。泱泱，宏大的声音。大风，绰绰宏大的大国之风。

⑳表东海者，其大公乎：齐为姜姓国，姜太公是其远祖。季札认为这种声音象征着齐国可以做东海一带诸侯的表率。

㉑《豳》（bīn）：指《诗经·豳风》。按，今本《诗经》中《豳风》是十五国风中最后一国。豳为周的旧国，在今陕西彬县、旬邑一带。

㉒荡乎：博大的样子。

㉓乐而不淫，其周公之东乎：周公遭管、蔡之变，东征三年，为成王陈述后稷、先公不敢荒淫，以成王业。季札认为，此音乐欢乐而有节制，不是荒淫无度之音，或许为周公东征后的诗。淫，过度，没有节制。

㉔《秦》：指《诗经·秦风》。

㉕夏声：西方之声，也就是指西周王畿的声调。按，古指西方为夏，秦地在今陕、甘一带，本是西周旧都。

㉖夫能夏则大：这里指《秦风》既为京声，自然声音宏大。夏，即大。

㉗其周之旧乎：秦国处在西周旧地域。

㉘《魏》：指《诗经·魏风》。魏指古魏国，在今山西芮城，闵公元年为晋献公所灭。

㉙渢（fēng）：音节轻飘浮泛。

㉚大而婉：声音虽大而委婉曲折。

㉛险：狭隘、迫促，这里指乐歌的节拍急促。易行：指乐调易于使转，并不艰涩难歌。

㉜以德辅此，则明主也：季札观乐时，魏国早已被晋国

所灭，所以此乐乃是晋乐的风格。此句仍然以音乐为政治教化的象征，指音乐如此，正如政治方面德教不足；如果有人用德教来辅助，一定是一位贤君。

㉝《唐》：指《诗经·唐风》。唐为唐叔虞始封之地，在今山西太原。

㉞思：忧思。

㉟其有陶唐氏之遗民乎：尧本封陶，后迁徙于唐，古唐为尧旧都。季札认为，其乐反映了唐尧时代的旧风俗。

㊱令德：美德。下句"之后"指唐为尧的后裔。

㊲《陈》：指《诗经·陈风》。陈国之地在今河南开封市以东、安徽亳县以北。

㊳国无主，其能久乎：陈乐淫靡放荡，说明国无贤君，将不能长久。哀公十七年，楚国灭陈，距此仅六十五年。

㊴自《郐》(kuài)以下，无讥焉：因为国家微小，季札不再加以分析评论。《郐》，指《诗经·郐风》，下面还有《曹风》。郐，古国，在今河南密县。讥，评论。

㊵《小雅》：指《诗经·小雅》。雅，王畿的音乐。《小雅》多是周室衰微到平王东迁后的作品。

㊶思而不贰：思文、武之德，无背叛之心。

㊷怨而不言：虽有怨恨而不敢尽情倾吐。

㊸先王：指周代文、武、成、康诸王。

㊹《大雅》：指《诗经·大雅》，大部分是周初的作品。

㊺熙熙：和美，融洽。
㊻曲而有直体：乐曲音节表面曲折柔缓而内容刚劲有力。
㊼《颂》：指《诗经》中的《周颂》、《鲁颂》和《商颂》三部分，是祭祀的乐歌。
㊽至矣哉：尽善尽美。
㊾直：正直无私。倨：倨傲不逊。
㊿曲而不屈：婉顺而不屈挠。
(51)迩而不逼：亲近而不避促。
(52)远而不携；疏远又不离异。
(53)迁而不淫：虽有变异而不淫乱。
(54)复而不厌：多反复重叠而不使人厌倦。
(55)哀而不愁，乐而不荒：哀伤而不忧愁，欢乐而不过分。荒，过度。
(56)用而不匮：乐调表现出道德宏大，可用之无穷。匮，穷困。
(57)广而不宣：宽广而又不夸张炫耀。
(58)施而不费：如施惠于人而不损耗。
(59)取而不贪：如有征收而不贪婪。
(60)处而不底：声音好似静止了，实则并未停滞。处，不动。底，停滞。
(61)行而不流：此句意思正与上句相对。流，放荡。按，从"直而不倨"以下都是形容《颂》的乐调之美。
(62)五声：指宫、商、角、徵（zhǐ）、羽。和：和谐。
(63)八风：八方之气，这里指乐曲协调。
(64)节有度：八音和谐。八音指金、石、丝、竹、匏、土、革、木八类乐器。

⑥守有序：乐器交相鸣奏，有一定次序，不互相干扰。

⑥盛德之所同也：这里仍以音乐作为政治的象征，意思是文、武、周公同有如此的盛德。

【译文】

吴国公子季札来鲁国聘问，会见叔孙穆子，很喜欢他。他对叔孙穆子说："您怕要不得好死吧！喜欢行善却不懂得选择善人。我听说君子应当致力于选择善人。您任鲁国宗卿，掌管国家大政，举拔人不慎重，怎么能维持的下去？祸患必然要降到您的身上！"

公子札请求观赏周朝乐舞。于是让乐工为他演唱《周南》、《召南》，公子札说："真美妙啊！周朝的教化已经开始奠定基础了，不过还没到尽善，但民众已经勤劳而不埋怨了。"为他演唱《邶风》、《鄘风》、《卫风》，公子札说："真美妙啊，这样地深厚！虽有忧思但不至于困穷。我听说卫康叔、武公的德行就是这样，它应该是《卫风》吧！"为他演唱《王风》，公子札说："真美妙啊！虽有忧思但不至于恐惧，它该是周室东迁以后的诗吧？"为他演唱《郑风》，公子札说："真美妙啊！它的音节过于琐细，人民受不了啦。它恐怕要先灭亡吧！"为他演唱《齐风》，公子札说："真美妙啊，这样深广宏大！这是大国的音乐吧！做东海诸侯表率的，该是太公的国家吧！国家的前程不可限量。"为他演唱《豳风》，公子札说："真美妙啊，如此坦荡博大！欢乐而有节制，它是周公东征的歌吧！"为他演唱《秦风》，公子札说："这就叫做西方的夏声。能发出夏声，自然声音宏亮，而且宏亮到极点了，它应是周朝的旧乐吧！"为他演唱《魏风》，公子札说："真美妙啊，多么轻飘浮泛！声音虽大而委婉曲折，节拍局促却容易歌唱，如果再用道德加以辅佐，就是贤明的君主了。"为他演唱《唐风》，公子札说："思虑很深啊！也许是陶唐氏的遗民吧！不然怎么会忧思这么深远呢？不是美德者的后代，谁能这样？"为他演唱《陈风》，公子札说："国家没有主人，怎么能长久呢！"从《邻风》以下公子札不再加以评论。为他演唱《小雅》，公子札说："真美妙啊！虽有忧思却无背叛之心，虽有怨恨而不形于言语，莫不是周德衰落时的音乐吧？还有先王的遗民在啊。"为他演唱《大雅》，公子札说："真宽广啊，多和美啊！柔婉曲折而本体则刚劲有力，那该是表现文王的美德吧！"为他演唱《颂》，公子札说："美极了！正直而不倨傲，柔婉曲折而不卑下靡弱，亲近而不冒犯，疏远而不离心，变化多端而不淫乱，反复重叠而不使人厌倦，哀伤而不忧愁，欢乐而不放浪过度，使用而不会匮乏，宽广而不夸张炫耀，施予而不耗损，收取而不贪婪，静止而不停滞，流动而不放荡。五声和谐，八风协调。节拍有一定的尺度，乐器鸣奏有一定的顺序，这都是盛德之人所共同具有的。"

见舞《象箾》、《南籥》者①，曰："美哉！犹有憾②。"见舞《大武》者③，曰："美哉！周之盛也，其若此乎④！"见舞《韶濩》⑤者，曰："圣人之弘也，而犹有惭德，圣人之难也⑥。"见舞《大夏》者⑦，曰："美哉！勤而不德⑧，非禹，其谁能修之？"见

舞《韶箾》者⑨，曰："德至矣哉，大矣！如天之无
不帱也⑩，如地之无不载也。虽甚盛德，其蔑以加
于此矣。观止矣⑪！若有他乐，吾不敢请已⑫。"

【注释】

①《象箾（xiāo）》、《南籥（yuè）》：两种舞蹈名。
象，武舞。箾，舞者所持的竿子。"象箾"是执竿而
舞。南，文舞。籥，似笛的乐器。"南籥"是持籥而
舞。二者都是歌颂文王的乐舞。

②憾：有遗憾，感到美中不足。

③《大武》：歌颂武王的乐舞。

④周之盛也，其若此乎：文王未致太平，所以季札见
《象箾》、《南籥》而说"犹有憾"。武王时周室开始
兴盛，因此见《大武》而称颂"周之盛"。

⑤《韶濩（hù）》：商汤的乐舞。

⑥圣人之弘也，而犹有惭德，圣人之难也：季札认为，
汤虽伟大，但汤伐桀，未免有失君臣之义。弘，伟
大。惭德，缺点。

⑦《大夏》：歌颂夏禹的乐舞。

⑧勤而不德：不自以为功德。

⑨《韶箾》：歌颂虞舜的乐舞。

⑩如天之无不帱（dào）：如天之覆盖一切。帱，覆盖。

⑪观止矣：观乐至此。亦指达到顶点了。

⑫若有他乐，吾不敢请已：再有别的音乐，也不敢再
请求欣赏了。

【译文】

公子札见到跳《象箾》、《南籥》舞，说："真美妙啊！不过还有遗憾。"见到跳《大武》舞，说："真美妙啊！周朝兴盛时大约就是这样的吧！"见到跳《韶濩》舞，说："圣人这么伟大，尚且有所惭愧，当圣人真难啊。"见到跳《大夏》舞，说："真美妙啊！勤劳于民事而不自以为功，不是大禹，谁能做得到？"见到跳《韶箾》舞，说："德性到达顶点了，真伟大啊！就好象天无所不覆盖，地无所不承载。即使是再高的德性，也没办法在此之上增加什么了。观乐到此，已达到顶点了！如果还有其他乐舞，我也不敢再请求欣赏了。"

其出聘也，通嗣君也①。故遂聘于齐，说晏平仲②，谓之曰："子速纳邑与政③。无邑无政，乃免于难。齐国之政将有所归，未获所归，难未歇也④。"故晏子因陈桓子以纳政与邑，是以免于栾、高之难⑤。

聘于郑，见子产，如旧相识。与之缟带，子产献纻衣焉⑥。谓子产曰："郑之执政侈，难将至矣⑦。政必及子。子为政，慎之以礼。不然，郑国将败。"

适卫，说蘧瑗、史狗、史䲡，公子荆、公叔发、公子朝⑧，曰："卫多君子，未有患也。"

自卫如晋，将宿于戚⑨。闻钟声焉，曰："异哉！吾闻之也，辩而不德，必加于戮⑩。夫子获罪于君以在此⑪，惧犹不足，而又何乐？夫子之在此也，犹燕之巢于幕上⑫。君又在殡⑬，而可以乐乎？”遂去之⑭。文子闻之，终身不听琴瑟⑮。

　　适晋，说赵文子、韩宣子、魏献子，曰：“晋国其萃于三族乎⑯！”说叔向。将行，谓叔向曰：“吾子勉之！君侈而多良⑰，大夫皆富，政将在家⑱。吾子好直，必思自免于难⑲。”

【注释】

①通嗣君也：季札是为馀祭与鲁通好。嗣君，指吴国新君馀祭。

②说：同“悦”。

③纳邑与政：将封邑和政权归还给国君。

④未获所归，难未歇也：政未有所归，祸难不止。

⑤栾、高之难：鲁昭公八年，齐国栾氏、高氏争权，栾氏攻打高氏。

⑥与之缟（gǎo）带，子产献纻（zhù）衣焉：二人互赠礼物。缟，白色生绢。缟带，白绢大带。纻衣，麻织衣服。

⑦郑之执政侈，难将至矣：执政，指伯有。伯有奢侈刚愎，断言其将有难。明年伯有为驷氏所杀。

⑧蘧瑗（yuàn）：即蘧伯玉。史狗：史朝儿子文子。史鳅（qiū）：即史鱼。公叔发：即公叔文子。公子朝：疑为“公孙朝”之误。

⑨戚：古地名，在今河南濮阳，是孙文子的封邑。

⑩辩而不德，必加于戮：孙林父驱逐卫献公，现在又奏钟作乐，所以说发动变乱而没有德行，必然遭到

诛戮。辩，同"变"。

⑪夫子获罪于君以在此：指孙林父据戚而叛。

⑫燕之巢于幕上：燕筑巢于帐幕上，帐幕随时可撤，非常危险。幕，帐幕。

⑬君又在殡：这时卫献公死而未葬，所以说在殡。

⑭遂去之：不在戚留宿。

⑮文子闻之，终身不听琴瑟：孙文子知过能改，不再作乐。

⑯晋国其萃（cuì）于三族乎：预言晋国政权将集于韩、赵、魏三家。萃，聚集。

⑰良：良臣。

⑱大夫皆富，政将在家：大夫富，必然厚施于民，政权将由公室落入大夫手中。

⑲吾子好直，必思自免于难：叔向耿直，恐不免于难，季札劝他戒备。按，季札出使各国，作者借此分析各国政治形势的发展趋势。

【译文】

公子札出国聘问，是因为新君嗣立而与各国通好。于是就到齐国聘问，与晏婴很谈得来，对晏婴说："您赶快把封邑与政权交还给国君。没有封邑和政权，才能免于灾祸。齐国的政权将会有所归属，不得到归属，祸难就不会停止。"因此晏婴通过陈桓子交出了政权与封邑，在栾、高发起的动乱中幸免于难。

公子札到郑国聘问，见到子产，如同旧相识那样。送给子产白绢大带，子产回送他麻布衣服。公子札对子产说：

"郑国的执政者奢侈，祸难将要降临了。国政必然会落到您的手中。您执政，要用礼仪谨慎从事。不然的话，郑国将衰败。"

公子札到卫国，喜欢蘧瑗、史狗、史鳛、公子荆、公叔发、公子朝，公子札说："卫国的君子很多，不会有祸患。"

从卫国前往晋国，将在戚邑住宿。听到敲钟声，他说："奇怪啊！我听说，发动变乱而没有德行，必定会受到诛戮。这个人就在这里得罪国君，害怕还来不及，又有什么可高兴的呢？他住在这里，就如同燕子在帐幕上筑巢。国君还没有安葬，怎么可以作乐呢？"便离开了戚邑。孙林父听到了，终身不再作乐。

公子札到了晋国，很喜欢赵文子、韩宣子、魏献子，说："晋国的国政将会集中在三族了！"喜欢叔向。将离开时，对叔向说："您好好努力吧！国君奢侈而良臣很多，大夫都很富有，国政将归于大夫。你喜欢直言不讳，一定要设法让自己免于祸难。"

郑子产相国　襄公三十、三十一年

　　子产是春秋时期郑国杰出的政治家。他在郑国政治舞台上的活动达四十年之久。本文所选反映出子产在治理国政中过人的政治智慧以及宽阔的胸襟。文章开篇首写子产初为政时，郑国内部"国小而偪，族大宠多"的现状，继而详写子产对强族采取了既遏制又笼络的政治手法，并叙述了子产对郑国田制等方面卓有成效的改革措施，增强了郑国国力，因此获得了公众的支持。其中插叙丰卷请猎一事，既显示子产持礼自重，不稍苟且的正直刚毅，亦在对待丰卷的态度上显示了子产的开阔胸襟。子产的外交才能也是非常出色的。他对晋国霸主采取既归服又不屈从的态度。子产的外交辞令，同样非常出色，被称为典范。子产执政二十几年，还没有哪件事情失败过，他使郑国获得了较长时间的相对的安定，这都足见子产的功劳。襄公三十、三十一年比较集中地记叙了子产的事迹。全文波澜不惊，在人物的娓娓对话中，为我们清晰的描绘出子产这位春秋时期小国政治家的非凡风采。

（襄公三十年）郑子皮授子产政①。辞曰："国小而逼②，族大宠多③，不可为也④。"子皮曰："虎帅以听，谁敢犯子⑤？子善相之。国无小，小能事大，国乃宽⑥。"

子产为政，有事伯石⑦，赂与之邑⑧。子大叔曰："国皆其国也⑨，奚独赂焉？"子产曰："无欲实难。皆得其欲，以从其事，而要其成⑩。非我有成，其在人乎⑪？何爱于邑，邑将焉往⑫？"子大叔曰："若四国何⑬？"子产曰："非相违也⑭，而相从也，四国何尤焉？《郑书》有之曰⑮：'安定国家，必大焉先⑯。'姑先安大，以待其所归⑰。"既，伯石惧而归邑，卒与之⑱。伯有既死⑲，使大史命伯石为卿，辞⑳。大史退，则请命焉㉑。复命之，又辞。如是三，乃受策入拜㉒。子产是以恶其为人也，使次己位㉓。

【注释】

①子皮：郑大夫，名罕虎。子产：名公孙侨，一字子美，郑大夫公孙发之子。郑国伯有死后，子皮执政，因子产贤能，让与子产。

②逼：逼近大国。

③族大宠多：郑国公族盛大，而恃宠专横的人甚多。

④不可为：不可治。按，子产辞谢。

⑤虎帅以听，谁敢犯子：子皮愿意率公族以听命于子产。虎，罕虎，即子皮。

⑥国无小，小能事大，国乃宽：国不在于小，只要善治，可以宽舒缓和。

⑦有事伯石：有政事让伯石去办。伯石，即公孙段，字子石。

⑧赂与之邑：给伯石田邑作为报赏。

⑨子太叔：名游吉，郑国贤大夫。国皆其国：郑国是大家的郑国。

⑩以从其事，而要（yāo）其成：只要事情成功，可以满足其私欲。要，求。

⑪"非我有成"二句：只要事情成功，就达到目的，赏邑只是一种手段。其，同"岂"。

⑫邑将焉往：虽赏之田邑，田邑却不会跑掉，仍在郑国。

⑬若四国何：子太叔担心这样做将被邻国所笑。四国，四方邻国。

⑭非相违也：赏之田邑，并不违反伯石的利益。

⑮《郑书》：指郑国的史籍。

⑯必大焉先：即"必先大"。大，大族。

⑰姑先安大，以待其所归：先安定大族，再观其后果。

⑱卒与之：伯石虽归还田邑，最终还是给了他。

⑲伯有既死：伯有刚愎酗酒，被大夫公孙黑所杀。

⑳辞：伯石辞而不就职。

㉑请命：请求重新发布命令，愿就任卿位。

㉒如是三，乃受策入拜：可见伯石虚伪矫情。

㉓使次己位：位次仅次于自己。子产恶其虚伪，又怕他作乱，因此加以笼络。

【译文】

郑国子皮把国政交给子产。子产推辞说："国家小而逼近大国，公族庞大，受宠者多，没法治理。"子皮说："我带头听你的安排，谁敢冒犯你？你好好地辅佐国政吧。国家不在于小，小国能事奉大国，国家就能宽舒缓和。"

子产执政，有事要伯石去办，就送给他城邑。子太叔说："国家是大家的国家，为何唯独送他城邑？"子产说："人没欲望其实很难。我使他们的欲望得到满足，好让他们为国办事，并以此要求他们把事办好。这不是我的功劳，难道还是他人的功劳？干嘛要舍不得城邑，城邑还能跑到哪里去？"子太叔曰："要是周边邻国议论怎么办？"子产说："我这样做不是分裂国家，而是使大家和睦，各国又什么可非议的呢？《郑书》有这样的话：'安定国家，一定要优先考虑大族。'先安定大族，以观察其结果。"不久，伯石因害怕而交出了城邑，但子产最终还是给了他。伯有死后，子产让太史命令伯石为卿，伯石推辞。太史走后，伯石却又请求重新发布任命。再次下命令，伯石又推辞。这样往返了三次，伯石才接受任命入朝拜谢。子产由此厌恶伯石的为人，但还是让他居于仅次于自己的职位。

子产使都鄙有章①，上下有服②，田有封洫③，庐井有伍④。大人之忠俭者⑤，从而与之⑥；泰侈者因而毙之⑦。

丰卷将祭⑧，请田焉⑨。弗许⑩，曰："唯君用鲜，众给而已⑪。"子张怒，退而征役⑫。子产奔晋，子皮止之，而逐丰卷。丰卷奔晋。子产请其田、里^⑬，三年而复之^⑭，反其田、里及其入焉^⑮。

从政一年，舆人诵之，曰："取我衣冠而褚之^⑯，取我田畴而伍之^⑰。孰杀子产，吾其与之^⑱！"及三年，又诵之，曰："我有子弟，子产诲之^⑲；我有田畴，子产殖之^⑳。子产而死，谁其嗣之^㉑？"

【注释】

①使都鄙有章：国都与乡间一切事情都有一定的规章。都，国都。鄙，乡野。

②上下有服：各有职责。服，职责。

③田有封洫（xù）：子产作封洫，是清理田亩，划定田界，将侵占他人的土地归还原主的一项经济政策。封，田界。洫，灌田水沟。

④庐井有伍：将居民按照户口有一定的安排，使房舍和耕地互相适应。庐，房舍。

⑤大人：指卿大夫。

⑥与之：亲近他，举拔他。

⑦泰侈者因而毙之：骄傲奢侈者依法惩办，赏罚分明。泰侈，汰侈。

⑧丰卷：郑穆公后裔，字子张。

⑨田：田猎。猎取祭品。

⑩弗许：子产不许可。

⑪唯君用鲜，众给而已：国君祭祀时才用"鲜"，群臣只要一般祭品齐备就可以了。鲜，指新杀的动物。

给，指一般的供应。

⑫子张怒，退而征役：子张招聚兵众，准备攻打子产。

⑬子产请其田、里：子产请求国君不没收丰卷的田、里。里，住宅。

⑭三年而复之：三年后让丰卷回国。

⑮反其田、里及其入焉：都还给丰卷。入，指三年的收入。

⑯取我衣冠而褚之：指骄奢逾制的衣冠不敢用。褚，即"贮"，储藏。

⑰取我田畴而伍之：指把田亩进行重新划分、安排。畴，耕地。

⑱与之：助之，帮助杀子产。

⑲诲：教诲。

⑳殖：繁殖，增产。

㉑子产而死，谁其嗣之：而，如果。嗣，继承。子产的政治措施取得成就，受到众人歌颂。

【译文】

　　子产使国都与乡间的一切事物都有章法，上下各司其责，田地有疆界和沟渠，耕地房舍合理配套。大夫中忠诚俭朴的，就听从他亲近他；骄横奢侈的就惩罚他。

　　丰卷将要祭祀，请求让他打猎获得祭品。子产不批准，说："唯有国君祭祀才用新杀的动物，其他人只要普通的祭品齐备就行了。"丰卷大怒，退出后就召集兵卒。子产要逃往晋国，子皮拦住了他，而驱逐丰卷。丰卷出逃晋国。子产请求不要没收丰卷的田产、房舍，三年后便把丰卷召回，并把田地、房舍和三年来的收入都归还给他。

　　子产从政一年，人们评议他，说："将我的衣冠藏起来，把我的田地重安排。谁要杀子产，我一定跟从他！"三年后，又有评议，说："我有子弟，子产教导他；我有田地，子产使它增产。子产如果死了，谁能继承他？"

　　（襄公三十一年）公薨之月，子产相郑伯以如晋，晋侯以我丧故，未之见也。子产使尽坏其馆之垣而纳车马焉①。士文伯让之②，曰："敝邑以政刑之不修，寇盗充斥③，无若诸侯之属辱在寡君者何④，是以令吏人完客所馆⑤，高其闬闳⑥，厚其墙垣，以无忧客使⑦。今吾子坏之，虽从者能戒，其若异客何⑧？以敝邑之为盟主，缮完葺墙⑨，以待宾客，若皆毁之，其何以共命⑩？寡君使匄请命⑪。"

　　对曰："以敝邑褊小，介于大国，诛求无时⑫，是以不敢宁居，悉索敝赋，以来会时事⑬。逢执事之不间⑭，而未得见，又不获闻命，未知见时⑮。不敢输币⑯，亦不敢暴露⑰。其输之⑱，则君之府实也，非荐陈之，不敢输也⑲。其暴露之，则恐燥湿之不时而朽蠹，以重敝邑之罪⑳。侨闻文公之为盟主也㉑，宫室卑庳㉒，无观台榭㉓，以崇大诸侯之馆，馆如公寝㉔；库厩缮修，司空以时平易道路，圬人以时塓馆宫室㉕；诸侯宾至，甸设庭燎㉖，仆人巡宫㉗，车马有所㉘，宾从有代㉙，巾车脂辖㉚，隶人、牧、圉，各瞻其事㉛；百官之属，各展其物㉜；公不留宾㉝，而亦无废事㉞；忧乐同之，事则巡之㉟；教其不知，而恤其不足㊱。宾至如归，无宁灾患㊲；不畏寇盗，而亦不患燥湿。今铜鞮之宫数里㊳，而诸侯舍于隶人㊴，门不容车，而不可逾越㊵；盗贼公行，而天厉不戒㊶。宾见无时，命不可知㊷。若又勿坏㊸，是无所藏币以重罪也。敢请执事：将何以命之㊹？虽君之有鲁丧，亦敝邑之忧也㊺。若获荐币，修垣而行，君之惠也，敢惮勤劳㊻！”文伯复命㊼。赵文子曰：“信㊽。我实不德，而以隶人之垣以赢诸侯㊾，是吾罪也。”使士文伯谢不敏焉㊿。

晋侯见郑伯，有加礼(51)，厚其宴好而归之(52)。乃筑诸侯之馆。叔向曰：“辞之不可以已也如是夫(53)！子产有辞，诸侯赖之(54)，若之何其释辞也(55)？《诗》曰：‘辞之辑矣，民之协矣；辞之绎矣，民之莫矣(56)。’其知之矣。”

【注释】

①尽坏其馆之垣而纳车马焉：拆毁客馆的围墙，将车马赶进去。

②士文伯：即士丐。让：责问。

③充斥：充满。

④无若诸侯之属辱在寡君者何：因盗贼很多，若客馆破旧，将无法保证诸侯宾客的安全。

⑤完客所馆：特意修好宾馆。

⑥闬（hàn）、闳（hóng）：都指门。

⑦以无忧客使：外宾可不用担心寇盗为患。

⑧"虽从者"二句：从者，指郑国的随从。戒，戒备，防备寇盗。异客，他国宾客。

⑨完：借用为"院"，指围墙。葺（qì）：修补。

⑩共命：供给所求。

⑪寡君使丐请命：请问毁垣的理由。

⑫诛求：责求。无时：无定时。此指晋国随时要小国贡纳物品。

⑬悉索敝赋，以来会时事：搜尽国内财富以作朝聘之礼。会，朝会。

⑭不间：无暇。

⑮又不获闻命，未知见时：晋国又不通知何时接见。

⑯不敢输币：不能献纳贡品。

⑰暴露：指礼品日晒夜露。

⑱其：如果。

⑲"则君"三句：不经一定的仪式，又不敢进献。府实，府库中的物品。荐陈，将贡品陈列于庭，此时要举行一定的仪式。

⑳"其暴露之"三句：则恐燥湿之不时而朽蠹，以重敝邑之罪：贡品日晒雨淋，虫咬朽坏，将加重郑国之罪。朽，腐烂。蠹，虫咬坏。

㉑侨：子产名。文公：晋文公。

㉒卑庳：同义词连用，指低矮。

㉓无观台榭：没有供游观的台榭。

㉔以崇大诸侯之馆，馆如公寝：文公自己宫室简朴，

而客馆却修得非常漂亮。

㉕库厩缮修，司空以时平易道路，圬（wū）人以时塓（mì）馆宫室：客馆的库房、马厩修好，道路按时修整，房间按时涂饰。圬人，泥工。塓，涂墙。

㉖甸：即甸人，管理柴薪者。庭燎：大烛。

㉗巡宫：巡视客馆。

㉘车马有所：马厩已修好，车马有地方安置。

㉙宾从有代：外宾的仆从有人代为服役。

㉚巾车：管理车辆的官。脂辖：用油脂涂车轴。

㉛隶人、牧、圉，各瞻其事：各人负责各自的差事。隶人，洒扫房舍、清除厕所的人。牧，看守牛羊的人。圉，看马的人。瞻，照管。

㉜各展其物：陈列各种物品招待外宾。

㉝公不留宾：文公及时接见，不耽搁外宾时间。

㉞无废事：虽接见迅速，外交仪式仍然齐备，并不废除。

㉟事则巡之：有意外情况，格外注意警卫巡行。事，指意外事件。

㊱教其不知，而恤其不足：指对外宾热心指教，物资不足，尽量照顾。

㊲无宁灾患：即无灾患。宁，语助词。

㊳铜鞮（dī）之宫：晋国君离宫，故址在今山西沁县南。

㊴而诸侯舍于隶人：诸侯外宾住在隶人之舍。隶人，下人。

㊵门不容车，而不可逾越：门小，车又不能越墙而入。

㊶天厉：瘟疫。不戒：不能预防。

㊷命：指晋国君接见之命。

㊸若又勿坏：不坏馆垣。

㊹将何以命之：反诘士丐有何指教。

㊺虽君之有鲁丧，亦敝邑之忧也：鲁国有丧，郑国同哀。意思是晋国不应该以鲁丧为借口不接见。

㊻“若获荐币”四句：如果晋国君马上接见，我们愿意修好墙垣再回国。按，子产这番话是批评晋国内政不修，以致“盗则公行”；对小国掠夺和压榨，又骄横奢侈，对诸侯无礼。荐币，献上贡品。

㊼复命：向国君复命。

㊽信：子产的话有道理。

㊾赢：受，指接待。

㊿谢不敏焉：晋国表示歉意。

(51)有加礼：礼节特别隆重。

(52)厚其宴好而归之：宴会更加隆重，回赠更加丰厚。宴，宴礼。好，好货。

(53)辞之不可以已也如是夫：外交辞令不可忽视。辞，辞令。

(54)子产有辞，诸侯赖之：子产善辞令，诸侯得其利。

(55)释辞：废弃辞令。

(56)“辞之辑矣”四句：出自《诗经·大雅·板》，意思是辞令和谐，人民团结；辞令愉快，人民安定。叔向引这段诗句称赞子产善辞令，而且知道辞令的重要。辑，和谐。协，今作“洽”，融洽。绎，喜悦。莫，安定。

【译文】

　　鲁襄公去世那个月，子产辅佐郑简公到晋国去，晋平公因为鲁国有丧事，没有会见。子产派人把招待外宾的宾馆围墙全部拆毁，把车马都赶进馆舍。士文伯责备他，说："我国由于政事刑罚没搞好，以至寇盗很多，这对于屈尊来存问的诸侯臣属没有什么好办法，所以派官吏人把宾馆修缮好，大门造的高高的，墙垣筑得厚厚的，以使来宾无忧。现在您拆毁了它，虽然您的随从能做好警戒，别国的宾客又怎么住呢？由于敝国忝为盟主，所以修缮馆舍，筑好围墙，以接待宾客，你把它们都毁掉，又如何满足宾客的需要呢？我们国君派我来向你请教。"子产回答说："由于敝国狭小，又夹在大国之间，大国随时要敝国进贡财物，所以我们不敢安居，搜尽敝国的财物，前来朝见。恰逢你们不得空，没能得见，又没有得到明示，不知什么时候能接见。既不敢献纳财物，又不敢把他们放在露天。如果献纳，这些财物是国君府库里的物品，不经过一定的仪式，我们不敢献纳。如果放在露天，又怕时而干燥时而潮湿使东西朽坏，从而加重敝国的罪责。我听说晋文公当盟主的时候，宫室低小，没有可供观览的台榭，却把接待诸侯的宾馆建得高大宽敞，宾馆就如同国君的寝宫。修缮馆舍的仓库、马厩，司空按时平整道路，泥水匠按时粉刷馆舍宫室墙壁；诸侯的宾客来了，甸人在庭院中点起火把，仆人巡视客馆，车马有安置的场所，宾客的仆从有专人替代，管车官员给车轴加好油，管洒扫的隶人和养牛羊、看马的，各司其责；百官各人陈列其礼品；文公不让宾客耽搁，也没有失礼的事情；与宾客忧乐与共，有意外情况就加以安抚；对宾客热情教导，所缺乏的给予周济照顾。宾至如归，不但没有灾患，不怕盗贼，也不怕干湿。如今贵国的铜鞮宫绵延数里，而把诸侯安顿在像给下人住的地方，大门进不去车，又无法越墙进入，盗贼公然横行，而天灾又无法防止。宾客进见的时间没有一定，君王的命令也不知道什么时候发出。如果不拆毁围墙，就没有地方藏贡品而加重罪责。谨此请问：对我们有什么指教？虽然贵国国君遭到鲁国丧事，可这同样也是敝国感到忧戚的事。如果能让献纳财礼，我们愿把围墙修好再离开，这就是君王的恩惠了，岂敢害怕辛劳？"士文伯回去复命。赵文子说："他说的是实情。是我们德行有亏，用下人住的房屋接待诸侯，这是我们的过错。"派士文伯去赔礼道歉。

晋平公接见郑简公，礼仪有加，厚加款待，赠送了丰厚的礼物，然后让他们回去了。于是新建了接待诸侯的宾馆。叔向说："辞令不能废弃就如这个例子！子产善于辞令，诸侯因此获益，为何要放弃辞令呢？《诗》说：'辞令和谐，民众团结；辞令动听，百姓安定。'子产懂得这道理。"

十二月，北宫文子相卫襄公以如楚①，宋之盟故也②。过郑，印段迓劳于棐林③，如聘礼而以劳辞④。文子入聘。子羽为行人，冯简子与子大叔逆客⑤。事毕而出，言于卫侯曰⑥："郑有礼，其数世之福也，其无大国之讨乎⑦！《诗》曰：'谁能执热，逝不以濯⑧。'礼之于政，如热之有濯也。濯以救热，何患之有⑨？"

　　子产之从政也，择能而使之：冯简子能断大事，子大叔美秀而文⑩，公孙挥能知四国之为⑪，而辨于其大夫之族姓、班位、贵贱、能否⑫，而又善为辞令。裨谌能谋，谋于野则获，谋于邑则否⑬。郑国将有诸侯之事，子产乃问四国之为于子羽，且使多为辞令⑭；与裨谌乘以适野，使谋可否；而告冯简子使断之⑮。事成，乃授子大叔使行之，以应对宾客，是以鲜有败事⑯。北宫文子所谓有礼也。

【注释】

①北宫文子：卫大夫北宫佗。卫襄公：名恶，卫献公儿子。

②宋之盟故也：指弭兵大会规定的"交相见"。

③印段迋（wǎng）劳于棐林，如聘礼而以劳辞：印段，郑大夫，字子石。迋，同"往"，迋劳，前往慰劳。棐林，即北林，古地名。在今河南新郑。

④如聘礼而以劳辞：按正规的外交聘问之礼接待卫君，并向卫君致慰劳之词。

⑤"文子"三句：子羽，郑国大夫公孙挥。冯简子，郑大夫。子大叔，即游吉。客，指北宫文子。

⑥言于卫侯曰：文子出来对卫襄公说。

⑦其无大国之讨乎：讨，讨伐。郑国此时正值子产执政，实是称赞子产贤能，必将安定郑国。其，恐怕。

⑧"谁能执热"二句：出自《诗经·大雅·桑柔》，本

意为天气闷热，谁能不去洗澡。这里比喻礼对于政
的重要。

⑨"礼之于政"四句：礼仪对于政事，如天热必须洗
澡。以礼治国，国可长久。

⑩美秀而文：貌美才高，谈吐又有文采。

⑪四国之为：为，指政令。子羽是个出色的外交官。

⑫辨：明察。族姓：家族姓氏。班位：禄秩爵位。贵
贱：指身份。能否（pǐ）：才能高低。

⑬裨谌（chén）能谋，谋于野则获，谋于邑则否：裨
谌，郑大夫。裨谌喜静不喜闹，考虑问题要到野外
去，才能有收获。野，郊外。邑，城里。

⑭多为辞令：多拟几份外交辞令稿。

⑮而告冯简子使断之：谋划之后，让冯简子判断。

⑯鲜有败事：很少有办坏事情。以上综述子产执政有
方，量才使用，择能而使，以证实北宫文子的话。

【译文】

十二月，北宫文子辅佐卫襄公前往楚国，是为了履行
在宋国订立的盟约。路过郑国，印段在棐林犒劳他们，行
聘问之礼，致慰劳的辞令。文子进入郑国国都聘问。郑国
子羽为行人，冯简子与子太叔出来迎宾。聘礼结束后，北
宫文子出来，对卫襄公说："郑国有礼仪，他们几代都将有
福，大概不会被大国讨伐了！《诗》说：'谁能忍受炎热，谁
能不去洗澡。'礼对于政事，就如天热要洗澡一样。通过洗
澡以消除苦热，还会有什么祸患？"

子产从政，选择贤能者加以使用：冯简子能决断大事。

子太叔美秀而有文采。子羽能了解知四方诸侯的政令，明辨各国大夫的家族姓氏、爵禄职位、身份贵贱、能干与否，又善于辞令。裨谌能够出谋划策，他在野外思考便能有正确的判断，在城里就不行。郑国一旦有和诸侯交往的事情，子产就向子羽询问四方诸侯的情况，并让他多准备几份外交辞令；和裨谌乘车到野外，让他思考良策；然后告诉冯简子让他作出决断。计划完成，就交给子太叔去办理，与来宾交往应对，所少以有办错事的。这就是北宫文子所说的有礼。

郑人游于乡校①，以论执政。然明谓子产曰②："毁乡校何如③？"子产曰："何为？夫人朝夕退而游焉④，以议执政之善否。其所善者，吾则行之；其所恶者，吾则改之，是吾师也。若之何毁之？我闻忠善以损怨，不闻作威以防怨⑤。岂不遽止⑥？然犹防川⑦。大决所犯，伤人必多⑧，吾不克救也。不如小决使道⑨，不如吾闻而药之也⑩。"然明曰："蔑也今而后知吾子之信可事也⑪。小人实不才，若果行此，其郑国实赖之，岂唯二三臣⑫？"

仲尼闻是语也，曰："以是观之，人谓子产不仁，吾不信也⑬。"

【注释】

①乡校：乡间的公共场所，既是学校，又是乡人聚会议事场所。

②然明：郑大夫鬷蔑，字然明。

③毁乡校何如：众人在乡校议论行政得失，然明建议毁掉乡校。

④朝夕退而游焉：早晚工作之馀到乡校走走。

⑤我闻忠善以损怨，不闻作威以防怨：只有多行忠善以减少怨恨，不可用威势来防止怨恨。

⑥岂不遽止：遽，马上，立刻。

⑦然犹防川：如同防止河水决口一样。

⑧大决所犯，伤人必多：大决，河水大决口。仍以防水打比方。

⑨不如小决使道：开小口使水流通，即发扬舆论，让意见随时说出来。道，同"导"。

⑩不如吾闻而药之也：舆论既出，取之以作药。

⑪蔑也今而后知吾子之信可事也：然明称赞子产。蔑，即然明，这里是他自指。信可事，实在可以成事。

⑫"小人实不才"四句：按照子产主张行事，郑国就有希望了。

⑬以是观之，人谓子产不仁，吾不信也：孔子生于襄公二十二年，这时才十一岁，这话应是后来称赞子产时才说的。

【译文】

郑国人休闲时就到乡校相聚，在那里议论执政得失。然明对子产说："乡校关闭了吧？"子产说："为什么呢？人们早晚休息时到那里走走，评议执政的好坏。他们认为好的，我就照办；他们不赞成的，我就改正，他们实际上是我的老师。干嘛要关闭掉？我听说凭借忠善可以减少怨言，没听说用威势可以防止怨恨。用强硬办法难道不能立刻把人们的口堵住？但就如预防河水决口一样。如果大决口，伤害人必定很多，我没办法解救。不如让开小口加以引导，不如让我听到后作为药石来改正。"然明说："我从今以后知到您的确能成大事也。我实在没能力，如果真按您的想法去做，郑国就有了可靠的保障，岂止我们几个大臣得到好处？"

孔子后来听说了子产那番话，说道："由此看来，人们说子产不仁，我才不相信呢。"

子皮欲使尹何为邑①。子产曰："少②，未知可否。"子皮曰："愿③，吾爱之，不吾叛也。使夫往而学焉，夫亦愈知治矣④。"子产曰："不可。人之爱人，求利之也⑤。今吾子爱人则以政，犹未能操刀而使割也，其伤实多⑥。子之爱人，伤之而已，其谁敢求爱于子⑦？子于郑国，栋也，栋折榱崩⑧，侨将厌焉⑨，敢不尽言？子有美锦，不使人学制焉⑩。大官、大邑，身之所庇也，而使学者制焉⑪，其为美锦不亦多乎⑫？侨闻学而后入政，未闻以政学者也⑬。若果行此，必有所害。譬如田猎，射御贯⑭，则能获禽，若未尝登车射御，则败绩厌覆是惧⑮，何暇思获⑯？"子皮曰："善哉！虎不敏。吾闻君子务知大者、远者，小人务知小者、近者。我，小人也。衣服附在吾身，我知而慎之，大官、大邑所以庇身也，我远而慢之⑰。微子之言⑱，吾不知也。他日我曰⑲：子为郑国，我为吾家，以庇焉，其可也⑳。今而后知不足。自今请，虽吾家，听子而行㉑。"子产曰："人心之不同如其面焉，吾岂敢谓子面如吾面乎㉒？抑心所谓危，亦以告也㉓。"子皮以为忠，故委政焉㉔，子产是以能为郑国。

【注释】

①尹何：子皮家臣。为邑：治理私邑。

②少：尹何年少。

③愿：为人老实。

④"使夫往而学焉"二句：子皮认为，若派尹何学为邑宰，会更增进他行政的能力。

⑤"人之爱人"二句：爱其人，总要对他有利。

⑥"今吾子爱人则以政"三句：意为年少而授予政事，就像让不会拿刀的人割东西，必将自伤。

⑦"子之爱人"三句：爱人反而伤人，人必疏远你。

⑧栋折榱（cuī）崩：栋梁折断，屋椽也会崩塌。榱，屋椽。

⑨侨将厌焉：子产由子皮举荐为政，子皮犹如国家栋梁，栋梁折断，自己也将被压在下面。厌，同"压"。

⑩"子有美锦"二句：既是美锦，是不会让人用它练习做衣服的。锦，有彩色花纹的绸缎。学制，此指学裁缝等事。

⑪大官、大邑，身之所庇也，而使学者制焉：大官和封邑是自身的庇护，更不能让人当作衣裳来练习治理。庇，庇护，依赖。

⑫其为美锦不亦多乎：让毫无经验的人去学做大官，比让不会裁缝的人去剪裁美锦还要糟糕。

⑬"侨闻学而后入政"二句：先经学习再为政，而不是借做官的机会来学习为政。

⑭射御贯：御，指驾车。贯，同"惯"，娴熟。

⑮败绩厌覆是惧：即惧败绩厌覆，担心是否翻车被压。

⑯何暇思获：无暇顾及猎获了。

⑰远而慢之：疏忽而轻视它了。

⑱微子之言：如果没有你这样的话。

⑲他日：往日，从前。

⑳"子为郑国"四句：原来认为你治理国事，我治理家事，有所托庇就可以了。为，治理。

㉑"虽吾家"二句：今后连家事都听你的。

㉒"人心之不同"二句：意思是人心各有打算，我不能干预你的家事。

㉓"抑心所谓危"二句：意思是只是心里认为不妥，因此以实相告。抑，表转折，不过。

㉔"子皮以为忠"二句：子皮认为子产忠诚，所以把国事委托给他。

【译文】

子皮想让尹何管理封邑。子产说："尹何太年轻，不知道行不行。"子皮说："这个人忠厚老实，我喜欢他，他不会背叛我的。让他去学习一下，他就更知道该怎么治理了。"子产说："可不行。喜欢一个人，是希望对他有利。现在您爱一个人，就把政事交给他去办理，就像还不会拿刀却让他去割东西，会对他造成很大伤害的。您这样爱人，只会伤害他，那么谁还敢求得您的喜爱呢？您对于郑国，是栋梁，如果栋梁折断椽子也就崩塌，我将被压在下面，怎敢不把话全部说出来呢？您有漂亮的缎锦，是不会让人用它来学裁剪的。大官、大邑，是您身家性命的庇护，反而让人去学着治理，岂不是比让不会裁缝的人去剪裁美锦更糟糕吗？我听说要学习以后再做官，没听说过把做官作为学习手段的。如果这样做去，一定有所伤害。譬如打猎，熟悉了射箭驾车，就能获得猎物，如果不曾驾车射箭，那他一心害怕车翻被压，哪有时间顾及猎获呢？"子皮说："说得太好了！我实在考虑不周。我听说君子致力于重大、长远的事务，小人只知道小的、眼前的。我是一个目光短浅的人。衣服穿在我身上，我知道爱惜它，大官、大邑恰恰是用以护身的，我却疏远轻视它。没有你这番话，我还不明白。以前我说过：你治理郑国，我管理我的家，让我有所依托庇护，这就可以了。现在看来还不行。请从现在起，即便是我的家事，也听你的。"子产说："人心不相同，就像人的面目各不相同一样，我哪敢说您的面目就跟我的一样呢？不过我是觉得这有危险，所以就实言相告。"子皮觉得子产是个忠诚的人，就把郑国的国政托付给他，子产因此能够致力于郑国的管理。

郑徐吾犯之妹美　昭公元年

　　本篇写郑国两家强宗公孙楚和公孙黑都看上了郑国大夫徐吾犯之妹，后依子产之计由徐吾犯之妹自择婿而解决矛盾。此段文字不长，却写的曲折而饶有风趣，可以说是最早的三角恋爱小说。《左传》作者选入此事件，其用意在于由此表现子产如何处理强宗大族的纷扰和矛盾。

　　郑徐吾犯之妹美①，公孙楚聘之矣②，公孙黑又使强委禽焉③。犯惧，告子产。子产曰："是国无政，非子之患也。唯所欲与④。"犯请于二子，请使女择焉。皆许之⑤。子晳盛饰入，布币而出⑥。子南戎服入，左右射，超乘而出⑦。女自房观之，曰："子晳信美矣，抑子南，夫也⑧。夫夫妇妇，所谓顺也⑨。"适子南氏⑩。子晳怒，既而櫜甲以见子南⑪，欲杀之而取其妻。子南知之，执戈逐之。及冲⑫，击之以戈。子晳伤而归，告大夫曰："我好见之，不知其有异志也⑬，故伤。"

【注释】

①徐吾犯：郑国大夫，复姓徐吾。

②公孙楚：公孙楚，即子南，郑穆公孙。聘之矣：已下了订婚礼。

③公孙黑：即子晳。强委禽焉：强行送聘礼。按，上古聘礼用雁。

④唯所欲与：由女子自己的喜欢选择丈夫。

⑤皆许之：二人同意由女选择。

⑥"子晳"二句：盛饰，装扮华丽。布币，陈设彩礼。币即贽币，初见时礼品，男用玉帛或禽鸟，陈于堂上。按，是以此取悦于女。

⑦左右射，超乘而出：左右开弓射箭，然后一跃上车出去。

⑧夫也：像个大丈夫、男子汉。

⑨夫夫妇妇，所谓顺也：丈夫要像个丈夫，妻子要像
　个妻子。顺，符合事理。

⑩适：嫁给。

⑪橐（gāo）甲：把皮甲穿在外衣里面，即衷甲。

⑫冲：十字路口。

⑬异志：另外的想法，存心不良。按，子晳橐甲见子
　南，本蓄意动武，不得逞而受伤，反而说子南有异
　志，乃自我掩饰。

【译文】

　　郑国徐吾犯妹妹长得很美，公孙楚已经聘她为妻，公
孙黑又派人强行送去聘礼。徐吾犯害怕了，告诉子产。子
产说："这是国家政事混乱，不是你的忧患。你妹妹愿意嫁
谁就嫁谁。"徐吾犯向公孙楚、公孙黑二人提出，让妹妹自
己来择婿。二人都答应了。公孙黑打扮得漂漂亮亮到徐家，
在堂上放好礼物就退出。公孙楚穿着戎服到来，左右开弓
射了箭，就跳上车走了。徐吾犯妹妹从屋里观察他们，说：
"公孙黑确实很漂亮，而公孙楚才是真正的大丈夫。丈夫要
像丈夫，妻子要像妻子，才是所谓顺。"于是嫁给公孙楚。
公孙黑大怒，不久在衣服里边穿着皮甲去见公孙楚，想要
杀死公孙楚而娶其妻。公孙楚知道后，持戈追赶公孙黑。
到了交叉路口，用戈击打公孙黑。公孙黑受伤逃回，告诉
大夫们说："我好心好意去见公孙楚，没想到他有不良的念
头，所以打伤了我。"

楚灵王乾谿之难　昭公十二、十三年

　　楚国的国君楚灵王，是个贪婪、奢侈、残暴、荒唐的暴君，时人谓之"汰侈"，即骄盈奢侈。他做令尹时，即有国君之仪，后来便杀了郏敖自立为王。当上国君后，他征伐扩张，攻打小国，号令中原，要诸侯拥戴自己当霸主，俨然不可一世。到州来打猎，还要向吴国示威，并流露出求取周鼎的野心。他刚愎自用，清除异己，杀害忠良，甚至伤害同族。最终是众叛亲离，被迫自缢而死。《左传》对这一人物的描写可谓有声有色。文中用了许多细节其"汰侈"的表现，说明其败亡有其性格的必然性。但也写出了他性格的另一面，如听了子革的讽谏又有所醒悟，甚至"馈不食，寝不寐"数日。听到群公子被杀，竟自己跌到车下来。说明他还不是完全顽冥不化，又有人情味。选文的最后，写叔向的一番话，是有意的拿楚灵王与齐桓公、晋文公对比，以示其失败的原因。此篇集中写楚灵王，已接近于小说笔法。

（昭公十二年）楚子狩于州来①，次于颍尾②，使荡侯、潘子、司马督、嚣尹午、陵尹喜帅师围徐以惧吴③。楚子次于乾谿④，以为之援。雨雪，王皮冠，秦复陶⑤，翠被⑥，豹舄⑦，执鞭以出，仆析父从⑧。右尹子革夕⑨，王见之，去冠、被，舍鞭⑩，与之语曰："昔我先王熊绎与吕伋、王孙牟、燮父、禽父并事康王⑪，四国皆有分⑫，我独无有。今吾使人于周，求鼎以为分，王其与我乎⑬？"对曰⑭："与君王哉！昔我先王熊绎，辟在荆山⑮，筚路蓝缕，以处草莽⑯。跋涉山林，以事天子，唯是桃弧、棘矢以共御王事⑰。齐，王舅也⑱；晋及鲁、卫，王母弟也⑲。楚是以无分，而彼皆有。今周与四国服事君王，将唯命是从，岂其爱鼎⑳？"王曰："昔我皇祖伯父昆吾，旧许是宅㉑。今郑人贪赖其田㉒，而不我与。我若求之，其与我乎？"对曰："与君王哉！周不爱鼎，郑敢爱田？"王曰："昔诸侯远我而畏晋㉓，今我大城陈、蔡、不羹，赋皆千乘㉔，子与有劳焉。诸侯其畏我乎？"对曰："畏君王哉！是四国者，专足畏也㉕。又加之以楚，敢不畏君王哉！"

工尹路请曰㉖："君王命剥圭以为鏚柲，敢请命㉗。"王入视之。析父谓子革："吾子，楚国之望也。今与王言如响，国其若之何㉘？"子革曰："摩厉以须㉙，王出，吾刃将斩矣㉚。"

王出，复语。左史倚相趋过㉛。王曰："是良史也，子善视之。是能读《三坟》、《五典》、《八索》、《九丘》^㉜。"对曰："臣尝问焉。昔穆王欲肆其心^㉝，周行天下，将皆必有车辙马迹焉^㉞。祭公谋父作《祈招》之诗以止王心^㉟，王是以获没于祇宫^㊱。臣问其诗而不知也。若问远焉，其焉能知之^㊲？"王曰："子能乎？"对曰："能。其诗曰：'祈招之愔愔，式昭德音^㊳。思我王度，式如玉，式如金^㊴。形民之力，而无醉饱之心^㊵。'"王揖而入，馈不食，寝不寐^㊶，数日，不能自克，以及于难^㊷。

仲尼曰："古也有志^㊸：'克己复礼，仁也'。信善哉^㊹！楚灵王若能如是，岂其辱于乾谿？"

【注释】

①楚子：楚灵王，名围，楚共王庶出之子，鲁昭公元年杀楚王麇（jūn）自立。公元前540年—公元前529年在位。狩：冬猎。州来：今安徽凤台。

②颍尾：古地名。颍水下游入淮河处，即今安徽颍上县的西正阳镇。

③荡侯、潘子、司马督、嚣尹午、陵尹喜：五人都是楚国大夫。帅师围徐以惧吴：徐国为吴的盟国，所以围徐以威胁吴国。

④乾谿：古地名。在今安徽亳州。

⑤秦复陶：秦国所送羽衣。

⑥翠被：翠羽披肩。

⑦豹舄（xì）：豹皮鞋子。

⑧仆：官名，太仆。析父：人名。

⑨右尹子革：子革，即郑丹，又称然丹，郑国大夫子然儿子，鲁襄公十九年逃往楚国。夕：晚上朝见楚王。晨见为“朝”，暮见为“夕”。

⑩去冠、被，舍鞭：表示对子革的尊重。

⑪熊绎：楚国始封君。吕伋（jí）：齐太公姜尚儿子。王孙牟：卫国始封君康叔儿子，又称康伯。燮父：晋国唐叔儿子。禽父：即伯禽，周公旦儿子，鲁国始封君。康王：即周康王。

⑫四国皆有分（fèn）：五国同事康王，四国都得到周王的宝器。四国，指齐国、晋国、鲁国、卫国。分，珍宝之器。

⑬求鼎以为分，王其与我乎：九鼎为王权的象征，鲁宣公三年，楚庄王曾问周鼎，显示出他的野心。

⑭对曰：这是子革答对。

⑮辟在荆山：楚国熊绎都于丹阳，即今湖北秭归县，荆山在其北。荆山，楚国的发祥地，在今湖北南漳，熊绎分封在这里。

⑯筚路：用竹木编成的车。蓝缕：即“褴褛”，破旧的衣服。草莽：草野。

⑰桃弧：桃木做的弓。棘矢：棘木（酸枣木）做的箭。以共御王事：楚地贫瘠，只能进贡桃弧、棘矢给周王，以祛除不祥。共，同“供”。供御，贡献。

⑱王舅也：周成王母亲为姜太公女儿，所以齐国国君是周王舅舅。

⑲王母弟也：周公旦、卫康叔为周武王母弟，晋唐叔为成王母弟。

⑳"今周与四国"三句：意思是楚国已经强大，周与四周诸侯都来事奉楚王，为什么舍不得九鼎？按，子革的话实际含有讽喻。

㉑"昔我皇祖"二句：我的皇祖伯父原来居住在旧许。昆吾是楚国远祖的哥哥，所以称皇祖伯父。旧许，在今河南许昌，后因迁于叶、夷，原国土为郑所得，所以称旧许。旧许是宅，即"宅旧许"，旧许是从前昆吾所居之地。

㉒今郑人贪赖其田：郑国仍占着旧许。

㉓远我而畏晋：疏远楚国惧怕晋国。

㉔"今我大城"二句：陈、蔡、不羹：陈、蔡两国，皆为楚所灭。不羹，地名，在河南舞阳县襄城县一带。赋：指军备。

㉕"是四国者"二句：仅此四国的兵力，已足使诸侯畏惧。四国，指陈、蔡、二不羹四城。

㉖工尹：官名。路：工尹名。

㉗君王命剥圭（guī）以为鏚（qī）柲（bì），敢请命：要剖开圭玉来装饰斧柄，工尹路请楚灵王指示样式。剥圭，剖开玉。鏚，斧。柲，柄。

㉘"今与王言如响"二句：析父认为，子革回答楚灵王之问一味随声附和，顺王之心，是纵容他的野心。响，回声。

㉙摩厉以须：子革将自己的话比做刀刃，意思是刀已

磨利，只等机会。摩，同"磨"。厉，同"砺"。
须，等待。

㉚王出，吾刃将斩矣：待楚王出来，我的刀刃将要对
准要害砍去。言外之意是要劝阻楚灵王不要好大喜
功，害民生事。

㉛左史：楚国官名，名倚相。趋过：小跑经过王前，
表示恭敬。

㉜《三坟》、《五典》、《八索》、《九丘》：四部书都是古
书，已失传，内容不详。

㉝穆王：周穆王。肆其心：放纵其野心。

㉞将皆必有车辙马迹焉：想使自己的车辙马迹无处不有。

㉟祭（zhài）公谋父：周公孙子，武公儿子，名谋父，
周王卿士。

㊱获没于祇宫：谋父做诗以谏穆王，打消了穆王的意
图，穆王筑祇宫，并善终于祇宫。祇宫，穆王的别
宫，在今陕西华县。

㊲"若问远焉"二句：问倚相，他连《祈招》的诗都
不知道，更不必说久远之事了。

㊳"祈招之愔愔（yīn）"二句：祈招性情平和，不滥
用武力，因此显示了周天子的好名声。愔愔，安和
的样子。式，语首助词，无义。

㊴"思我王度"三句：周王的举止，如金似玉一般坚
重而完美。度，仪度，举止。

㊵"形民之力"二句：使用民力财力，适度而已，不可
放纵无度。按，子革用此诗劝灵王应量力而行，适

可而止，如放纵其野心，后果将不堪设想。形，同"型"，衡量。醉饱之心，比喻放纵过度。

㊶"馈不食"二句：楚灵王已经领悟了子革讽谏的意思，因此吃不下睡不着。

㊷"不能自克"二句：思量好几天，灵王仍不能克制自己的野心，终于有明年的乾谿之难。克，克制。

㊸志：记载。

㊹克己复礼：克制自己，使自己遵循先王的礼法。

【译文】

楚灵王在州来打猎，驻扎在颍尾，派荡侯、潘子、司马督、嚣尹午、陵尹喜率领军队包围徐国以威胁吴国。灵王驻扎在乾谿，作为后援。下着雪，灵王戴着皮帽，穿上秦国的复陶羽衣，披着翠羽披风，脚着豹皮靴，手持鞭子出去，仆从析父跟着他。右尹子革晚上朝见，灵王看见他，去掉帽子、披风，放下鞭子，对他说："往昔我们先王熊绎和吕伋、王孙牟、燮父、禽父一起事奉康王，四国都得到了宝器，唯独我国没有。现在我要是派人出使到周朝，请求赐给鼎作为宝器，周王会给我吗？"子革回答说："会给君王的！当年我们先王熊绎居住在偏僻的荆山，筚路蓝缕以开辟荒野，跋涉山林以事奉天子，只能把桃弧、棘矢作为给天子的贡品。齐国是周王的舅舅，晋和鲁、卫是周王的同母弟弟。楚国所以无宝器，而他们则都有。现在周朝和四国都服事君王，将会唯命是从，怎么会舍不得鼎呢？"灵王说："往昔我皇祖伯父昆吾居住在旧许地。现在郑国贪图那里的田地，不肯还给我们。我如果要求他们归还，会给我吗？”子革回答说：“会给君王的！周王不吝惜鼎，郑国敢舍不得田地？”灵王说：“当年诸侯疏远我国而畏惧晋国，现在我们在陈、蔡、不羹这些大城，兵车都有千辆，你是有功劳的。诸侯会畏惧我吗？”子革回答说：“会畏惧君王的！单是这四座城，就足够他们害怕的了。再加上楚国全国的力量，怎敢不畏惧君王呢！”工尹路请示说：“君王命令剖玉来装饰斧柄，谨请下令怎么做。”灵王进去察看。析父对子革说：“您是楚国有名望的人，如今和君王说话却随声附和，国家将会怎么样？”子革说：“我已磨好刀等着，君王出来，我的刀就要砍下去了。”灵王出来，又和子革说话。左史倚相快步经过。灵王说：“这是个好史官，你要好好看待他。他能读《三坟》、《五典》、《八索》、《九丘》。”子革回答说：“下臣曾经问过他事情。当初周穆王想要放纵自己的欲望，周游天下，打算到处留下自己的车辙和马迹。祭公谋父作《祈招》一诗来劝阻穆王的欲望，穆王因此得以善终于祇宫。下臣问他这首诗他却不知道。如果问起更久远的事，他哪里能知道？”灵王说：“你能知道吗？”子革回答说：“能。那诗说：‘祈招和悦安闲，德音宏大深远。想起我们君王的风度，如玉如金般温润坚强。他谋求保存人民的力量，而没有醉饱之心。’”灵王向子革作个揖就进去了，饿了吃不下，躺下睡不着，过了好几天，还是不能自我克制，所以遭到祸难。

孔子说：“古时候有句话：‘克制自己回到礼，就是仁’。这话说得真好啊！楚灵王如果能做到这一点，哪里会在乾谿受辱？”

　　（昭公十三年）楚子之为令尹也，杀大司马蒍掩①，而取其室。及即位，夺蒍居田②；迁许而质许围③。蔡洧有宠于王，王之灭蔡也，其父死焉④，王使与于守而行⑤。申之会，越大夫戮焉⑥。王夺斗韦龟中犫⑦，又夺成然邑⑧，而使为郊尹⑨。蔓成然故事蔡公⑩，故蒍氏之族及蒍居、许围、蔡洧、蔓成然，皆王所不礼也⑪。因群丧职之族⑫，启越大夫常寿过作乱⑬，围固城、克息舟⑭，城而居之⑮。

【注释】

①"楚子"二句：鲁襄公二十九年，楚灵王（当时称公子围）继屈建为令尹。杀大司马蒍掩，楚灵王杀蒍掩事在鲁襄公三十年。

②蒍（wěi）居：蒍掩族人。

③迁许而质许围：扣留许围为人质。迁许事在鲁昭公九年。许围，许大夫。

④"蔡洧有宠于王"三句：蔡洧（wěi），蔡国人，楚灭蔡后，洧在楚国为官。楚灭蔡时，蔡洧父亲被楚王所杀。

⑤王使与于守而行：让蔡洧留守国内，楚灵王自己前往乾溪。

⑥越大夫戮焉：鲁昭公四年楚灵王会合诸侯于申，越国大夫常寿过被楚灵王侮辱。戮，同"辱"。

⑦斗韦龟：令尹子文玄孙。中犫（chōu）：邑名。

⑧成然：斗韦龟儿子，食邑于蔓，又称蔓成然。

⑨郊尹：治理郊境的官。

⑩故：从前。事：事奉。蔡公：指公子弃疾，楚灵王在昭公十一年灭蔡后封他为蔡公。

⑪皆王所不礼也：意指楚灵王多行不义，树敌颇多。

⑫因：凭借。群丧职之族：许多丧失职位的亲族。

⑬启：诱导。

⑭固城、息舟：楚国二邑。

⑮城而居之：作乱者筑息舟之城而据守。

【译文】

楚灵王当令尹的时候，杀死大司马蒍掩，并夺取他的妻室、家产。即位以后，又夺取蒍居的田地；把许国迁走而以许围为人质。蔡洧得到楚灵王的宠爱，灵王灭蔡国时，蔡洧父亲死于这次战争，灵王派蔡洧留守都城自己离城出征。申地会盟时，越国大夫遭到羞辱。灵王夺走斗韦龟的中犫邑，又夺去成然封邑，而让他担任郊尹。蔓成然原来事奉蔡公弃疾，所以蒍氏家族及蒍居、许围、蔡洧、蔓成然，都是灵王不加礼遇的人。他们借助那些丧失职位的家族，诱使越国大夫常寿过作乱，包围固城，攻克息舟，并在这里修筑城墙据守。

观起之死也，其子从在蔡，事朝吴①，曰："今不封蔡，蔡不封矣②。我请试之③。"以蔡公之命召子干、子晳④，及郊，而告之情⑤，强与之盟，入袭蔡。蔡公将食，见之而逃⑥。观从使子干食⑦，坎，用牲，加书而速行⑧。己徇于蔡⑨，曰："蔡公召二子，将纳之⑩，与之盟而遣之矣，将师而从之⑪。"蔡人聚，将执之⑫。辞曰："失贼成军，而杀余，何益⑬？"乃释之。朝吴曰："二三子若能死亡，则如违之，以待所济⑭。若求安定，则如与之，以济所欲⑮。且违上，何适而可⑯？"众曰："与之。"乃奉蔡公，召二子而盟于邓⑰，依陈、蔡人以国⑱。楚公子比、公子黑肱、公子弃疾、蔓成然、蔡朝吴帅陈、蔡、不羹、许、叶之师，因四族之徒⑲，以入楚。

及郊，陈、蔡欲为名，故请为武军⑳。蔡公知之，曰："欲速。且役病矣㉑，请藩而已㉒。"乃藩为军。蔡公使须务牟与史猈先入㉓，因正仆人杀大子禄及公子罢敌㉔。公子比为王，公子黑肱为令尹，次于鱼陂㉕。公子弃疾为司马，先除王宫㉖。使观从从师于乾溪，而遂告之㉗，且曰："先归复所，后者劓㉘。"师及訾梁而溃㉙。

【注释】

①"观起"三句：观起是楚令尹子南所宠信的人，鲁襄公二十二年，楚康王杀杀子南，观起被车裂。其子观从在。朝吴：蔡国大夫归生之子，楚灭蔡后，依附楚国公子弃疾。

②"今不封蔡"二句：现在如果不恢复蔡国，蔡国就没希望了。

③我请试之：观从准备响应作乱以图谋恢复蔡国。

④子干：公子比。子皙：公子黑肱。按，二人都是楚

灵王弟弟，昭公元年，子干奔晋，子皙奔郑。

⑤告之情：观从告诉他们真情。

⑥见之而逃：弃疾起先不知何故，所以吓跑了。

⑦观从使子干食：让子干吃弃疾没吃的食物。

⑧坎，用牲，加书而速行：挖坑杀牲并置盟书于牲之上，伪造公子弃疾和子干结盟的迹象，并迅速公布于众。

⑨己：观从自己。徇：公开宣布。

⑩纳之：送二人入楚。

⑪将师而从之：假说弃疾将率军援助二人入楚。

⑫将执之：蔡人不信观从的话，准备逮捕他。

⑬"失贼成军"三句：贼人已走，蔡公军队已组成，杀我无益。贼，指子干、子皙。

⑭"二三子"三句：二三子指蔡人。能死亡，效忠楚灵王而死。则如，就不如。违之，违背蔡公。以待所济，以观事情的成败。

⑮"若求安定"三句：求安定就助蔡公，以求复国。与之，助蔡公。所欲，恢复祖国。

⑯违上：违背蔡公。

⑰邓：古地名，在蔡旧都上蔡，即今河南漯河。

⑱依陈、蔡人以国：陈、蔡人都有复国的愿望，所以用复国的许诺来发动陈、蔡人。依，依赖。

⑲四族：蔫氏、许围、蔡洧、蔓成然。

⑳"及郊"三句：欲为名，陈、蔡为了播扬诛除无道和复国的名声。为武军，筑壁垒，大筑营垒。

㉑役病：士卒疲弊。

㉒藩：藩篱，暂时用篱笆编成工事以驻军。

㉓须务牟、史猈（bà）：楚国大夫，蔡公同党。

㉔正仆人：仆人之长。大子禄、公子罢（pí）敌：都是楚灵王儿子。

㉕鱼陂（pí）：古地名，在今湖北天门。

㉖先除王宫：除王宫，清理王宫，驱除灵王亲信。除，清理。弃疾一入国都，先清理王宫，可见其野心。

㉗"使观从"二句：楚灵王在乾谿，为伐徐之师作后援。观从赴乾谿，告知子干等起兵叛王。

㉘先归复所，后者劓（yì）：观从号召众人背叛灵王。复所，恢复其禄位、居室和田产。劓，割鼻刑罚。

㉙师及訾（zī）梁而溃：灵王回师，到訾梁全军溃散。訾梁，訾水上的桥梁，在今河南信阳。

【译文】

观起死的时候，其子观从在蔡地事奉朝吴，说："现在不重建蔡国，蔡国就没有机会复国了。让我来试试看吧。"他假传蔡公弃疾的命令召回子干、子晳，二人到达城郊，观从才告知真情，强行和他们结盟，进兵攻蔡邑。蔡公正要吃饭，见到他们进来便逃走了。观从让子干吃了那些食物，挖了坑，杀了牺牲，把盟书放在上面，而后要他们快走。自己则在蔡地宣布，说："蔡公召回二人，准备送回楚国，已经和他们结盟并送他们走了，即将率军队跟随出发。"蔡地人聚集而来，要抓观从。观从辩解说："已经放走了贼人，组成了军队，把我杀了又有什么用？"蔡地人便放了他。朝吴说："各位如果能为楚王而死，那就违背蔡公，以等待最后的结果。如果希望得到安定，那就应该支持蔡公，以实现共同的愿望。况且违抗在上者，那么又何所适从呢？"大家都说："支持蔡公。"便事奉蔡公，召见子干、子皙二人在邓地盟誓，用复国的许诺利用陈、蔡两地人的力量。楚国公子比、公子黑肱、公子弃疾、蔓成然、蔡国朝吴带领陈、蔡、不羹、许、叶四地的军队，依靠蔿氏等四族的族人，进入楚国。

到达国都郊外，陈、蔡二地的人想宣扬自己的名声，便请求修筑城堡。蔡公知道了，说："这次行动要快。而且役夫已经很疲惫了，用篱笆隔离就行了。"于是编篱笆作为军营。蔡公派须务牟和史猈先进入都城，通过正仆人杀死太子禄和公子罢敌。公子比立为楚王，公子黑肱为令尹，驻扎在鱼陂。公子弃疾任司马，先去清除王宫。派观从前往乾溪军中，把情况告诉他们，并且说："先回去的保留所有待遇，后回去的将受割鼻刑罚。"楚军到达訾梁便溃散了。

王闻群公子之死也，自投于车下①，曰："人之爱其子也，亦如余乎？"侍者曰："甚焉②。小人老而无子，知挤于沟壑矣③。"王曰："余杀人子多矣，能无及此乎④？"右尹子革曰："请待于郊，以听国人⑤。"王曰："众怒不可犯也。"曰："若入于大都⑥，而乞师于诸侯。"王曰："皆叛矣。"曰："若亡于诸侯，以听大国之图君也⑦。"王曰："大福不再，祗取辱焉⑧。"然丹乃归于楚⑨。王沿夏⑩，将欲入鄢⑪。芋尹无宇之子申亥曰⑫："吾父再奸王命⑬，王弗诛，惠孰大焉？君不可忍⑭，惠不可弃，吾其从王。"乃求王，遇诸棘闱以归⑮。夏五月癸亥⑯，王缢于芋尹申亥氏⑰。申亥以其二女殉而葬之⑱。

观从谓子干曰："不杀弃疾，虽得国，犹受祸也⑲。"子干曰："余不忍也。"子玉曰⑳："人将忍子，吾不忍俟也㉑。"乃行。国每夜骇曰："王入矣㉒！"乙卯夜㉓，弃疾使周走而呼曰㉔："王至矣！"国人大惊。使蔓成然走告子干、子皙曰："王至矣，国人杀君司马㉕，将来矣！君若早自图也㉖，可以无辱。众怒如水火焉㉗，不可为谋。"又有呼而走至者，曰："众至矣！"二子皆自杀㉘。丙辰㉙，弃疾即位，名曰熊居㉚。葬子干于訾，实訾敖㉛。杀囚，衣之王服，而流诸汉，乃取而葬之，以靖国人㉜。使子旗为令尹㉝。

楚师还自徐㉞，吴人败诸豫章㉟，获其五帅㊱。

【注释】

①自投于车下：摔到车下。

②甚焉：爱子之心更甚于楚灵王。

③知挤于沟壑矣：必被抛弃于沟壑之中。此暗讽灵王自己也将死于非命，何必还眷恋儿子被杀。

④能无及此乎：杀别人之子太多，才有今日的报应。此，即指"挤于沟壑"。

⑤请待于郊：劝灵王在近郊停下来。

⑥大都：如陈、蔡、不羹等大的都邑。

⑦以听大国之图君也：由大国出面为楚灵王进行干预。

⑧大福不再，祇（zhī）取辱焉：大福，指当国君的好运。祇，恰巧。灵王知道大国也不会支持。

⑨然丹乃归于楚：子革也离开灵王归楚。然丹，子革。

⑩夏：汉水的别名。

⑪鄢：楚国别都，在今河北宜城。

⑫芋尹无宇：即申无宇。

⑬吾父再奸王命：指鲁昭公七年申无宇折断王旌及入章华宫追捕逃犯二事。奸，触犯。

⑭君不可忍：灵王有难，我不可狠心不救。忍，狠心。

⑮遇诸棘闱以归：申亥遇灵王，和他一起回来。棘闱，楚国棘邑之门。

⑯癸亥：二十五日。

⑰王缢于芋尹申亥氏：灵王在申亥家上吊死。

⑱以其二女殉而葬之：申亥葬楚灵王，并将两个女儿殉葬。

⑲犹受祸也：还将受到祸害。

⑳子玉：即观从。

㉑人将忍子，吾不忍俟也：别人将忍心对待你。俟，等待。

㉒王入矣：当时不知道灵王的生死，所以国都里的人常常夜里以灵王回国而相互惊扰。

㉓乙卯：十七日。

㉔使周走：让人走遍各处。

㉕杀君司马：杀司马弃疾。

㉖早自图：早点为自己打算。

㉗众怒如水火焉：意为众怒如大水一样爆发。

㉘二子：子干、子皙。

㉙丙辰：十八日。

㉚"弃疾即位"二句：弃疾为国君，即楚平王。按，楚国国君之名多用"熊"字，弃疾即位后也更名熊居。

㉛葬子干于訾，实訾（zī）敖：楚国君死后无谥号，多以葬地冠"敖"字，如前面的郏敖和这里的訾敖。实，就是。

㉜"杀囚"五句：楚平王杀一囚犯，并扮作灵王之尸，加以安葬，以安定人心。

㉝子旗：即蔓成然。

㉞还自徐：去年围徐的部队返回。

㉟豫章：古地名，在今江西南昌。

㊱五帅：指领兵伐徐的荡侯等五人。

【译文】

楚灵王听到儿子们的死讯，自己摔到了车下，说："别人疼爱儿子，也像我一样吗？"侍者说："还有过之。小人年老而没有儿子，自己知道将来会落得掉进沟壑而死的下场。"灵王说："我杀死别人的儿子太多了，怎能不落到这一地步呢？"右尹子革说："请您等在郊外，由国人来处置。"灵王说："众怒不可犯啊。"子革说："或者进入大都城，再向诸侯求救兵。"灵王说："诸侯都背叛了。"子革说："要不逃亡到诸侯国去，听凭大国为君王做主。"灵王说："大的福分不可能再有，只会自取羞辱。"子革便自己回到楚国。楚灵王沿汉水而下，打算进入鄢都。芋尹无宇的儿子申亥说："我父亲两次触犯王命，灵王没杀他，还有比这更大的恩惠吗？对国君不能忍心不救，恩惠不能背弃，我要跟从灵王。"便去寻求灵王，在棘门相遇，便一起回来了。夏五月二十五日，灵王在芋尹申亥家上吊自杀。申亥用他二个女儿殉死安葬了灵王。

观从对子干说："不杀掉弃疾，即便得到国家，还是要受到祸害。"子干说："我不忍心。"观从说："人家将会狠心地对待您，我不忍心这样的结果出现。"便出走了。国内民众经常在夜里大呼："灵王进城了！"十七日夜，弃疾派人四处奔走大喊说："灵王来了！"国人十分惊恐。又派蔓成然跑去告诉子干、子皙说："灵王来了，国人杀司马弃疾，马上就要过来了！君王如果及早拿定主意，可以免于受辱。众人的怒火就像水火一样厉害，已无计可施了。"又有人高叫着跑来，说："大伙儿来了！"子干、子皙都自杀了。十八日，弃疾即位为楚王，改名为熊居。安葬子干在訾地，就是訾敖。又杀了个囚犯，穿上灵王的服装，让尸体在汉水漂流，然后捞上来下葬，用来安定人心。任命蔓成然为令尹。

楚国军队从徐国回来，吴国在豫章击败楚军，俘获了楚军五名将领。

平王封陈、蔡①，复迁邑②，致群赂③，施舍、宽民④，宥罪、举职⑤。召观从，王曰："唯尔所欲⑥。"

对曰："臣之先佐开卜⑦。"乃使为卜尹⑧。使枝如子躬聘于郑⑨，且致犨、栎之田⑩。事毕弗致⑪。郑人请曰："闻诸道路⑫，将命寡君以犨、栎，敢请命⑬。"对曰："臣未闻命⑭。"既复，王问犨、栎，降服而对⑮，曰："臣过失命⑯，未之致也。"王执其手，曰："子毋勤⑰。姑归，不穀有事，其告子也⑱。"

他年⑲，芋尹申亥以王柩告，乃改葬之⑳。

初，灵王卜曰："余尚得天下㉑！"不吉。投龟，诟天而呼曰㉒："是区区者而不余畀㉓，余必自取之㉔。"民患王之无厌也㉕，故从乱如归㉖。

【注释】

①封陈、蔡：复陈、蔡二国，立陈惠公（吴）于陈，立蔡平公（庐）于蔡（今河南新蔡）。

②复迁邑：灵王时被迁徙的都返回原来的居处。

③致群赂：初起事时答应的赏赐，现在都兑现。

④施舍、宽民：布施恩惠，与民休息。

⑤宥罪、举职：赦免罪臣，举拔贤才。

⑥唯尔所欲：虽然观从曾劝子干杀自己，但平王不计前嫌，答应他所有的要求。

⑦佐开卜：担任卜人的助手。

⑧卜尹：卜师。

⑨枝如子躬：楚国大夫，枝如为复姓。

⑩且致犨、栎之田：犨、栎本是郑国之邑，被楚国夺去。楚平王即位，准备将它们归还郑国，以敦睦邦交。

⑪弗致：子躬并没有把二邑归还郑国。

⑫闻诸道路：道听途说。

⑬敢请命：郑国得知平王的意思，要向子躬讨还二邑。

⑭臣未闻命：诡称没得到平王此令。

⑮降服：脱去上衣，表示请罪。

⑯过：罪过。失命：违背了命令。

⑰子毋勤：平王用好话劝慰子躬，不要这样自苦。勤，劳苦。

⑱姑归，不穀有事，其告子也：楚王让他先回去，以后有事，仍要用他。

⑲他年：几年以后。

⑳乃改葬之：改葬楚灵王。

㉑尚：或许，可能。

㉒诟：责骂。

㉓区区：指小小的楚国。畀（bì）：给予。不余畀，即不畀余。

㉔自取之：后来灵王果然弑君自立。

㉕民患王之无厌也：灵王野心很大，永无满足的时候。

㉖从乱如归：楚灵王贪得无厌，丧尽民心，百姓参加动乱好像回家一样踊跃。

【译文】

楚平王重新恢复陈国、蔡国，使被迁徙的人返回迁出的城邑，赏赐有功者，布施恩惠、宽政待民，赦免罪人、举荐贤才。召回观从，平王说："你要求什么都可以满足。"观从回答说："下臣先人是卜尹的助手。"平王便让他担任卜尹。派枝如子躬到郑国聘问，并且归还犫、栎的田地。但聘问完毕枝如子躬并没把田地交还郑国。郑国人请示说："道路传言说将命我们国君治理犫、栎二地，谨此请命。"枝如子躬回答说："我没听说有这命令。"回到楚国后，平王问起犫、栎二地的事，枝如子躬脱去上衣回复说："下臣有罪，没有遵命归还二地给郑国。"平王拉着他的手，说："你不要这样自苦。先回去吧，以后寡人有事还会告诉你。"

过了几年，芋尹申亥把楚灵王的灵柩所在告给平王，于是将他改葬。

起初，灵王占卜说："我也许得到天下！"结果并不吉利。他把龟扔到地下，责骂上天并呼喊道："不过区区小国都不给我，我一定要自己夺取。"楚国民众对灵王贪得无厌很不满，所以跟随作乱如同百川归海。

初，共王无冢適^①，有宠子五人，无適立焉^②。乃大有事于群望^③，而祈曰："请神择于五人者，使主社稷。"乃遍以璧见于群望，曰："当璧而拜者^④，神所立也，谁敢违之？"既^⑤，乃与巴姬密埋璧于大室之庭^⑥，使五人齐^⑦，而长入拜^⑧。康王跨之^⑨，灵王肘加焉^⑩，子干、子皙皆远之^⑪。平王弱，抱而入，再拜，皆厌纽^⑫。斗韦龟属成然焉^⑬，且曰："弃礼违命，楚其危哉^⑭！"

【注释】

①冢適：嫡长子。適，同"嫡"。

②有宠子五人，无適立焉：五人都是宠妾所生，不知立谁为太子合适。五人，指康王、灵王、子干、子晰和平王。

③大有事：遍祭山川。群望：名山大川之神。

④当璧而拜者：共王以玉璧展示众神，说，正对着璧下拜的当立。当璧，面对玉璧。

⑤既：望祭完毕。

⑥巴姬：共王宠妾。大室：祖庙。

⑦齐：同"斋"，斋戒。

⑧长入拜：按长幼次序而入拜神。

⑨康王跨之：两脚各跨璧的一边，不是"当璧"。

⑩灵王肘加焉：肘放于璧上，也不是"当璧"。

⑪皆远之：更远离玉璧。

⑫平王弱，抱而入，再拜，皆厌纽：平王位置正好当璧，两次下拜，手正压在璧纽上。弱，幼小。厌，同"压"。纽，璧上穿绳子的鼻子。

⑬斗韦龟属成然焉：斗韦龟知道平王必将为楚国国君，所以将成然托付给平王。

⑭弃礼违命，楚其危哉：康王、灵王都曾为王，共王违背立长之礼，又违背"当璧"之命，是弃礼违命，所以楚国必定危险。

【译文】

　　当初，楚共王没有嫡子，但有宠爱的儿子五个，拿不定主意该立谁。就遍祭山川，祝祷说："请神明在这五人中选择，让他主持国政。"就将玉璧向所有的山川神灵展示，说："正对玉璧下拜的，就是神所立的人，谁敢违背？"事后和巴姬秘密地将玉璧埋在祖庙的庭院里，让五个人斋戒，然后按长幼次序入拜。康王两脚跨在玉璧上，灵王的胳膊压在玉璧上，子干、子皙都离玉璧很远。平王年幼，被人抱进来，两次下拜，都压在玉璧的璧纽上。斗韦龟把成然托付给平王，并说："抛弃礼仪违背神灵的命令，楚国恐怕危险了！"

子干归①，韩宣子问于叔向曰："子干其济乎！"对曰："难。"宣子曰："同恶相求，如市贾焉②，何难？"对曰："无与同好③，谁与同恶？取国有五难：有宠而无人④，一也；有人而无主⑤，二也；有主而无谋⑥，三也；有谋而无民⑦，四也；有民而无德⑧，五也。子干在晋，十三年矣⑨。晋、楚之从，不闻达者⑩，可谓无人。族尽亲叛⑪，可谓无主。无衅而动⑫，可谓无谋。为羁终世，可谓无民⑬。亡无爱征⑭，可谓无德。王虐而不忌⑮，楚君子干，涉五难以弑旧君，谁能济之⑯？有楚国者，其弃疾乎！君陈、蔡，城外属焉⑰。苟慝不作⑱，盗贼伏隐⑲，私欲不违⑳，民无怨心㉑。先神命之㉒，国民信之。芈姓有乱，必季实立，楚之常也㉓。获神㉔，一也；有民，二也；令德，三也；宠贵，四也；居常㉕，五也。有五利以去五难，谁能害之㉖？子干之官，则右尹也㉗。数其贵宠，则庶子也㉘。以神所命，则又远之。其贵亡矣，其宠弃矣，民无怀焉，国无与焉㉙，将何以立？”宣子曰：“齐桓、晋文，不亦是乎㉚？”对曰：“齐桓，卫姬之子也，有宠于僖㉛。有鲍叔牙、宾须无、隰朋以为辅佐㉜，有莒、卫以为外主㉝，有国、高以为内主㉞。从善如流，下善齐肃㉟，不藏贿㊱，不从欲㊲，施舍不倦，求善不厌㊳。是以有国，不亦宜乎？我先君文公，狐季姬之子也，有宠于献㊴；好学而不贰㊵，生十七年，有士五人㊶。有先大夫子馀、子犯以为腹心㊷，有魏犨、贾佗以为股肱，有齐、宋、秦、楚以为外主㊸，有栾、郤、狐、先以为内主㊹。亡十九年，守志弥笃㊺。惠、怀弃民，民从而与之㊻。献无异亲㊼，民无异望㊽，天方相晋，将何以代文㊾？此二君者，异于子干。共有宠子㊿，国有奥主(51)。无施于民，无援于外；去晋而不送(52)，归楚而不逆(53)，何以冀国(54)？”

【注释】

①子干归：子干由晋国回到楚国。

②同恶相求，如市贾焉：都憎恶楚灵王，是同恶相求。起事当如商贾那样各求所欲，容易成功。

③无与同好：他人并不和子干一条心。

④有宠而无人：地位显贵，但没贤人辅佐。

⑤有人而无主：即便有贤人，但缺乏有实力的人为他撑腰做主，做他的支援或内应。主，指有势力的人。

⑥谋：谋略。

⑦无民：没有百姓支持。

⑧无德：不修德，不修仁政。

⑨十三年矣：子干在昭公元年（十三年前）逃亡晋国。

⑩不闻达者：都不是贤人。

⑪族尽亲叛：子干已无亲族在楚国。

⑫无衅而动：无可乘之机，即仓促起事。

⑬为羁终世，可谓无民：子干长年流亡于晋国，缺乏国内百姓的支持。

⑭亡无爱征：子干长年逃亡在外，国内却没有人怀念他。

⑮王虐而不忌：灵王虽然暴虐，但不忌刻，也有宽容的时候。

⑯"楚君子干"三句：子干夺位，存在上述五难，没人能使他成功。君子干，以子干为国君。

⑰城外属焉：弃疾据有陈、蔡，方城以外的地方也归属他。城，指方城。

⑱苛：苛刻的政令。慝：邪恶的行为。

⑲盗贼伏隐：弃疾统治的区域里盗贼销声匿迹。

⑳私欲不违：弃疾不以私欲违背礼法。

㉑民无怨心：弃疾政治清明，得到百姓拥护。

㉒先神命之：指"再拜，皆厌纽"。

㉓"芈（mǐ）姓有乱"三句：楚国有乱，常立小儿子为国君，这是叔向认为弃疾将被立为王时所做的分析。芈，楚王族之姓。季，少子。常，常例。

㉔获神：即上文的"当璧而拜"。

㉕居常：弃疾最幼小，立少合于常例。

㉖有五利以去五难，谁能害之：弃疾有五利，必被立

为国君。

㉗子干之官，则右尹也：子干官不过右尹，地位不如弃疾。

㉘数其贵宠，则庶子也：子干贵宠不如弃疾。庶子，庶出的儿子。

㉙"民无怀焉"二句：百姓不怀念子干，国内也没有同情他的人。

㉚不亦是乎：不也是如此吗。齐桓、晋文二人也是庶出，也逃亡在外。

㉛有宠于僖：齐桓公得到齐僖公的宠爱。僖，齐僖公。卫姬：齐僖公妾。

㉜有鲍叔牙、宾须无、隰朋以为辅佐：齐桓公有贤人辅佐。

㉝以为外主：齐桓公流亡到莒国，卫国是他的舅家，有两国为外援。

㉞有国、高以为内主：国氏、高氏可以为内应。

㉟下善：见人有善，就以身下之。齐肃：有斋戒之事，律己甚严。齐，同"斋"。

㊱不藏贿：不贪财货。

㊲从：同"纵"。

㊳施舍不倦，求善不厌：这就是有德、有民。

㊴献：指晋献公。

㊵不贰：专心致志。

㊶有士五人：指狐偃、赵衰、颠颉、魏武子、司空季子，他们都是贤人。

㊷子馀：即赵衰。子犯，即狐偃。

㊸有齐、宋、秦、楚以为外主：四国支持文公。

㊹有栾、郤、狐、先以为内主：栾枝、郤縠、狐突、先轸都支持文公返国。

㊺志：返国之志。

㊻民从而与之：民归附文公。

㊼献无异亲：指晋献公有九个儿子，只存文公。

㊽民无异望：百姓再没有可寄托希望的人。

㊾"天方相晋"二句：文公获神、有民、令德、宠贵诸利皆备，所以能立为国君。

㊿共有宠子：楚共王有宠子弃疾，子干无宠。共，即楚共王。

(51)国有奥主：子干回国时灵王尚在王位。奥主，指国君。

(52)去晋而不送：子干离开晋国时没人送行。

(53)归楚而不逆：回来时楚国也没有人迎接他。

(54)何以冀国：子干宠贵、令德、有主、有民无一具备，所以没希望享有楚国。

【译文】

子干回到楚国，韩起向叔向询问说："子干应该能成功吧！"叔向回答说："很难。"韩起说："他们有共同的憎恨者而互相需要，有如市场上的商贾，有什么难的？"叔向回答说："没人和子干有相同的喜好，谁又和他有共同的憎恶？夺取国家有五难：得到宠爱而无贤人相助，这是第一；有贤人而缺乏有力者的支持，这是第二；有人做做主而缺少谋略，这是第三；有谋略而没有人民的支持，这是第四；

有人民拥护而自己没有德行，这是第五。子干在晋国已经十三年了。晋、楚两国中追随他的人，没听说有贤达者，可说是没贤人。族人被灭净尽，亲戚也都背叛了他，可说是缺乏有力者。楚国内部没有空子可钻却轻举妄动，可说是缺少谋略。终生在外流亡，可说没有人民的拥护。逃亡在外而没人怀念，可称得上没有德行。楚灵王暴虐但不忌刻，楚国要拥立子干为国君，有这五难而且要杀死旧国君，谁能办得到？能得到楚国的，恐怕是弃疾吧！他统治着陈、蔡二地，方城外也属他管辖。没有烦苛的政令和邪恶的事情，盗贼潜伏不敢胡来，有私欲但不违背礼法，人民没有怨恨情绪。原先已得到神灵的命令，国民信任他，而且芈姓有乱，总是立小的为国君，这是楚国的常规。他得到神灵保佑，这是第一；有人民的拥护，这是第二；有好的德行，这是第三；受到爱宠地位尊贵，这是第四；合乎立为国君的常规，这是第五。他有五利而远离五难，谁又能够危害他？子干的官职，不过是右尹。论起他的尊贵与受宠程度，则只是庶子。说到神灵的敕命，他可是远离玉璧。他的显贵已经丧失，爱宠已经没有，人民并不怀念，国内没有亲附他的，凭什么可以立为国君？"韩起说："齐桓公、晋文公不也是庶子吗？"叔向回答说："齐桓公是卫姬儿子，得到僖公的宠爱。有鲍叔牙、宾须无、隰朋作为辅佐，有莒国、卫国作为外援，有国氏、高氏作为内应。他从善如流，日常行为严肃庄重，不贪财，不纵欲，施舍财物不知疲倦，追求善行从不满足。所以他享有国家，不也是很自然的吗？我国先君文公，是狐季姬儿子，得到献公的宠爱；

好学而专心一致，才十七岁，就有贤士五人辅佐他。有先大夫子馀、子犯作为心腹，有魏犨、贾佗作为左膀右臂，有齐国、宋国、秦国、楚国作为外援，有栾枝、郤縠、狐突、先轸作为内应。流亡十九年，坚守回国志向愈加坚定。惠公、怀公抛弃人民，人民因而追随文公而支持他。献公没有其他的亲人，人民没有别的希望，上天正保佑晋国，又将有谁能代替文公？这两位国君，和子干不相同。楚共王有宠爱的儿子，国内还有国君在。子干又没有施惠给人民，而且外部没有援助；他离开晋国时没人送行，回到楚国也没人迎接，他凭什么希望享有楚国？"

伍员奔吴 昭公十九、二十年

　　本章记叙伍员（子胥）奔吴事迹。伍员奔吴，主要的原因是费无极的谗害。费无极的挑拨离间和诬告，使得伍员父兄被杀，伍员逃亡吴国。伍员到吴国后，辅佐吴王阖庐，终于在鲁定公四年柏举之战中攻入郢都，报了杀父之仇。文中揭露的费无极的两面三刀、翻云覆雨的伎俩，给人深刻印象。伍员之兄伍尚的慷慨赴死，也颇为感人。

（昭公十九年）楚子之在蔡也①，郹阳封人之女奔之②，生大子建。及即位，使伍奢为之师③，费无极为少师④，无宠焉⑤，欲谮诸王⑥，曰："建可室矣⑦。"王为之聘于秦，无极与逆⑧，劝王取之⑨。正月，楚夫人嬴氏至自秦⑩。

【注释】

①楚子之在蔡也：楚子：楚平王弃疾，即位前为蔡公。此句指楚平王任大夫时曾往蔡聘问。

②郹（jú）阳：蔡国邑名，在今河南新蔡。封人：管理土地边界之官。奔之：与之姘居。

③伍奢：邲之战中嬖人伍参的孙子，伍举的儿子，伍员的父亲。

④少师：也是太子的师傅，位次于太师。

⑤无宠焉：太子建不喜欢费无极。

⑥欲谮诸王：费无极将陷害太子建。

⑦可室：可娶妻。

⑧与逆：同往迎亲。

⑨劝王取之：本为太子建娶妻，费无极却劝平王自己娶此女。按，这是费无极陷害太子建所设的圈套之一。

⑩楚夫人嬴氏至自秦：即本为太子建所娶的秦女，成了楚平王的夫人。

【译文】

楚平王在蔡国时，郹阳封人的女儿私奔到他那里，生下太子建。到平王即位，派伍奢担任太子建的师傅，费无极任少师，但不得太子建的宠信，费无极想要在平王面前陷害他，说："太子建应该娶妻了。"平王为他聘秦国女，派费无极同往迎亲，费无极劝平王自己娶秦女。正月，楚平王夫人嬴氏从秦国来到楚国。

楚子为舟师以伐濮①。费无极言于楚子曰："晋之伯也②，迩于诸夏③，而楚辟陋，故弗能与争。若大城城父④，而置大子焉，以通北方，王收南方，是得天下也。"王说，从之。故大子建居于城父⑤。

令尹子瑕聘于秦，拜夫人也⑥。

【注释】

①舟师：水师。濮：即南夷，南方民族，又称百濮，聚居在今湖南北部、湖北南部。

②伯：同"霸"。

③诸夏：指中原地区。

④城父：有二处，这里指楚国城邑，在今河南宝丰。以下几句之意在将太子建调离楚都。

⑤故大子建居于城父：明年，费无极诬告太子建将据城父叛乱。

⑥令尹子瑕聘于秦，拜夫人也：拜谢嬴氏嫁与楚平王为夫人。

【译文】

楚平王用水军攻打濮。费无极对楚平王说："晋国之称霸诸侯，是由于与中原诸国接近，而楚国处在偏僻之地，所以不能和它相争。要是大规模修筑城父城墙，太子派驻那里，用来和北方通好，君王收服南方，就可以获得天下。"平王认为他说得对，就听从了。所以太子建就住到城父。

令尹子瑕到秦国聘问，是为了拜谢秦夫人嫁到楚国。

（昭公二十年）费无极言于楚子曰："建与伍奢将以方城之外叛①，自以为犹宋、郑也②，齐、晋又交辅之③，将以害楚，其事集矣④。"王信之，问伍奢。伍奢对曰："君一过多矣⑤，何信于谗？"王执伍奢。使城父司马奋扬杀大子⑥。未至，而使遣之⑦。三月，大子建奔宋。王召奋扬，奋扬使城父人执己以至⑧。王曰："言出于余口，入于尔耳，谁告建也？"对曰："臣告之。君王命臣曰：'事建如事余。'臣不佞⑨，不能苟贰⑩。奉初以还，不忍后命⑪，故遣之。既而悔之，亦无及已。"王曰："而敢来⑫，何也？"对曰："使而失命⑬，召而不来，是再奸也⑭。逃无所入⑮。"王曰："归，从政如他日⑯。"

【注释】

①将以方城之外叛：去年太子建居于城父，现在费无极诬蔑他将据守以叛。

②犹宋、郑也：将割据自成一国，像宋、郑那样。

③交：俱，一同。

④集：成功。

⑤一过：指平王夺太子建之妻。多：严重。

⑥奋扬：奋是氏，扬是名。

⑦未至，而使遣之：奋扬知道太子建被陷害，自己还没到城父，先派人通知太子建逃走。

⑧城父人：城父大夫。执己以至：把自己逮回郢都，以示服罪。

⑨不佞：不才。

⑩苟贰：苟且而怀二心。

⑪奉初以还，不忍后命：既奉王之初命必须好生事奉太子，就不忍再执行后来杀太子的命令。

⑫而：同“尔”，你。

⑬失命：没完成使命。

⑭再奸：二次违犯命令。

⑮逃无所入：无处可逃。

⑯归，从政如他日：不惩治奋扬，让他回城父，仍为城父司马。

【译文】

费无极对楚平王说：“太子建将和伍奢领着方城以外地区的人叛乱，自认为如同宋国、郑国一样，齐国、晋国又一起辅助他们，将会危害楚国，这事要成功了。”平王相信了，就质问伍奢。伍奢回答说：“君王有了一次过错已经很严重了，为何要听信谗言？”平王逮捕了伍奢，派城父司马奋扬去杀太子建。奋扬还没到达，先派人通知太子逃走。三月，太子建逃往宋国。平王召回奋扬，奋扬让城父大夫把自己押到郢都。平王说：“话出自我的口，进入你的耳，是谁告给太子建的？"奋扬回答说："是下臣告诉的。君王命令下臣说：'事奉太子建要如同事奉我一样。'下臣不才，不能苟且违背。奉了起初的命令，就不忍心执行后来的命令，所以让他逃走了。事后又感到后悔，但也来不及了。"平王说："你敢回来，究竟因为什么？"奋扬回答说："接受使命而没有完成，召我再不回来，是再次违背命令，而且也无处可逃。"平王说："你回去吧，还跟以往那样履行政务。"

无极曰："奢之子材，若在吴，必忧楚国①，盍以免其父召之②。彼仁，必来。不然，将为患。"王使召之，曰："来，吾免而父。"棠君尚谓其弟员曰③："尔适吴，我将归死。吾知不逮④，我能死，尔能报⑤。闻免父之命，不可以莫之奔也⑥；亲戚为戮⑦，不可以莫之报也。奔死免父，孝也；度功而行，仁也⑧；择任而往，知也⑨；知死不辟⑩，勇也。父不可弃，名不可废⑪，尔其勉之！相从为愈⑫。"伍尚归。奢闻员不来，曰："楚君、大夫其旰食乎⑬！"楚人皆杀之⑭。

【注释】

① 必忧楚国：如果为吴国所用，必成楚国之忧。

② 盍：何不。

③ 棠君：伍员之兄伍尚，伍尚时为棠邑大夫，所以称为棠君。员（yún）：即伍员，字子胥，二人都是伍

奢儿子。

④吾知不逮：我的才智不及你。

⑤尔能报：报，报仇。意为一人归郢都，与父同死；一人逃吴，报仇雪恨。

⑥不可以莫之奔也：楚王既以免父死之命来召，不可无人前往。

⑦亲戚：指父兄。

⑧度功而行，仁也：估计能成功而去做，是仁。

⑨择任而往，知也：知道伍员才干比自己强，让他逃吴，是明智之举。知，同"智"。

⑩辟：同"避"。

⑪父不可弃，名不可废：兄弟都出逃是弃父，兄弟都死，无人报仇，是废名。

⑫相从为愈：希望伍员听自己的话。

⑬其旰食乎：连吃饭都不得安稳了。其，恐怕。旰食，晚食。

⑭楚人皆杀之：杀伍奢、伍尚父子。

【译文】

费无极说："伍奢的儿子都有才能，要是到吴国，必定成为楚国的忧患，何不用赦免其父的名义召回他们。他们仁爱，一定会来。不然的话，将成为祸患。"平王派人召他们，说："回来吧，我赦免你们的父亲。"棠邑大夫伍尚对弟弟伍员说："你去吴国吧，我打算回去受死。我的才智不如你，我能受死，你能报仇。听到赦免父亲的命令，不能没人回去；亲人被杀戮，不能没人报仇。奔向死亡而使父亲免死，是孝；估计功效而后行动，是仁；选择合适的任务而前往，是明智；明知死而不逃避，是勇敢。父亲不可丢弃，名誉不可废弃，你好好努力吧！希望你听从我的话。"伍尚回去了。伍奢听说伍员不回来，说："楚国的国君、大夫将要吃不好饭了！"楚国把伍奢父子都杀了。

　　员如吴，言伐楚之利于州于①。公子光曰："是宗为戮，而欲反其仇，不可从也②。"员曰："彼将有他志③。余姑为之求士，而鄙以待之④。"乃见鱄设诸焉⑤，而耕于鄙⑥。

【注释】

①州于：即吴王僚。

②"是宗为戮"三句：此认为伍员只为报私仇而利用吴国，不可依从。反其仇，报仇。

③彼：吴公子光。他志：别有用心，指夺位之心。

④"余姑为之"二句：伍员知道公子光不用自己，于是准备为之物色勇士以助成其事，自己退居郊外等待时机。鄙，郊外，乡野。

⑤见：引见。鱄（zhuān）设诸，即鱄诸。

⑥而耕于鄙：伍员自己耕于边鄙之处。按，鲁昭公二十七年，公子光杀吴王僚。

【译文】

伍员逃到吴国，向州于陈说攻打楚国的好处。公子光说："这个人的家族被杀戮，他是想报仇，不能听从他。"

伍员说："公子光将有异志。我姑且替他寻求勇士，住在郊外等待机会。"于是向他推荐了鱄设诸，自己则在郊外耕地，等待时机。

王子朝告诸侯书　昭公二十六年

　　王子朝，周景王庶长子，又称子朝。鲁昭公二十二年（前520），周景王死，国人立长子猛。王子朝攻猛争位，晋国出兵助猛，不久猛死，立其弟丐，是为敬王。第二年，王子朝入王城，周敬王反而居泽邑。王子朝与敬王，如二王并存。鲁昭公二十六年，周敬王起兵，攻王子朝，王子朝携周之典籍逃奔楚国。这就是周室王子朝之乱。王子朝为乱，给周朝带来五年的动荡。此文乃是王子朝为自己辩解的文字，其中不乏诡辩之词。但文中历数周室自武王以后的变乱，文辞整饬，颇有气势。吴曾祺曰："此文工绝，在春秋文告当为第一篇文字。"（韩席筹《左传分国集注》）在诏令体的文章中，当可为典范。

王子朝使告于诸侯曰:

昔武王克殷,成王靖四方①,康王息民,并建母弟,以蕃屏周②,亦曰:'吾无专享文、武之功,且为后人之迷败倾覆而溺入于难,则振救之③。'至于夷王④,王愆于厥身⑤,诸侯莫不并走其望,以祈王身⑥。至于厉王,王心戾虐,万民弗忍,居王于彘⑦。诸侯释位,以间王政⑧。宣王有志,而后效官⑨。至于幽王,天不吊周,王昏不若,用愆厥位⑩。携王奸命⑪,诸侯替之,而建王嗣⑫,用迁郏鄏⑬。则是兄弟之能用力于王室也⑭。至于惠王,天不靖周⑮,生颓祸心⑯,施于叔带⑰,惠、襄辟难,越去王都⑱。则有晋、郑咸黜不端⑲,以绥定王家。则是兄弟之能率先王之命也。在定王六年⑳,秦人降妖㉑,曰:'周其有頿王㉒,亦克能修其职,诸侯服享㉓,二世共职。王室其有间王位㉔,诸侯不图,而受其乱灾。'至于灵王㉕,生而有頿。王甚神圣,无恶于诸侯。灵王、景王克终其世㉖。

【注释】

① "昔武王"二句:指成王在位时平定武庚、管叔、蔡叔的叛乱。

② "康王息民"三句:成王、康王分封同母兄弟,以保卫周室。蕃屏,保卫。

③ "且为后人"二句:且后代一旦荒淫败坏,陷于危难,则可拯救。按,成王、康王之际,天下安宁,

号称"成康之治"。

④夷王：周厉王父亲。

⑤王愆于厥身：身染恶疾。愆，恶疾。

⑥并走其望，以祈王身：诸侯各祭其名山大川，为夷王祈福。

⑦居王于彘（zhì）：将厉王流放于彘。彘，古地名。在今山西霍县。

⑧释位：离开国内的职位。间：参与。指周厉王被逐之后，共伯和受诸侯拥戴，代行王政。周厉王死后，始归政于周宣王。

⑨效官：归政于周宣王。

⑩用愆厥位：因此失去王位。用，因此。愆，失去。

⑪携王：王子馀臣。

⑫诸侯替之，而建王嗣：幽王死后，虢公翰拥立王子馀臣为王，至周平王二十一年被晋文公杀死。王嗣，指周平王，本为太子，幽王死后，为鲁、郑等国拥立，东迁洛阳。

⑬郏鄏：古地名，在今河南洛阳。

⑭兄弟：指分封的诸侯。

⑮天不靖周：老天不让周朝安定。

⑯颓：王子颓，周惠王叔叔。生颓祸心：指王子颓之乱，在鲁庄公十九年传。

⑰施（yì）：延及。带：王子带，周襄王弟。王子带作乱，在鲁僖公二十四年。

⑱越去王都：出奔王城。二王子作乱时，惠王、襄王

出奔。

⑲则有晋、郑咸黜不端：指郑国支持惠王回国，攻灭
　王子颓；晋国支持襄王回国，攻灭王子带。咸，都。

⑳在定王六年：定王六年为鲁宣公八年。

㉑秦人降妖：秦国出现妖言。

㉒周其有頿（cī）王：意思是周朝会出现一长胡子的天
　子。頿，同"髭（cī）"，嘴上的胡须。

㉓诸侯服享：诸侯能顺从服从。

㉔间王位：乘隙干求王位，指王子猛与敬王。诸侯不
　图，而受其乱灾：这是王子朝借妖言为自己造舆
　论，说有人觊觎王位，诸侯却不起来铲除。

㉕灵王：周定王孙子。

㉖灵王、景王克终其世：二王能善始善终。景王，灵
　王儿子。

【译文】

王子朝遣使报告诸侯说：

昔日武王战胜殷商，成王安定四方，康王与民休养生
息，一起分封同母兄弟，以作为周朝的屏障，还说：'我不
能单独安享文王、武王的功业，同时还为了后代一旦荒淫
败乱，陷入危难时，可以得到救援。'到了夷王，他恶疾
缠身，诸侯无不奔走遍祭境内名山大川，为他的健康祈祷。
到厉王时，他的内心乖张暴虐，百姓无法忍受，就让他住
到彘地。诸侯都离开其君位，来参与王朝的政事。宣王富
有智慧，诸侯就把王位奉还给他。到了幽王，上天不保佑
周朝，天子昏聩不贤，因此失去王位。携王违背天命，诸

侯废黜了他，另立王位继承人，并由此迁都郏鄏。这就是由于兄弟们能为王室效力的缘故啊。到了惠王，上天不让周朝安定，使颓生出祸心，延及于叔带，惠王、襄王出逃避难，离开了国都。这时候便有晋国、郑国都来消灭那些作乱者，以平定王室。这是因为兄弟们能奉行先王的命令。定王六年时，秦国流传妖言，说："周朝会有个长胡子的天子，也还能够修明自己的职责，诸侯顺服而享有国家，两代都恭敬地谨守本职。王室中有人觊觎王位，诸侯不为王室出谋出力，结果蒙受动乱和灾祸。"到了灵王，生下就有胡子。灵王十分神敏圣明，对诸侯没有做什么错事。灵王、景王都能善终。

今王室乱，单旗、刘狄剥乱天下①。壹行不若②，谓'先王何常之有？唯余心所命，其谁敢讨之③？'帅群不吊之人④，以行乱于王室。侵欲无厌，规求无度⑤，贯渎鬼神⑥，慢弃刑法⑦，倍奸齐盟⑧，傲很威仪⑨，矫诬先王⑩。晋为不道，是摄是赞⑪，思肆其罔极⑫。兹不穀震荡播越，窜在荆蛮，未有攸厎⑬。若我一二兄弟甥舅奖顺天法⑭，无助狡猾⑮，以从先王之命，毋速天罚，赦图不穀⑯，则所愿也。敢尽布其腹心及先王之经⑰，而诸侯实深图之。

昔先王之命曰："王后无適⑱，则择立长。年钧以德，德钧以卜⑲。"王不立爱⑳，公卿无私，古之制也。穆后及大子寿早夭即世㉑，单、刘赞私立少㉒，以间先王㉓，亦唯伯仲叔季图之㉔！"

闵马父闻子朝之辞，曰："文辞以行礼也。子朝干景之命㉕，远晋之大㉖，以专其志㉗，无礼甚矣，文辞何为？"

【注释】

①单旗：即单穆公，周朝臣子。刘狄：即刘文公，刘蚠，周朝臣子。剥：乱。

②壹行不若：专门倒行逆施。壹，专。

③唯余心所命，其谁敢请之：意思是立谁为王，本无成法，唯我所立，谁敢干涉。这是王子朝转述单、刘的意思。

④不吊：不善。

⑤侵欲无厌，规求无度：侵吞无厌，贪求无度。

⑥贯：同"惯"，惯于。渎：亵渎。

⑦慢：轻慢，无视。

⑧倍：同"背"。齐盟，斋盟。

⑨傲很威仪：蔑视威仪。

⑩矫诬：诈伪不实之词。先王：指景王。

⑪摄、赞：赞助。

⑫思肆其罔极：指晋国支持、放纵单、刘的无道无厌。肆，放肆。罔极，无限度。

⑬"兹不穀"三句：是说自己动荡流离，逃窜在外，无所归宿。不穀，王子朝自称。未有攸底，未有所止。

⑭兄弟：指同姓诸侯。甥舅：指异姓诸侯。

⑮狡猾：指单、刘及敬王等人。

⑯赦图不穀：赦，为自己除去忧愁。图，为自己解难。
　王子朝希望诸侯弃敬王而拥戴自己。

⑰先王之经：先王之命。

⑱適：同"嫡"。无嫡，无嫡长子。

⑲年钧以德，德钧以卜：年龄相同则立有德者，德相
　当则由占卜而定。

⑳不立爱：不因偏爱而立之。

㉑穆后及大子寿夭即世：此事在鲁昭公十五年。

㉒赞私立少：己意偏私而立敬王。

㉓间：违背。

㉔亦唯伯仲叔季图之：王子朝以天子自居，指责敬王
　篡位，希望诸侯拥立自己。伯仲叔季，泛指诸侯。

㉕干景之命：指违反景王遗命，立王猛为太子。

㉖远晋之大：疏远晋国这样的大国。

㉗专其志：一心想做天子。

【译文】

　　现在王室动乱，单旗、刘狄搅乱天下，专门倒行逆施，认为"先王即位有什么常规？我想立谁就立谁，有谁敢来声讨？"带领一群不轨之徒，在王室中制造混乱。他们贪心不足，贪求无度，一贯亵渎鬼神，轻慢蔑弃刑法，违背侵犯盟约，蔑视礼仪，诬蔑先王。晋国无道，对他们支持赞助，想要放纵其永不满足的欲望。现在不穀动荡流离，逃窜在荆蛮，没有归宿。如果我的一二兄弟甥舅能顺从上天的法度，不帮助不轨之徒，而听从先王的命令，不招致上天的惩罚，除去不穀的忧患，那正是不穀所希望的。谨

此尽情披露内心所想和先王的命令，希望诸侯们深思熟虑。

往昔先王的命令说："王后没有嫡子，就选择立长子。年纪相当就根据其德行，德行相当就由占卜确定。"天子不立偏爱的人，公卿没有私心，这是古代的制度。穆后和太子寿早年去世，单、刘二人偏私立了年幼者，违反了先王的命令，也请诸侯们好好思虑一番！"

闵马父听到王子朝这番说辞，说道："文辞是用来实行礼的。王子朝违背景王的命令，疏远晋国这个大国，一心想做天子，真是无礼到了极点，文辞又有什么用？"

鲟设诸刺吴王僚　昭公二十七年

　　伍子胥逃到吴国后，知道吴公子光有异志，决意要帮助他，于是推荐鲟设诸以完成其事。此篇写得惊心动魄，特别是写鲟设诸刺吴王僚的一幕，整个场面充满着阴冷的杀机，残酷的氛围，但是鲟设诸却在这样的戒备森严中刺杀了吴王僚。作者在场景的描绘与气氛的烘托中突出了鲟设诸的胆量和勇敢，突出了人物性格。

吴子欲因楚丧而伐之①，使公子掩馀、公子烛庸帅师围潜②。使延州来季子聘于上国③，遂聘于晋，以观诸侯④。楚莠尹然、王尹麇帅师救潜⑤，左司马沈尹戌帅都君子与王马之属以济师⑥，与吴师遇于穷⑦。令尹子常以舟师及沙汭而还⑧。左尹郤宛、工尹寿帅师至于潜，吴师不能退⑨。

　　吴公子光曰："此时也⑩，弗可失也。"告鱄设诸曰："上国有言曰：'不索，何获⑪？'我，王嗣也，吾欲求之⑫。事若克，季子虽至，不吾废也⑬。"鱄设诸曰："王可弑也。母老、子弱，是无若我何⑭？"光曰："我，尔身也⑮。"

【注释】

①楚丧：去年楚平王死。

②掩馀、烛庸：都是吴王僚同母弟弟。潜，古地名。在今安徽霍山。

③季子：即季札，本封延陵，后又封州来，故称延州来。上国：吴对中原各国的尊称。

④以观诸侯：与晋国结好，以为援助，并观察诸侯的强弱与态度。

⑤莠尹、王尹：楚国官名。然、麇，二人名。

⑥都君子：居于下边都邑的贵族子弟。王马之属：楚王养马官属。二者本不服兵役，因事急而征发他们。济师：增援。

⑦穷：古地名。在今安徽霍丘。

⑧沙汭：沙水入淮口，在今安徽怀远。

⑨左尹郤宛、工尹寿帅师至于潜，吴师不能退：楚国
　遇穷之师在前阻挡，到达潜的军队断了吴军的后
　路，前后夹攻，楚军又强盛，吴军进退维谷。

⑩时：夺取王位的时机。此时吴国大军在外，国内空虚。

⑪不索，何获：现在不求取，更待何时？

⑫我，王嗣也，吾欲求之：吴王寿梦生四个儿子：诸
　樊、馀祭、夷昧、季札，兄弟相约兄终弟继，轮到
　季札时，季札不受，夷昧儿子僚继父而立。公子光
　为诸樊儿子，认为季札不受，当由自己嗣立。

⑬季子虽至，不吾废也：即便季札聘晋归来，也无妨害。

⑭若我何：奈何，怎么安排。即欲把母、子托付给公
　子光。

⑮我，尔身也：我身即你身——公子光接受托付。

【译文】

　　吴王想借楚国丧事的机会讨伐它，派公子掩馀、公子
烛庸领兵包围潜邑。派延州来季子到中原各国聘问，先去
晋国聘问，借此观察诸侯的情况。楚国莠尹然、王尹麇率
兵救援潜邑，左司马沈尹戌带领都邑的贵族子弟组成的亲
兵和王马的部属去增援，与吴军在穷地相遇。令尹子常带
着水军到沙汭后就回师。左尹郤宛、工尹寿带兵到达潜，
吴军被阻不能退却。

　　吴国公子光说："现在是机会，不能失去。"告诉鳝设
诸说："中原国家有句话说'不去寻求，怎能得到？'我是
王位的继承者，我想得到它。事情要是成功，季札即便回

来，也不可能废掉我。"鲑设诸说："吴王可以杀掉。但我母亲年老儿子幼小，要是我死了他们怎么办？"公子光说："我就是你。"

夏四月，光伏甲于堀室而享王①。王使甲坐于道及其门②。门、阶、户、席，皆王亲也③，夹之以铍④。羞者献体改服于门外⑤。执羞者坐行而入⑥，执铍者夹承之，及体，以相授也⑦。光伪足疾⑧，入于堀室。鲑设诸置剑于鱼中以进⑨，抽剑刺王，铍交于胸⑩，遂弑王。阖庐以其子为卿⑪。

季子至，曰："苟先君无废祀⑫，民人无废主⑬，社稷有奉，国家无倾，乃吾君也，吾谁敢怨⑭？哀死事生⑮，以待天命。非我生乱，立者从之⑯，先人之道也。"复命哭墓⑰，复位而待⑱。吴公子掩馀奔徐，公子烛庸奔钟吾⑲。楚师闻吴乱而还⑳。

【注释】

① 甲：武士。堀室：地下室。

② 王使甲坐于道及其门：吴王僚也布置甲士以备非常之变。坐，待。

③ 皆王亲也：都是吴王僚的亲兵。

④ 夹之以铍（pī）：以剑夹着。吴王僚防备森严。铍，剑。

⑤ 羞者：进食的人。献体：露体更衣。送食物者在门外解衣检查，更换衣服，才能入内。

⑥ 执羞者：进食者。坐行：膝行。

⑦ "执铍者"三句：吴王僚亲兵用剑夹着进食者，剑刃几乎碰到进食者的身体，然后才将菜递给吴王僚身旁侍者，由侍者献上。

⑧ 伪足疾：假装脚有病。

⑨ 置剑于鱼中：藏剑于做菜的鱼肚子中。

⑩ 铍交于胸：剑刺中了鱄设诸的胸。

⑪ 阖庐：公子光即位，是为吴王阖庐。其子：指鱄设诸儿子。

⑫ 苟先君无废祀：不废弃先君的祭祀。

⑬ 民人无废主：百姓不废弃国君。

⑭ "社稷有奉"四句：阖庐杀君自立，既成事实，季札只有承认。

⑮ 死：指王僚。生：指阖庐。

⑯ 立者从之：谁立为君，就服从谁。

⑰ 复命哭墓：聘晋为吴王僚所遣，所以到吴王僚墓前报告使命。

⑱ 复位而待：回到原来的位子，等待阖庐之命。

⑲ 吴公子掩馀奔徐，公子烛庸奔钟吾：徐、钟吾都是小国。钟吾，古地名。在今江苏宿迁。

⑳ 楚师闻吴乱而还：因吴内乱，楚国径自撤兵。

【译文】

夏四月，公子光在地下室埋伏甲士而设享礼宴请吴王。吴王派甲士遍布道路两边直到公子光家门口。大门、台阶、内室门、酒席边，都是吴王的亲兵，都持剑而立。上菜的人要在门外脱光衣服改换另外的衣服。端菜的人膝行而入，持剑甲士夹着他，剑尖都快要顶到身体，然后递上菜给侍者。公子光假装脚疾，躲进地下室。鱄设诸把剑藏在鱼腹中端进去，抽出剑猛刺吴王，自己也被两旁的剑交叉刺入胸部，结果还是刺死吴王。阖庐任命鱄设诸的儿子为卿。

　　季札回到国内，说："如果先君的祭祀不被废除，民众不废弃君主，社稷之神有人供奉，国家不会倾覆，那么他就是我的国君，我又敢怨恨谁呢？我将哀悼死者事奉生者，以待天命。不是我发起动乱，谁做国君我就服从谁，这是祖先的常规。"于是到吴王僚墓前复命哭泣，回到自己的职位等待命令。吴国公子掩馀逃往徐国，公子烛庸出逃钟吾国。楚军得知吴国内乱便撤军。

费无极谮杀郤宛　昭公二十七年

　　楚国的费无极是个阴谋家的典型。鲁昭公二十年，他诬陷太子建和伍奢，这一年又要陷害郤宛。由此造成了楚国不息的内乱。可以说，费无极是个以谗言杀人的行家里手。费无极的手段，是采用巧言曼语的蒙骗，心怀叵测的挑拨，无中生有的陷害，以达到除掉他的政敌如郤宛的目的。当然，由于楚王的糊涂，令尹子常的贪贿信谗，使得费无极的阴谋一一得逞。不过，费无极的倒行逆施，终于引发国人的愤怒，最后被杀。作者对费无极的揭露可谓淋漓尽致。

郤宛直而和①，国人说之②。鄢将师为右领③，与费无极比而恶之④。令尹子常贿而信谗，无极谮郤宛焉⑤，谓子常曰："子恶欲饮子酒⑥。"又谓子恶："令尹欲饮酒于子氏。"子恶曰："我，贱人也，不足以辱令尹⑦。令尹将必来辱，为惠已甚⑧。吾无以酬之⑨，若何？"无极曰："令尹好甲兵，子出之，吾择焉⑩。"取五甲五兵⑪，曰："置诸门，令尹至，必观之，而从以酬之⑫。"及飨日，帷诸门左⑬。无极谓令尹曰："吾几祸子。子恶将为子不利，甲在门矣，子必无往⑭！且此役也⑮，吴可以得志⑯，子恶取赂焉而还，又误群帅，使退其师，曰：'乘乱不祥'⑰，吴乘我丧，我乘其乱，不亦可乎？"令尹使视郤氏，则有甲焉⑱。不往，召鄢将师而告之⑲。将师退，遂令攻郤氏，且焚之⑳。子恶闻之，遂自杀也。国人弗焚㉑，令曰："不焚郤氏，与之同罪。"或取一编菅焉，或取一秉秆焉㉒，国人投之，遂弗焚也㉓。令尹炮之㉔，尽灭郤氏之族党，杀阳令终与其弟完及佗，与晋陈及其子弟㉕。晋陈之族呼于国曰："鄢氏、费氏自以为王㉖，专祸楚国，弱寡王室，蒙王与令尹以自利也㉗。令尹尽信之矣，国将如何？"令尹病之㉘。

【注释】

①郤宛：又称子恶。直而和：正直而温和。

②说：同"悦"。

③右领：楚国官名。

④比（bì）：勾结。

⑤"令尹子常"二句：子常：即囊瓦。赂，贪求贿赂。
谮：诬陷。

⑥子恶欲饮子酒：说郤宛打算请子常喝酒。子恶，即
郤宛，也即子氏。

⑦辱：让令尹屈尊前来。

⑧将必来辱，为惠已甚：指令尹如果光临，恩惠极大。

⑨酬：奉献礼物以为报答。

⑩子出之，吾择焉：意为让郤宛摆出好的皮甲武器，
为他挑选，以备献给子常。

⑪五兵：五种兵器。

⑫"置诸门"四句：这是费无极教给郤宛的主意。实
为设圈套。

⑬帷诸门左：郤宛按费无极所教的办，将五甲兵放在
门边帷帐里。

⑭子必无往：叫子常不要前往。暗示郤宛将谋杀子常。

⑮且此役也：指前文楚国救潜抗吴之役。

⑯吴可以得志：楚国本可战胜吴国。

⑰"子恶取赂焉而还"四句：意思是指郤宛退兵，是
受了吴人的贿赂，而假意说是当时吴有内乱，不要
乘人之危。

⑱令尹使视郤氏，则有甲焉：子常信谗，派人去郤宛
家并发现了兵器，相信了费无极的话。

⑲告之：告诉鄢将师郤宛要害自己。

⑳爇（ruò）：焚烧。

㉑国人弗爇：郤宛得到国人的拥护，不愿意烧。

㉒菅（jiān）：茅草。编菅，盖屋的茅草。一秉：一把。秆：禾茎。编菅和秆都是用来烧郤宛的。

㉓投之：国人夺走编菅和秆遂。弗爇也：不让烧郤宛家。

㉔炮之：焚烧郤宛家。

㉕杀阳令终与其弟完及佗，与晋陈及其子弟：以上诸人都是郤宛的同党。阳令终，阳匄（即令尹子瑕）的儿子。晋陈，楚国大夫。

㉖鄢氏、费氏自以为王：当时楚昭王年幼，二人横行无忌，以君王自居。

㉗蒙：欺骗，蒙蔽。

㉘令尹病之：费无极的倒行逆施，已引起众怒，令尹子常感到担心。

【译文】

郤宛为人正直而温和，国人很喜欢他。鄢将师任右领，与费无极朋比为奸而憎恨郤宛。令尹子常贪财而听信谗言，费无极就进谗诬陷郤宛，对子常说："郤宛打算请您喝酒。"又对郤宛说："令尹想到你家喝酒。"郤宛说："我是地位低贱的人，不配令尹屈尊前来。令尹一定要屈尊光临，对我的恩惠实在太大，我没什么可以回报，怎么办？"费无极说："令尹喜好皮甲兵器，你拿出来，我帮你挑选。"郤宛取出五付皮甲、五件兵器，费无极说："把它们放在门口，令尹来了，一定会观看，就乘机送给他。"到了请客的日子，郤宛把甲兵放在门左边的帷幕里。无极对令尹说：

"我差一点儿害了您。郤宛准备对您下毒手，皮甲都安放在门边了，您千万不要去！况且这次潜地的战役，我国本来可以得胜，但因郤宛接受了贿赂而撤军，又误导各位将领，让他们退兵，说：'乘别人有动乱而进击是不吉祥的。'其实吴国乘我们有丧事，我们乘其动乱，不也是可行的吗？"令尹派人去郤宛家察看，果然有皮甲在。就不去，并召来鄢将师告知情况。鄢将师退出后，就下令进攻郤宛，并且放火烧房。郤宛得知消息，就自杀了。民众不肯放火烧房，鄢将师下令说："不烧郤宛家的，和郤宛一同治罪。"有的人拿来一张盖屋的茅草，有的人拿来一把稻草，民众都把它扔掉了，因此没有烧起来。令尹派人烧了郤宛家，把郤氏族人全都杀掉，还杀了阳令终与他的弟弟完、佗，以及晋陈和他的子弟。晋陈的族人在国都大喊："鄢氏、费氏以君王自居，专权而祸乱楚国，削弱孤立王室，蒙骗楚王和令尹来为自己谋利。令尹已完全相信他们了，国家将要怎么办？"令尹听了很担心。

楚郤宛之难，国言未已^①，进胙者莫不谤令尹^②。沈尹戌言于子常曰："夫左尹与中厩尹^③，莫知其罪，而子杀之^④，以兴谤讟^⑤，至于今不已。戌也惑之：仁者杀人以掩谤^⑥，犹弗为也。今吾子杀人以兴谤而弗图^⑦，不亦异乎？夫无极，楚之谗人也，民莫不知。去朝吴^⑧，出蔡侯朱^⑨，丧大子建，杀连尹奢^⑩，屏王之耳目^⑪，使不聪明^⑫。不然，平王之温惠共俭，有过成、庄，无不及焉^⑬。所以不获诸侯，迩无极也⑭。今又杀三不辜⑮，以兴大谤，几及子矣。子而不图，将焉用之⑯？夫鄢将师矫子之命⑰，以灭三族。三族，国之良也，而不愬位⑱。吴新有君⑲，疆场日骇⑳，楚国若有大事㉑，子其危哉！知者除谗以自安也㉒，今子爱谗以自危也，甚矣，其惑也！"子常曰："是瓦之罪㉓，敢不良图㉔！"九月己未㉕，子常杀费无极与鄢将师，尽灭其族，以说于国。谤言乃止。

【注释】

①国言未已：国内怨言不息。

②进胙（zuò）者：有资格分得胙肉的人。胙，祭肉。诸侯祭祀，祭后必分祭肉给卿大夫。

③左尹：郤宛。中厩尹：阳令终。

④莫知其罪，而子杀之：指二人无辜被杀。莫，无人。

⑤谤讟（dú）：怨言。

⑥掩谤：掩盖谤怨。

⑦杀人以兴谤而弗图：杀人兴谤，却不考虑补救办法，实在奇怪。

⑧去朝吴：鲁昭公十五年，费无极挑拨朝吴与蔡人的关系，遂使蔡人逐朝吴。

⑨出蔡侯朱：鲁昭公二十一年，费无极取货于蔡平侯之弟，欲害蔡太子朱，造谣于蔡。

⑩杀连尹奢：即杀伍奢。事见昭公二十年"伍员奔吴"。

⑪屏：遮挡。

⑫聪明：耳听得清为聪，眼看得清为明。

⑬平王之温惠共俭，有过成、庄，无不及焉：平王受费无极蒙蔽，否则，其温和仁慈超过成王、庄王。

⑭迩无极也：迩，接近。接近费无极。

⑮三不辜：指郤氏、阳氏、晋陈氏。

⑯焉用之：何必用令尹。

⑰矫：假传。

⑱不愆（qiān）位：在位没过错。

⑲吴新有君：指吴王阖庐刚立为君。

⑳疆场日骇：楚、吴二国边境日益紧张。骇，惊惧。

㉑大事：指战争。

㉒知者除谗以自安：聪明人是排除谗言以安定自己。下句"今子爱谗以自危也"，则刚好相反。

㉓瓦：囊瓦，字子常。

㉓良图：好好考虑。

㉔己未：十四日。

【译文】

楚国郤宛的祸难，国内怨言不断，凡有资格分胙肉的人没有不指责令尹的。沈尹戌对令尹子常说："左尹和中厩尹无人知晓其罪，而你却杀了他们，招致怨言，直到现在还没止息。我感到很困惑：仁爱者用杀人来掩盖指责，尚且不可这样做。现在您杀了人而招致指责，却不考虑补救，这不奇怪吗？况且费无极是楚国的谗佞小人，民众无人不知。他除掉朝吴，赶走蔡侯朱，丧失太子建，杀了连尹奢，蒙蔽君王的耳目，让他耳不聪眼不明。不然的话，平王的温和恭俭，超过了成王、庄王，而没有不及之处。他所以得不到诸侯的拥护，就是因为亲近费无极。现在又杀了三个无辜者，引起极大不满，几乎要拖累您了。您如果不考虑解决，还用您这位令尹干吗？鄢将师假传您的命令，灭了三族。这三族是国家的良材，在位并没有过错。吴国刚刚立了新君，边境日益紧张，楚国如果发生战事，您可就危险了！聪明人去除谗佞者以使自己安全，现在您却喜爱进谗者而使自己危险，您也太过昏聩糊涂了！"子常说："的确是我的罪过，怎敢不好好考虑！"九月十四日，子常杀了费无极和鄢将师，灭绝其宗族，以取悦于国人，指责的言论才平息下来。

吴楚柏举之战　定公四年、五年

　　吴国本是东南蛮夷小国，虽为周太王太伯之后，但与中原长久断了来往。到吴寿梦之后，吴始日益强大，且称王。鲁成公七年（吴寿梦三年）楚之大夫巫臣从晋使吴，寿梦悦之，吴乃始通中原诸国。巫臣在吴教吴战阵，唆使吴叛楚。于是吴开始伐楚。鲁定公三年，楚国贪财的令尹子常扣留了蔡国和唐国的国君，第二年，吴、蔡、唐联军伐楚。柏举一战，楚人大败，吴人进入郢都。但是，吴人进入郢都后，却只知争财夺利，再加上申包胥乞师秦廷，楚国终于夺回郢都。吴楚柏举之战是《左传》中最后一次大战，楚国的失败和吴国的撤出郢都，都是内乱带来的结果。政平、国治、民安、将帅和，才是取胜的资本。这是作者所要表现的战争思想。作者详写了战争中的谋略和细节，似小说笔法。此外，此篇所写的申包胥泣秦廷，成为影响深远的爱国者的形象。

（定公四年）沈人不会于召陵①，晋人使蔡伐之。夏，蔡灭沈。

秋，楚为沈故，围蔡②。伍员为吴行人以谋楚③。

楚之杀郤宛也④，伯氏之族出⑤。伯州犁之孙嚭为吴大宰以谋楚⑥。楚自昭王即位，无岁不有吴师⑦。蔡侯因之⑧，以其子乾与其大夫之子为质于吴⑨。

【译文】

沈国不肯参加召陵盟会，晋国派蔡国讨伐它。夏，蔡国灭亡沈国。

秋，楚国因为沈国的缘故，包围蔡国。伍员任吴国行人谋划进攻楚国。

楚国杀死郤宛时，伯氏的族人出逃国外。伯州犁的孙子伯嚭任吴国太宰，谋划攻打楚国。楚国自从昭王即位以来，没有一年不受到吴军袭击。蔡昭侯也依附吴国，把儿子乾和大夫的儿子送到吴国当人质。

冬，蔡侯、吴子、唐侯伐楚①，舍舟于淮汭②，自豫章与楚夹汉③。左司马戌谓子常曰④："子沿汉而与之上下⑤，我悉方城外以毁其舟，还塞大隧、直辕、冥厄⑥。子济汉而伐之⑦，我自后击之，必大败之。"既谋而行。武城黑谓子常曰⑧："吴用木也，我用革也，不可久也⑨，不如速战。"史皇谓子常⑩："楚人恶子而好司马⑪。若司马毁吴舟于淮，塞城口而入⑫，是独克吴也。子必速战！不然，不免⑬。"乃济汉而陈，自小别至于大别⑭。三战，子常知不可，欲奔⑮。史皇曰："安求其事⑯，难而逃之，将何所入⑰？子必死之，初罪必尽说⑱。"

【注释】

①吴子：即吴王阖庐，名光，鲁昭公二十八年杀吴王僚自立。唐侯：唐成公。蔡、唐二君常受楚国凌辱，故联吴攻楚。

②舍舟于淮汭：吴军到达淮汭，弃船登陆攻击楚国。淮，淮水。汭，河岸凹曲处。

③自豫章与楚夹汉：吴军从豫章进发，与楚军夹汉水对峙。

④左司马戍：沈尹戍。子常：平王时令尹，名瓦，又称囊瓦。

⑤沿汉而与之上下：紧守汉水沿岸，上下堵截，不让吴军渡水。

⑥还塞：沈尹戍将以方城外全部楚军抄袭吴军背后，毁坏吴军船只而断其退路。大隧、直辕、冥厄：地名，在今河南、湖北交界的三个关隘。

⑦子济汉而伐之：意指等沈尹戍截住吴军归路后，子常再渡过汉水来攻打吴军。

⑧武城黑：楚国武城大夫，名黑。

⑨"吴用木也"三句：革车是用胶把皮革粘饰在车表面，虽然美观，但不耐雨湿，不可久战。木是栈车。用木、用革，都指兵车。

⑩史皇：楚国大夫。

⑪司马：即沈尹戍。

⑫城口：指上述大隧等三关。

⑬不然，不免：史皇怕沈尹戍独占其功，唆使子常不用沈尹戍的战略。不免，不免于罪。

⑭自小别至于大别：没等沈尹戍做好准备，子常先出击。小别，小别山，在今湖北汉川，汉水以北。大别，大别山，在今湖北汉阳东北。

⑮欲奔：知道不能战胜吴军，准备撤军逃走。

⑯安求其事：国安之时就想过问政事。

⑰"难而逃之"二句：有危难时就想逃跑，又能逃到哪里去？

⑱"子必死之"二句：只有拼死一战，才可解脱前罪。说，同"脱"。

【译文】

冬，蔡昭侯、吴王阖庐、唐成公进攻楚国。在淮河边弃舟登岸，从豫章进发，与楚军隔汉水对峙。左司马沈尹戌对子常说："您沿着汉水与他们上下周旋，我带领方城外的所有人马去毁掉吴军的战船，再回头堵塞大隧、直辕、冥厄。您渡过汉水进击他们，我从后面进攻，必然把他们打得大败。"商量好就出发了。武城黑对子常说："吴国战车用的是木头，我们用的是皮革蒙车，遇雨不能持久，不如速战。"史皇对子常说："楚国人讨厌您而喜欢司马。要是司马在淮水毁掉吴国战船，堵塞城口而回兵，那可就是他单独战胜吴国了。您一定要速战，不然将不免于祸难。"子常便渡过汉水摆开阵势，从小别山直到大别山。打了三战，子常发现不能获胜，想逃走。史皇说："平安无事时您争要权力，有急难就逃走，您想逃到哪里去？您一定要拼死作战，以前的罪责才能全部免除。"

十一月庚午，二师陈于柏举①。阖庐之弟夫槩王晨请于阖庐曰②："楚瓦不仁，其臣莫有死志③，先伐之，其卒必奔；而后大师继之，必克。"弗许④。夫槩王曰："所谓'臣义而行⑤，不待命'者，其此之谓也。今日我死，楚可入也⑥。"以其属五千先击子常之卒。子常之卒奔⑦，楚师乱，吴师大败之。子常奔郑⑧。史皇以其乘广死⑨。

吴从楚师，及清发⑩，将击之。夫槩王曰："困兽犹斗，况人乎？若知不免而致死，必败我⑪。若使先济者知免，后者慕之，蔑有斗心矣。半济而后可击也⑫。"从之，又败之。楚人为食⑬，吴人及之，奔。食而从之，败诸雍澨⑭。五战，及郢。

【注释】
①二师：吴、楚两国的军队。柏举：地名，在今湖北麻城县附近。
②夫槩王："夫槩"是名，因其在鲁定公五年曾自立为王，故称"夫槩王"。槩，同"概"。
③死志：死战的决心。
④弗许：阖庐不同意夫槩王的请求。
⑤臣义而行：为人臣之道，合于道义就做。
⑥楚可入也：准备拼死攻入郢都。
⑦子常之卒奔：子常军队本无斗志，一战即溃。
⑧子常奔郑：不敢回郢都。
⑨其：指子常。乘广：楚王或楚国主帅所乘坐的兵车。
⑩清发：水名，在今湖北安陆。
⑪"若知不免"二句：要是发现免不了一死而拼死战斗，可能反败为胜。
⑫半济而后可攻也：楚军一半有一半已渡河，再进行追击。

⑬为食：做饭吃。

⑭雍澨（zhì）：水名，今湖北京山有三澨水，此为其中之一。

【译文】

十一月十八日，两军在柏举对阵。阖庐弟弟夫槩王早晨向阖庐请示说："楚国囊瓦不仁，他的手下没有拼死的决心，我们抢先进攻，他们的士兵必定奔逃；然后大部队跟进，一定能战胜。"吴王不同意。夫槩王说："所谓'臣下看到合道义的就去做，不必等待命令'，说的就是这情形。今天我拼死一战，楚国就能攻入。"便带着下属五千人率先攻击子常的人马。子常的士兵溃逃，楚军大乱，吴军大败楚军。子常逃往郑国。史皇在子常车上战死。

吴军追赶楚军直到清发，准备发起进攻。夫槩王说："困兽犹斗，何况人呢？如果知道免不了一死而拼命，必定会打败我们。要是让先渡过河的楚军以为能逃脱，后面的人就会羡慕他们，这样就没有斗志了。等他们渡到一半以后就可以攻击了。"吴王同意了，又打败楚军。楚国人正做饭，吴军赶到，楚军跑了。吴军吃了这些饭食又去追赶，在雍澨又打败楚军。连打五仗，抵达郢都。

己卯①，楚子取其妹季芈畀我以出②，涉雎③。针尹固与王同舟④，王使执燧象以奔吴师⑤。

庚辰⑥，吴入郢，以班处宫⑦。子山处令尹之宫⑧，夫槩王欲攻之，惧而去之，夫槩王入之⑨。

【注释】

①己卯：十一月二十七日。

②季芈畀（mǐbì）我：楚昭王妹妹，季为排行。芈，
姓；畀我，名。

③雎：水名，一名沮河，自今湖北江陵入长江。

④铖尹固：楚国大夫。

⑤执燧象以奔吴师：把火炬系在象尾上，让象冲入敌
阵，以抵御吴军。燧，火炬。

⑥庚辰：二十八日。

⑦以班处官：按爵位等级占有楚人宫室。

⑧子山：阖庐儿子。

⑨夫槩王欲攻之，惧而去之：夫槩王与子山争令尹之
宫，子山害怕，撤出该宫。

【译文】

十一月二十七日，楚昭王带着妹妹季芈畀我逃出郢都，
徒步渡过雎水。铖尹固与昭王同船，昭王命他在大象尾巴
点火冲向吴军。

二十八日，吴军进入郢都，按照官爵尊卑入住宫室。
子山住在令尹的宫里，夫槩王要攻击他，子山害怕而搬走，
夫槩王就住了进去。

左司马戌及息而还①，败吴师于雍澨，伤。初，
司马臣阖庐，故耻为禽焉②。谓其臣曰："谁能免吾
首③？"吴句卑曰④："臣贱，可乎？"司马曰："我实
失子⑤，可哉！"三战皆伤，曰："吾不可用也已⑥。"

句卑布裳，刭而裹之，藏其身，而以其首免^⑦。

【注释】

①及息而还：沈尹戌得知楚军已败，中途折回来。息，古地名。在今河南息县。

②"司马臣阖庐"二句：沈尹戌曾在吴国为阖庐之臣，所以耻为吴国擒获。

③免吾首：不使吴国得到我的尸首。

④吴句卑：沈尹戌部下小臣。

⑤实失子：以前疏忽，不知道你贤能而重用你。

⑥不可用：不中用，将死。

⑦"句卑布裳"三句：吴句卑把沈尹戌尸身藏好，带上他的头逃走。布，铺开。

【译文】

左司马沈尹戌到达息地就退兵，在雍澨打败吴军，自己也负了伤。起初，司马戌做过阖庐的臣下，所以耻于被吴军擒获。对他部下说："谁能让吴军得不到我的头？"吴句卑说："下臣地位低贱，不知可以吗？"司马戌说："我过去竟然没有重用你，可以的！"又与吴军交战，三次都负伤，说："我已经不行了。"吴句卑铺开裙子，割下沈尹戌的头包裹好，藏好他的尸身，然后带着头逃走了。

楚子涉雎，济江，入于云中^①。王寝，盗攻之，以戈击王。王孙由于以背受之^②，中肩。王奔郧^③。钟建负季芈以从^④。由于徐苏而从^⑤。郧公辛之弟怀将弑王⑥，曰："平王杀吾父，我杀其子，不亦可乎？"辛曰："君讨臣，谁敢仇之⑦？君命，天也。若死天命，将谁仇？《诗》曰：'柔亦不茹，刚亦不吐，不侮矜寡，不畏强御⑧。'唯仁者能之。违强陵弱⑨，非勇也；乘人之约⑩，非仁也；灭宗废祀⑪，非孝也；动无令名⑫，非知也。必犯是，余将杀女。"斗辛与其弟巢以王奔随⑬。吴人从之，谓随人曰："周之子孙在汉川者，楚实尽之⑭。天诱其衷，致罚于楚⑮，而君又窜之，周室何罪⑯？君若顾报周室，施及寡人，以奖天衷⑰，君之惠也。汉阳之田，君实有之⑱。"楚子在公宫之北⑲，吴人在其南。子期似王，逃王，而己为王⑳，曰："以我与之，王必免。"随人卜与之，不吉，乃辞吴曰："以随之辟小而密迩于楚㉑，楚实存之。世有盟誓，至于今未改。若难而弃之，何以事君㉒？执事之患不唯一人，若鸠楚竟，敢不听命㉓？"吴人乃退。鐻金初宦于子期氏㉔，实与随人要言㉕。王使见㉖，辞曰："不敢以约为利㉗。"王割子期之心以与随人盟㉘。

【注释】

①云中：即云梦泽，在今湖北安陆。

②王孙由于以背受之：王孙由于以背代昭王受戈击。王孙由于，又称吴由于，楚国公族。

③郧（yún）：本小国名，被楚所灭。

④钟建：楚国大夫。

⑤徐苏：慢慢苏醒。从：跟随楚王。

⑥郧公辛：斗辛，蔓成然儿子。鲁昭公十四年楚平王
　杀蔓成然。

⑦君讨臣，谁敢仇之：国君诛讨其臣，谁敢记仇
　怀恨？

⑧"柔亦不茹"四句：出自《诗经·大雅·烝民》，意
　思是遇到软的不吞下去，遇到硬的不吐出来。不侮
　辱鳏寡的人，也不畏惧强暴的人。"柔亦不茹，刚亦
　不吐"二句是比喻。茹，食，吞，与吐对文。矜寡，
　鳏寡。

⑨违强陵弱：楚平王杀其父时，王是强者，所以其父
　不违君命而受之。如今楚昭王逃亡在外，是弱者。

⑩约：穷，指楚昭王正处于困境。

⑪灭宗废祀：弑君之罪，将遭灭族之祸而使宗祀废绝。

⑫动无令名：弑君的行动无美名。动，行动。

⑬斗辛与其弟巢以王奔随：斗辛阻止其弟杀昭王，并
　保护昭王逃往随国。

⑭"周之子孙"二句：僖公二十八年传说："汉阳诸姬，
　楚实尽之。"吴、随等都是姬姓，所以吴国以此诱
　使随人反楚。

⑮致罚于楚：天意要降罚于楚国。

⑯而君又窜之，周室何罪：吴国责备随国不应藏匿共
　同的仇人。窜，藏匿。

⑰奖：助成。天衷：天的意旨。

⑱汉阳之田，君实有之：以汉阳之土田再诱随国。

⑲公宫：随君之宫。

⑳"子期似王"三句：公子结长像似昭王，自荐伪扮昭王以应付吴国，让昭王逃走。子期，楚昭王兄公子结。

㉑密迩于楚：指距楚极近。

㉒"若难"二句：楚国有难时则背弃盟约，如此不守信义，又何以事吴国？君，指吴王。

㉓"执事之患"三句：执事，指吴王。一人：指楚昭王。鸠：安定。"竟"同"境"。此意为吴国之患，并不在昭王一人未擒，安定楚国民心更重要。

㉔镦（lǜ）金：人名，曾是子期家臣。

㉕要：约。要言，口头约定，指商定藏匿昭王以及子期代王之事。

㉖王使见：想召见镦金并封为王臣。

㉗不敢以约为利：不敢趁昭王困窘时为自己谋利。

㉘王割子期之心以与随人盟：割破子期胸部皮肤，取血与随人结盟，非剖腹取心。子期本要代王赴难，所以取他的血，表示接受其忠诚。

【译文】

楚昭王徒步渡过睢水，又渡过长江，进入云梦泽。昭王休息时，盗贼攻击他，用戈打昭王。王孙由于用背挡住戈，击中肩膀。昭王逃到郧地，钟建背着季芈跟从。王孙由于慢慢苏醒后也跟了上来。郧公鬬辛的弟弟鬬怀要杀死昭王，说："平王杀了我们的父亲，我杀死他的儿子，不也是可以的吗？"鬬辛说："君王诛讨臣子，谁敢仇恨他？

君王的命令是上天的意志。如果死于天命，你要仇恨谁？
《诗》说：'不吞吃柔软的，不吐出坚硬的。不欺侮鳏寡，不
畏惧强暴。'这只有仁爱者才能做到。躲避强者欺凌弱者，
不是勇；乘人之危，不是仁；灭亡宗族，废弃祭祀，不是
孝；行动得不到好名声，不是智。你一定要这样做，我将
杀了你。"斗辛和弟弟巢陪着昭王逃到随国。吴国人也追到
这里，对随国人说："周王的子孙在汉川的，都被楚国消灭
净尽。上天垂示意愿，降罚于楚国，君王却藏匿楚王，请
问周室有什么罪？君王要是能顾念并报答周室，恩惠延及
寡人，以完成上天的心愿，这是君王的恩惠。汉水北边的
田地，都归君王所有。"楚昭王在随国公宫的北面，吴军
在公宫南面。子期长相像昭王，就让昭王逃走，自己装扮
成昭王，说："把我交给吴人，君王一定可免于难。"随国
人为交出子期而占卜，不吉利，就拒绝吴国说："随国偏僻
弱小，又紧邻楚国，是楚国保存了我们。两国世代有盟誓，
直到现在也没改变。如果楚国有危难而抛弃它，又凭什么
事奉君王？你们的问题不只是昭王一人，要是能安定楚国，
我国岂敢不听从命令？"吴军便退兵。鍼金起初在子期氏
那里当家臣，曾与随国人约定不交出楚王。昭王让他进见，
他推辞说："不敢因为君王处在困境而谋取私利。"昭王割
破子期的胸口取血与随国人结盟。

初，伍员与申包胥友①。其亡也，谓申包胥曰：
"我必复楚国②。"申包胥曰："勉之！子能复之，我
必能兴之。"及昭王在随，申包胥如秦乞师，曰：

"吴为封豕、长蛇③，以荐食上国，虐始于楚④。寡君失守社稷，越在草莽⑤，使下臣告急，曰：'夷德无厌，若邻于君，疆埸之患也⑥。逮吴之未定⑦，君其取分焉⑧。若楚之遂亡，君之土也。若以君灵抚之，世以事君⑨。'"秦伯使辞焉⑩，曰："寡人闻命矣。子姑就馆，将图而告⑪。"对曰："寡君越在草莽，未获所伏⑫，下臣何敢即安？"立，依于庭墙而哭，日夜不绝声，勺饮不入口七日。秦哀公为之赋《无衣》⑬。九顿首而坐⑭。秦师乃出。

【注释】

①申包胥：楚之同姓，食采邑于申，因以为姓。

②复：同"覆"，颠覆。

③封豕：大野猪。封，大。

④"以荐食上国"二句：吴国屡次侵害中原诸侯，首先侵害到楚国。荐，屡次。上国，指中原地区的诸侯国。

⑤越：流亡。草莽：草野之间。

⑥"夷德无厌"三句：楚国西界与秦国相接，现在吴国既占有楚国，则成为秦的邻国，这样一来秦国的边境也将不免于祸患。夷，指吴国。

⑦逮：及，乘。

⑧取分：取得一份地盘。指与吴国共分楚国。

⑨"若以君"二句：如不亡，楚国将世世代代事奉秦国。以君之灵，即"托福"之意。灵，威灵。抚，

⑩秦伯：秦哀公。

⑪将图而告：待考虑好后再作答复。

⑫未获所伏：未得安宁居处。

⑬《无衣》：出自《诗经·秦风》，其中有"王于兴师，修我戈矛，与子同仇"及"修我甲兵，与子偕行"的诗句。秦哀公赋此诗，是表示将出兵救楚国。

⑭九顿首而坐：申包胥行大礼拜谢。顿首，叩头。坐，跪坐。

【译文】

　　起先，伍员与申包胥是好朋友。当伍员逃亡的时候，对申包胥说："我一定要灭亡楚国。"申包胥说："努力吧！你能灭亡它，我一定能复兴它。"到了昭王在随国，申包胥到秦国请求出兵，说："吴国如同大猪、长蛇，一再吞食上国，为害从楚国开始。我们国君失守国家，流亡荒野，派下臣来告急，说：'夷人的本性就是贪得无厌，如果成为君王的邻国，就将是秦国边境的祸患。趁吴国现在还没平定楚国，君王可以前来分割。要是楚国就此灭亡，这里就是君王的土地了。如果以君王的威灵镇抚楚国，当世世代代奉事君王。'"秦哀公派人致谢，说："寡人听到命令了。您姑且在馆舍安顿下来，我们商量后告知。"申包胥回答说："我们国君远避荒野，还没得到安身之处，下臣怎敢到安逸的地方休息？"站在那儿，靠着庭院的墙而哭，日夜哭声不断，七天没喝过一勺水。秦哀公为他赋《无衣》。申包胥叩了九次头后才坐下。秦军于是出动。

（定公五年）申包胥以秦师至，秦子蒲、子虎帅车五百乘以救楚。子蒲曰："吾未知吴道^①。"使楚人先与吴人战，而自稷会之^②，大败夫概王于沂^③。吴人获薳射于柏举^④，其子帅奔徒以从子西^⑤，败吴师于军祥^⑥。

秋七月，子期、子蒲灭唐^⑦。

【注释】

①吴道：吴国的战术。

②而自稷会之：秦军在稷和吴军相遇。稷，古地名。在今河南桐柏。

③沂：楚国地名，在今河南正阳。

④薳（wěi）射：楚国大夫。

⑤奔徒：奔跑的散兵。子西：即公子申，楚平王的长庶子。

⑥军祥：古地名，在今湖北随县。

⑦子期、子蒲灭唐：唐国跟随吴国伐楚，因此被灭。唐，国名，在今湖北枣阳。

【译文】

申包胥带着秦军来，秦国子蒲、子虎率领战车五百辆来救援楚国。子蒲说："我不了解吴国的战术。"让楚军先和吴军交战，而从稷地领兵接应，在沂地大败夫概王。吴国在柏举俘获薳射，薳射儿子收拾败兵跟随子西，在军祥打败吴军。

秋七月，子期、子蒲灭亡唐国。

九月，夫槩王归，自立也^①。以与王战而败，奔楚，为棠溪氏^②。吴师败楚师于雍澨，秦师又败吴师。吴师居麇^③，子期将焚之，子西曰："父兄亲暴骨焉，不能收，又焚之，不可^④。"子期曰："国亡矣！死者若有知也，可以歆旧祀，岂惮焚之^⑤？"焚之，而又战，吴师败，又战于公婿之溪^⑥。吴师大败，吴子乃归。囚闉舆罢^⑦，闉舆罢请先^⑧，遂逃归。叶公诸梁之弟后臧^⑨，从其母于吴^⑩，不待而归^⑪。叶公终不正视^⑫。

【注释】

①自立也：想自立为吴王。

②"以与王战"三句：夫槩王被阖庐打败，逃奔楚国，后被封为棠溪氏。棠溪，或作"堂溪"，在今河南遂平县。

③麇（jūn）：楚国地名，在雍澨附近。

④父兄亲暴骨焉：前年楚国与吴国作战，多死于麇中，尸骨暴露未收。

⑤"国亡矣"四句：焚邑是为了消灭敌人，使楚国不亡，那时可按旧规矩来祭祖。父兄死而有知，一定不会反对焚邑。歆，享。旧祀，往日的祭祀。

⑥公婿之溪：楚国地名。

⑦闉舆罢：楚国大夫。

⑧闉舆罢请先，遂逃归：闉舆罢被囚，他请求先走（实为哄骗吴人），乘机逃回楚国。

⑨叶公诸梁：叶公子高，沈尹戌之子因封于叶，故称叶公。

⑩从其母于吴：吴军入楚后，后臧母亲被俘虏入吴，后臧跟随入吴。

⑪不待而归：战后后臧丢弃母亲只身逃回楚国。

⑫终不正视：叶公嫌后臧弃母不义，终生不正眼看他。

【译文】

九月，夫槩王回国，自立为吴王。领兵和吴王阖庐交战被打败，出逃楚国，后来封为棠溪氏。吴军在雍澨打败楚军，秦军又打败吴军。吴军驻扎在麇地，子期打算放火烧麇地，子西说："父兄亲人的骸骨暴露在野，不能收敛，又要焚烧掉，这不行。"子期说："国家要灭亡了！死者如果有灵，以后还可以按旧规矩享受祭祀，哪里会怕焚烧？"最终放火焚烧，又交战，吴军被打败，又在公婿之溪交战。吴军大败，吴王便撤兵回国。俘虏了阛舆罢，阛舆罢请求让自己先走，乘机逃回楚国。叶公诸梁的弟弟后臧跟随母亲到吴国，后来丢弃母亲自己逃回楚国。叶公始终不拿正眼看他。

楚子入于郢①。初，斗辛闻吴人之争宫也②，曰："吾闻之：'不让，则不和；不和，不可以远征。'吴争于楚，必有乱；有乱，则必归，焉能定楚③？"

【注释】

①楚子入于郢：吴军撤走，楚昭王回到郢都。

②争宫：指夫槩王与子山争处令尹之宫事。

③焉能定楚：这是补叙斗辛的预言，谓吴国的失败势
在必然。

【译文】

楚昭王进入郢都。起初，斗辛听到吴国人争宫之事，说："我听说：'不谦让，就不和睦；不和睦，就不能远征。'吴国人在楚国相争，必定发生动乱；有动乱就必然要撤回，哪里能平定楚国？"

王之奔随也，将涉于成臼①。蓝尹亹涉其帑②，不与王舟。及宁，王欲杀之③。子西曰："子常唯思旧怨以败④，君何效焉？"王曰："善。使复其所，吾以志前恶⑤。"王赏斗辛、王孙由于、王孙圉、钟建、斗巢、申包胥、王孙贾、宋木、斗怀⑥。子西曰："请舍怀也⑦。"王曰："大德灭小怨⑧，道也。"申包胥曰："吾为君也，非为身也。君既定矣，又何求？且吾尤子旗⑨，其又为诸⑩？"遂逃赏。王将嫁季芈，季芈辞曰："所以为女子，远丈夫也。钟建负我矣⑪。"以妻钟建，以为乐尹⑫。

【注释】

①成臼：水名，大约在今湖北天门。

②蓝尹亹（wěi）：楚国大夫。帑，同"孥"，妻子。

③王欲杀之：蓝尹亹当初不肯让船，楚昭王准备杀他。

④子常唯思旧怨以败：当初令尹子常就是因为不弃旧

怨才遭到失败。

⑤使复其所，吾以志前恶：不杀蓝尹亹，并且官复原职，以此记住先前的教训。

⑥"斗辛"等：九人都随从楚昭王逃难，有功，因此受赏。

⑦请舍怀也：斗怀曾要杀楚昭王，所以子西请求免赏斗怀。

⑧大德灭小怨：斗怀最终听从其兄劝告，使楚昭王免于难，是大德。

⑨且吾尤子旗：鲁昭公十四年，子旗因拥立楚平王，自以为有大功，贪得无厌，终为平王所杀。尤，怨恨。子旗，蔓成然。

⑩其又为诸："诸"，犹"之乎"。此句意为难道我又要做子旗吗？

⑪钟建负我矣：钟建已背过我。所以非嫁他不可。

⑫乐尹：掌管音乐的大夫。

【译文】

楚昭王逃往随国的时候，准备渡过成臼河。蓝尹亹让自己的妻子儿女渡河，而不把船给昭王渡。等到战事平定以后，昭王想杀蓝尹亹。子西说："子常就因为老记着过去的仇怨而失败，君王干嘛要学他呢？"昭王说："你说得对。让蓝尹亹官复原职吧，我用这个来记住以往的过错。"昭王赏赐斗辛、王孙由于、王孙围、钟建、斗巢、申包胥、王孙贾、宋木和斗怀。子西说："请不要赏斗怀。"昭王说："大德可以盖过小怨，这是合于道义的。"申包胥说："我是为了国君，不是为了自身。现在国君已经安定了，我又有什么追求呢？况且我怨恨子旗，难道又要学他吗？"便躲开不接受赏赐。昭王打算嫁季芈，季芈推辞说："作为女人，就是要远离男子。钟建背过我了。"便把季芈嫁给钟建，并让钟建担任乐尹。

王之在随也，子西为王舆服以保路^①，国于脾泄^②。闻王所在，而后从王。王使由于城麇^②。复命。子西问高厚焉，弗知^③。子西曰："不能，如辞^④。城不知高厚，小大何知？"对曰："固辞不能，子使余也^⑤。人各有能有不能。王遇盗于云中，余受其戈，其所犹在^⑥。"袒而示之背，曰："此余所能也。脾泄之事，余亦弗能也^⑦。"

【注释】

①子西为王舆服以保路：子西陈设了楚王的车马衣饰，造成楚王未逃走的假象，以安定、保护各路军民。

②国于脾泄：在脾泄建立了国都。脾泄，楚国地名，在郢都附近。

②城麇：修筑麇城。

③子西问高厚焉：子西问王孙由于城墙的高度和厚度。

④不能，如辞：不能胜任，还不如辞掉这差事。

⑤子使余：是你一定要我去的。

⑥所：处所，这里指伤痕。

⑦脾泄之事，余亦弗能也：王孙由于对子西反唇相讥：

以背受戈，使王脱险，是我所能；而在脾泄建立国
都之事，则非我所能了。言外之意是表白自己忠心
无二。

【译文】

昭王在随国的时候，子西制作了楚王的车子、服饰，
以安定、保护各路军民，定国都于脾泄。后来得知昭王所
在，就去随从昭王。昭王让由于修筑麇城，然后回来复命。
子西问起城墙的高度和厚度，由于不知道。子西说：“你不
能胜任，就应该辞掉。筑城却不知道它的高度、厚度，又
怎能知道工程的范围大小？”由于答复说：“我坚决推辞干
不了，是您要我去的。本来每人各有干得了、干不了的事。
昭王在云中遇到盗贼时，是我用身子挡住了戈，伤疤现在
还在。”便脱下衣服露出背让子西看，说：“这是我所能办
到的。至于您在脾泄所做的事，我也不能做到。”

齐鲁清之战　哀公十一年

　　鲁哀公十年，鲁国会合吴国以及邾子、郯子攻打齐国南部边境，入侵到齐国的鄎地。齐国为了报复，于是有清之战。此时，齐国的齐悼公刚被杀，齐简公即位。鲁国是季孙执政，孟孙、叔孙二家与季孙也不和。所以，清之战时，齐鲁两国国内都不安定。但是，经过冉求的调停，鲁国三家还是共同出兵御齐。结果，此役以齐人失败告终。此篇刻画了作为季孙家宰的冉求的才干，可以看出他在协调鲁国三家方面的政治才干。此外，《左传》作者仍然注重叙写战争中的人物表现和细节。篇中的孟之侧、林不狃、孟孺子等人物都写得生动可爱。

十一年春，齐为郎故^①，国书、高无丕帅师伐我^②，及清^③。季孙谓其宰冉求曰^④：“齐师在清，必鲁故也^⑤。若之何？”求曰：“一子守，二子从公御诸竟^⑥。”季孙曰：“不能^⑦。”求曰：“居封疆之间^⑧。”季孙告二子，二子不可^⑨。求曰：“若不可，则君无出^⑩。一子帅师，背城而战，不属者，非鲁人也^⑪。鲁之群室^⑫，众于齐之兵车。一室敌车，优矣^⑬。子何患焉？二子之不欲战也宜，政在季氏^⑭。当子之身，齐人伐鲁而不能战，子之耻也，大不列于诸侯矣^⑮。”季孙使从于朝，俟于党氏之沟^⑯。武叔呼而问战焉^⑰，对曰：“君子有远虑^⑱，小人何知^⑲？”懿子强问之^⑳，对曰：“小人虑材而言，量力而共者也^㉑。”武叔曰：“是谓我不成丈夫也^㉒。”退而蒐乘^㉓。孟孺子泄帅右师^㉔，颜羽御^㉕，邴泄为右^㉖。冉求帅左师，管周父御，樊迟为右^㉗。季孙曰：“须也弱^㉘。”有子曰^㉙：“就用命焉^㉚。”季氏之甲七千，冉有以武城人三百为己徒卒。老幼守宫，次于雩门之外^㉛。五日，右师从之^㉜。公叔务人见保者而泣^㉝，曰：“事充政重^㉞，上不能谋，士不能死，何以治民？吾既言之矣，敢不勉乎^㉟！”

【注释】

①齐为郎故：郎，齐邑名。上一年，鲁国曾与吴师一同伐齐，驻军于郎。

②国书、高无丕：齐国大夫。

③清：齐国地名，在今山东长清。

④季孙：即鲁季康子，鲁哀公时执国政。冉求：孔子弟子，又称冉有。

⑤必鲁故也：必为攻打鲁国。

⑥一子守，二子从公御诸竟：季孙留守国内，孟孙、叔孙随哀公到边境抵御齐军。一子，指季孙。二子，指孟孙、叔孙。

⑦不能：季孙自料无法调动孟孙、叔孙二人。

⑧封疆：境内近郊之地。

⑨二子不可：孟孙、叔孙不肯听命。

⑩若不可，则君无出：二人不干，那么哀公也不必出战。

⑪不属者，非鲁人也：不参战，简直就不是鲁国人。不属者，不参战的。

⑫群室：住在都邑中的卿大夫之家。

⑬一室敌车：以一家抵御齐国兵车。

⑭政在季氏：孟孙、叔孙恨季孙专政，所以不肯尽力打仗。

⑮"当子之身"四句：冉求主张与齐国战，所以用话激季孙。大不列于诸侯矣，意为鲁国完全不配列在诸侯中。

⑯"季孙使从于朝"二句：季孙入朝，叫冉求跟随前去。冉求在党氏之沟等待季孙。党氏之沟，鲁国宫中地名。

⑰武叔：即叔孙武叔，名州仇。

⑱君子：指武叔。

⑲小人：冉求自称。

⑳懿子：孟懿子，即孟孙何忌。

㉑"小人虑材"二句：意思是自知才力不足，不配发言，所以不答。虑材而言，考虑了自己的才干才发言。量力而共，估量了力量才出力。共，同"供"。

㉒是谓我不成丈夫也：武叔醒悟冉求是责其不参战，讥讽他不是个大丈夫，故意不答以激二人。

㉓蒐乘：阅兵。

㉔孟孺子：即孟武伯，名彘，字泄，孟懿子儿子。

㉕颜羽：孟孙家臣，字子羽。

㉖邴泄：也是孟孙家臣。

㉗樊迟：孔子弟子樊须。

㉘弱：年少。

㉙有子：冉求。

㉚就用命焉：樊须虽然年少，但能遵守命令。

㉛雩门：鲁都南城西门。

㉜五日，右师从之：孟孙不愿战，五天之后右军才前来。

㉝公叔务人：名公为，鲁昭公儿子。保者：守城人。

㉞事充政重：徭役繁多，赋税苛重。

㉟吾既言之矣，敢不勉乎：既批评了别人，自己就应尽力为国，虽死无怨。

【译文】

十一年春天，齐国因为郎地战役的缘故，国书、高无丕领兵进攻我国，到达清地。季孙对家宰冉求说："齐军在清地，必定是为鲁国而来。怎么办？"冉求说："一家防守国都，二家跟从国君到边境抵御。"季孙说："办不到。"冉求说："那就在境内近郊抵抗。"季孙告诉叔孙、孟孙二人，他们不同意。冉求说："要是不行，那么君王不要出去。您一人率领军队，背城而战，不肯服从命令的，就不能算是鲁国人。鲁国卿大夫各家的总数，比齐国的战车要多。就是您一家的战车，也多过齐军。您担心什么呢？他们二家不想出战是正常的，因为大政握在您季氏手中。您在世的时候，齐国进攻鲁国而不能出战，这是您的耻辱，将再也不能自立于诸侯矣之间了。"季孙让冉求跟他一起上朝，在党氏之沟等候。叔孙喊过冉求问他对出战的看法，冉求回答说："君子有深远的考虑，小人能知道什么？"孟孙一再问他，冉求回答说："小人考虑了才干才说话，衡量了力量才出力的。"叔孙说："这是说我成不了大丈夫啊。"回去就检阅军队。孟孺子泄率领右军，颜羽驾车，邴泄为车右。冉求率领左军，管周父驾车，樊迟为车右。季孙说："樊迟太年轻。"冉求说："他能遵守命令。"季氏的甲士七千人，冉求带领三百名武城人为自己的亲兵。派年老、年幼的守卫宫室，驻扎在雩门外。五天后，右军才前来会合。公叔务人见到守城人就流下了眼泪，说："徭役繁重赋税又多，在上的人不能谋划，士卒不能忘死，用什么来治理民众？我已经这么说了，怎敢不努力呢！"

师及齐师战于郊①。齐师自稷曲②，师不逾沟③。樊迟曰："非不能也，不信子也。请三刻而逾之④。"如之，众从之⑤。师入齐军。

右师奔，齐人从之⑥。陈瓘、陈庄涉泗⑦。孟之侧后入以为殿⑧，抽矢策其马，曰："马不进也⑨。"林不狃之伍曰⑩："走乎⑪？"不狃曰："谁不如⑫？"曰："然则止乎⑬？"不狃曰："恶贤⑭？"徐步而死⑮。

【注释】

①师：指冉求所率左师。

②齐师自稷曲：稷曲，稷门外的地方。稷门为曲阜城南的正门。

③师不逾沟：齐军攻左师，左师不肯越过城沟迎战。

④请三刻而逾之：刻，戒约。此指请季氏与军士订立三条戒约，必能过沟。

⑤如之，众从之：依照樊迟的话，众人都越沟而战。

⑥右师奔，齐人从之：孟氏所率右师本无意作战，全军败逃，齐军紧追不舍。

⑦陈瓘、陈庄：齐国大夫。泗，泗水，流经山东曲阜城北、城西。

⑧孟之侧后入以为殿：孟之侧：孟氏族人。后入：最后入城。

⑨马不进也：不矜夸自己勇敢而殿后，谦称是由于马走不快。

⑩林不狃：右师里的军士。伍，五人为伍，指林不狃的部下兵卒。

⑪走：逃跑。

⑫谁不如：即"我不如谁"。按，林不狃不愿意逃跑。

⑬止：指留下抗敌。

⑭恶贤：留下也无益。恶，何。贤，益处。

⑮徐步而死：右师虽有孟之侧、林不狃等勇猛之士，但孟氏不战，终于失败。徐步，慢慢撤退。

【译文】

鲁军和齐军在郊外交战。齐军从稷曲发起进攻，鲁军不肯越沟接战。樊迟说："这并非做不到，而是不信任您啊。请三次申明号令然后冲过沟去。"冉求按他的话做了，大家都跟着过沟。军队攻入齐军。右军奔逃，齐军追赶。陈瓘、陈庄渡过泗水。孟之侧在全军最后当殿后，抽箭鞭打他的马，说："是马跑不快啊。"林不狃的伙伴问："逃走吗？"林不狃说："我们不如谁了？"兵士又说："那么停下来抵御吗？"林不狃说："我们留下有什么作用？"慢步而走，结果被杀死。

师获甲首八十①，齐人不能师②。宵，谍曰③："齐人遁。"冉有请从之三，季孙弗许。

孟孺子语人曰："我不如颜羽④，而贤于邴泄⑤。子羽锐敏，我不欲战而能默。泄曰：'驱之。'⑥"公为与其嬖僮汪锜乘⑦，皆死，皆殡⑧。孔子曰："能执干戈以卫社稷，可无殇也⑨。"冉有用矛于齐师⑩，故能入其军。孔子曰："义也。"

【注释】

①师获甲首八十：冉求左师获胜。

②不能师：溃不成军。

③宵谍：夜间侦查敌情的间谍。

④我不如颜羽：颜羽为御手。

⑤而贤于邴泄：邴泄是车右。

⑥"子羽锐敏"三句：子羽（颜羽）勇敢敏锐善战，邴泄胆小，只喊着"逃吧"。孟孺子不想作战，但没喊逃走，所以说自己不如颜羽，而贤于邴泄。驱之，驱马欲逃。

⑦嬖僮：所宠爱的童子。汪锜，嬖僮之名。

⑧皆殡：公为与汪锜一起战死，都加以殡敛。

⑨殇：葬童子的仪式。孔子认为汪锜虽年少，但能拿起武器保卫国家，勇气无异于成年人，不可用殇礼葬之。

⑩冉有用矛于齐师：用矛刺杀齐军，使鲁军冲进齐军阵地。

【译文】

鲁军砍得齐军甲士的脑袋八十颗，齐军溃不成军。夜里，军探报告说："齐军逃跑了。"冉求三次请求追击齐军，季孙都没允许。

孟孺子对人说："我不如颜羽，却比邴泄贤明。颜羽敏锐，我不想作战但能保持沉默。邴泄说：'赶马逃跑。'"公为和他的爱童汪锜同坐一辆车，都战死，一起加以殡殓。孔子说："能拿着武器保卫国家，可以不用未成年人礼来安葬他。"冉有用矛对付齐军，所以能够冲入齐军。孔子说："这是合于道义的。"

楚白公之难　哀公十六年

　　鲁昭公十九年、二十年，楚平王为其太子建取妇于秦，遣
少师费无极迎娶，无极见秦女貌美，乃劝平王自取之；并向平
王建议，命太子建出居城父。过后，费无极又向平王进谗言，
诬建欲谋反；平王使人杀建，建乃自城父奔宋。最后被郑人所
杀。由此太子建儿子白公胜仇视郑人。楚令尹子西，本是个头
脑清醒的贤臣，但在白公胜的问题上却不听叶公之劝，一味翼
护白公。白公胜终于在慎地大败吴国后作乱。楚国白公胜之
乱，最终被叶公平息。本篇详细写了白公胜之乱的过程，其中
白公胜、子西、叶公、熊宜僚等人都写得非常生动。文中写楚
人或劝叶公戴头盔、或不戴头盔一段，更是饶有趣味。

楚大子建之遇谗也，自城父奔宋①。又辟华氏之乱于郑②。郑人甚善之③。又适晋，与晋人谋袭郑，乃求复焉④。郑人复之如初⑤。晋人使谍于子木⑥，请行而期焉⑦。子木暴虐于其私邑⑧，邑人诉之，郑人省之⑨，得晋谍焉⑩，遂杀子木⑪。

　　其子曰胜，在吴，子西欲召之⑫。叶公曰⑬："吾闻胜也诈而乱⑭，无乃害乎⑮？"子西曰："吾闻胜也信而勇，不为不利。舍诸边竟，使卫藩焉⑯。"叶公曰："周仁之谓信⑰，率义之谓勇⑱。吾闻胜也好复言⑲，而求死士，殆有私乎⑳！复言，非信也；期死㉑，非勇也㉒。子必悔之㉓。"弗从。召之，使处吴竟㉔，为白公㉕。

　　请伐郑㉖，子西曰："楚未节也㉗。不然，吾不忘也㉘。"他日，又请，许之。未起师，晋人伐郑㉙，楚救之，与之盟㉚。胜怒，曰："郑人在此，仇不远矣㉛。"

【注释】

①楚大子建之遇谗也，自城父奔宋：城父，楚邑名。

②又辟华氏之乱于郑：恰逢宋国华氏之乱，又逃亡郑国。宋华氏之乱在鲁昭公二十年。

③郑人甚善之：善待太子建。

④乃求复焉：太子建请求回郑国做内应。

⑤郑人复之如初：郑国人不知内情，待太子建如初。

⑥使谍：派间谍与子木联系。子木，太子建。

⑦请行而期焉：辞行时与子木约定袭击郑国的日期。

⑧暴虐于其私邑：在郑国自己的私邑中胡作非为。

⑨省之：考察、调查子木。

⑩得晋谍焉：袭击郑国的事情败露。

⑪遂杀子木：以上追述前事。

⑫子西欲召之：召胜回楚国。

⑬叶公：子高，又叫沈诸梁。

⑭诈而乱：狡诈且好作乱。

⑮害：成为祸害。

⑯"舍诸边竟"二句：安置在边境，让胜保卫边境。

⑰周仁之谓信：亲近仁才叫信用。周，亲。

⑱率义之谓勇：遵循道义才叫勇。率，遵循。

⑲复言：一言既出，必实行之，不管是否合理。

⑳殆有私乎：怕有私心。

㉑期死：不管义与不义，必拼一死。

㉒非勇也：意为虽存必死之心，若一意孤行，也不能
　　算是勇。这是驳子西所谓胜"信而勇"。

㉓子必悔之：极言胜不可用。

㉔吴竟：楚国邻近吴国的边境，不在吴国境内，即指
　　白地，在今河南息县。

㉕白公：称胜为白公。

㉖请伐郑：胜请伐郑。

㉗未节：未上轨道，未强盛起来。

㉘吾不忘也：不忘伐郑。

㉙未起师，晋人伐郑：楚国还没发兵，晋国已攻打

郑国。

㉚楚救之，与之盟：为了与晋国抗衡，楚国反而救郑国。

㉛郑人在此，仇不远矣：胜与郑国有杀父之仇，子西却救郑国并与之盟，所以胜指为敌人。仇，指郑国，也指子西。

【译文】

楚国太子建遭到诬陷的时候，从城父出逃宋国。又为避宋国华氏之乱而逃往郑国。郑国人对他很好。又到晋国，与晋国人商量攻打郑国，为此要求再回到郑国去。郑国人像当初一样对待他。晋国人派间谍和太子建联系，临回晋国时商定袭击郑国的日期。太子建在他的封邑中表现暴虐，封邑里的人告发他，郑国人来查问，抓获晋国间谍，于是杀了太子建。

太子建儿子名胜，在吴国，子西想召他回国。叶公说："我听说胜狡诈而且好作乱，恐怕会成为祸害的吧？"子西说："我听说胜讲求信用而且勇敢，不做不利的事情。把他放在边境，让他保卫国境。"叶公说："亲近仁叫做信，遵循义叫做勇。我听说胜讲求实践诺言，而寻求不怕死的勇士，恐怕存有私心吧！只是实践诺言，不算信；不怕死，不是勇。您一定会后悔的。"子西不听他的话，召胜回国，让他住在与吴国交界的地方，号为白公。

胜请求攻打郑国，子西说："楚国还没顺合法度。不是这样的话，我是不会忘记的。"过些日子，又提出请求，子西同意了。还没发兵，晋国进攻郑国，楚国救援，与郑国结盟。胜发怒，说："郑国人就在这里，仇敌离我不远了。"

　　胜自厉剑①，子期之子平见之，曰："王孙何自厉也②？"曰："胜以直闻③，不告女，庸为直乎④？将以杀尔父⑤。"平以告子西。子西曰："胜如卵，余翼而长之⑥。楚国，第我死⑦，令尹、司马，非胜而谁⑧？"胜闻之，曰："令尹之狂也⑨！得死，乃非我⑩。"子西不悛⑪。胜谓石乞曰⑫："王与二卿士⑬，皆五百人当之，则可矣⑭。"乞曰："不可得也⑮。"曰："市南有熊宜僚者⑯，若得之，可以当五百人矣⑰。"乃从白公而见之。与之言，说⑱。告之故⑲，辞⑳。承之以剑㉑，不动㉒。胜曰："不为利谄㉓，不为威惕㉔，不泄人言以求媚者㉕，去之㉖。"

【注释】

①厉：磨。

②王孙：指胜，他本是楚平王孙子。

③以直闻：以爽直著称。

④庸：岂，难道。

⑤将以杀尔父：胜恨楚国的执政者子西、子期，因此这样说。尔父，指子期。

⑥余翼而长之：像鸟用翅膀把卵孵养大一样养育胜。

⑦第：按次序。第我死，按次序，我死后。

⑧令尹、司马，非胜而谁：子西不知道胜的本意在为父报仇，误以为他是要杀人夺权，所以说我死后胜即将执政，何必作乱。

⑨令尹：子西。

⑩得死，乃非我：得死，得善终。乃非我，我乃非人。意为他要有善终，我就不是我乐。是立誓必杀子西。

⑪不悛：没发觉。

⑫石乞：胜的同党。

⑬王：指楚惠王。二卿士，指子西、子期。

⑭皆五百人当之：指如有五百人，则连楚王、子西、子期都可对付。

⑮不可得也：凑不够五百人。

⑯熊宜僚：勇士。

⑰可以当五百人矣：一个人可抵得上五百人。

⑱说：同"悦"。

⑲告之故：告诉他杀二卿之事。

⑳辞：熊宜僚拒绝。

㉑承之以剑：以剑逼熊宜僚。

㉒不动：仍不答应。

㉓谄：动。

㉔惕：戒惧。

㉕求媚：讨好他人。

㉖去之：称赞熊宜僚，知道他虽然拒绝，但一定不会泄密，作罢而归。

【译文】

胜亲自磨剑，子期儿子平见到了，说："王孙为何亲自磨剑呢？"胜说："我以直爽闻名，不告诉你，怎么能算得上直爽？我想用这剑来杀你的父亲。"平把这话告诉了子西。子西说："胜就像蛋，我用翅膀翼护他使他长大。在楚国，只要我死了，令尹、司马不是胜还会是谁？"胜听到了，说："令尹太狂妄了！他要能善终，我就不是我。"子西依然不觉察。胜对石乞说："君王和两位卿士共用五百人来对付，就行了。"石乞说："没法找到这五百人。"胜说："市南有个熊宜僚，要是得到他，就可以相当于五百人。"石乞于是跟从白公去见熊宜僚。和他交谈，很投机。把找他的目的告诉了熊宜僚，熊宜僚拒绝了。石乞把剑直指他的喉咙，仍然不为所动。胜说："不被利所诱，不被威胁所屈服，不会泄漏别人的话去讨好人的人，让他走吧。"

　　吴人伐慎[1]，白公败之。请以战备献[2]，许之。遂作乱。秋七月，杀子西、子期于朝，而劫惠王。子西以袂掩面而死[3]。子期曰："昔者吾以力事君，不可以弗终[4]。"抉豫章以杀人而后死[5]。石乞曰："焚库、弑王。不然，不济[6]。"白公曰："不可。弑王，不祥；焚库，无聚[7]，将何以守矣？"乞曰："有楚国而治其民，以敬事神，可以得祥；且有聚矣，何患[8]？"弗从。叶公在蔡[9]，方城之外皆曰："可以入矣[10]。"子高曰："吾闻之，以险侥幸者，其求无餍[11]，偏重必离[12]。"闻其杀齐管修也，而后入[13]。

【注释】

①慎：古地名，在今安徽颍上。

②请以战备献：白公胜请求进献战利品。战备，战时的装备。此是白公胜要乘机作乱。

③子西以袂（mèi）掩面而死：袂，衣袖。悔不听叶公
　之劝。

④以力事君，不可以弗终：意为以勇力事君，也应以
　勇力而死。

⑤抉：拔取。豫章：樟木。

⑥不济：不会成功。

⑦无聚：无储备。

⑧"有楚国而治其民"四句：意为夺得君位，治理好
　国家，侍奉神灵，祥与聚就都有了。

⑨叶公在蔡：蔡国已迁州来，旧址被楚国占有。

⑩可以入矣：可以入郢都平乱。此句是方城之外的人
　劝叶公的话。

⑪以险侥幸者，其求无餍：冒险以求侥幸成功者，贪
　婪无厌。

⑫偏重必离：求取无厌则办事不公，不公则众叛亲离，
　所以待有机可乘时再进入郢都。偏重，不公平。

⑬闻其杀齐管修也，而后入：知道白公杀贤臣，起兵
　讨伐。管修，齐国管仲之后，后来成为楚国贤臣。

【译文】

　　吴国攻打慎地，白公胜打败了他们。白公胜请求进献
战利品，获得楚惠王的许可。白公胜乘机作乱。秋七月，
在朝廷上杀死子西、子期，并劫持了楚惠王。子西用衣袖
遮住脸死去。子期说："当初我凭勇力事奉君王，不可以有
始无终。"拔起一棵樟木杀死人后自己也死了。石乞说："烧
掉库房、杀死楚王。不这样的话没法成功。"白公胜说："不

行。杀死楚王不吉利，焚烧库房就没了积蓄，凭什么来守国？"石乞说："有了楚国而治理人民，恭敬地事奉神明，就可以得到吉利；并且也会有财物，还担心什么？"白公胜不听。叶公在蔡地，方城以外的人都说："可以进国都平乱了。"子高说："我听说，通过冒险侥幸成功的人，他的贪欲没有满足的时候，办事不公民众必定会叛离他。"听说白公杀了齐管修，于是进兵都城。

白公欲以子闾为王①，子闾不可，遂劫以兵②。子闾曰："王孙若安靖楚国，匡正王室，而后庇焉③，启之愿也，敢不听从？若将专利以倾王室④，不顾楚国，有死不能⑤。"遂杀之⑥，而以王如高府⑦，石乞尹门⑧。围公阳穴宫⑨，负王以如昭夫人之宫⑩。

叶公亦至，及北门，或遇之⑪，曰："君胡不胄⑫？国人望君如望慈父母焉。盗贼之矢若伤君，是绝民望也，若之何不胄？"乃胄而进。又遇一人曰："君胡胄？国人望君如望岁焉⑬，日日以几⑭。若见君面，是得艾也⑮。民知不死，其亦夫有奋心⑯，犹将旌君以徇于国⑰，而反掩面以绝民望⑱，不亦甚乎！"乃免胄而进。遇箴尹固帅其属，将与白公⑲。子高曰："微二子者，楚不国矣⑳。弃德从贼，其可保乎㉑？"乃从叶公。使与国人以攻白公，白公奔山而缢㉒。其徒微之㉓。生拘石乞而问白公之死焉㉔。对曰："余知其死所，而长者使余勿言㉕。"曰："不言将烹。"乞曰："此事克则为卿，不克则烹，固其所也㉘，何害？”乃烹石乞。王孙燕奔頯黄氏㉗。

沈诸梁兼二事㉘，国宁，乃使宁为令尹㉙，使宽为司马㉚，而老于叶㉛。

【注释】

①子闾：楚平王儿子启，曾五次推辞王位。

②遂劫以兵：以武力相胁迫。

③庇：庇护，保护。

④专利：专谋私利。

⑤有死不能：宁死不从。

⑥遂杀之：杀子闾。

⑦以王如高府：囚楚惠王于高府。高府，楚国离宫。

⑧尹门：镇守高府之门。

⑨围公阳：楚国大夫。穴宫，在墙上挖洞。

⑩负王以如昭夫人之宫：围公阳救走惠王。昭夫人，惠王母亲。

⑪或遇之：有人遇见叶公。

⑫不胄：不戴头盔。

⑬望岁：盼望好收成。

⑭几：同“冀”，期望。

⑮艾：安心。古人戴头盔连脸部都包着，脱了头盔，才可以见到脸部。

⑯其亦夫有奋心：人人有奋战之心。

⑰犹将旌君以徇于国：将表彰叶公，遍告国人。旌，表扬，宣布。

⑱而反掩面以绝民望：戴头盔则看不到脸部，百姓会失望。

⑲与：帮助。此句主语是叶公。

⑳二子：子西、子期。不国：不成一个国家。

㉑弃德从贼，其可保乎：弃德从贼，自身难保。德，指子西等人。贼，指白公胜。

㉒奔山而缢：逃至山中自缢。

㉓微之：藏匿其尸。

㉔死：同"尸"。

㉕长者：白公胜。

㉖固其所也：必然的结果，预料中的事。

㉗王孙燕：白公胜弟弟。頯（kuí）黄氏，吴国地名，在今安徽宣城境内。

㉘沈诸梁兼二事：叶公身兼令尹、司马二职。

㉙宁：子西儿子子国。

㉚宽：子期儿子。

㉛而老于叶：国家安定之后，将二职让给宁、宽二人，叶公自己退休于叶地。

【译文】

白公胜想立子闾当楚王，子闾不答应，白公胜就用武力胁迫他。子闾说："王孙如果安定楚国，整顿王室，然后对我加以庇护，那么这正是我所希望的，怎敢不听从呢？要是打算专谋私利来倾覆王室，不顾及楚国，我宁死不从。"白公胜便杀了子闾，而带着楚惠王到高府，石乞把守宫门。圉公阳在宫墙上挖了个洞，背着惠王逃到昭夫人的宫中。

叶公也赶到了,在北门有人遇见他,说:"您怎么不戴头盔?国人盼望您就像盼望慈祥的父母一样。盗贼的箭矢要是伤害了您,就是断绝了民众的希望,为何不戴头盔?"叶公于是戴了头盔继续前行。又遇到一个人说:"您怎么戴头盔?国人盼望您就像盼望好年成一样,天天等待着。要是望见您的脸,就能安心了。民众知道可以不会有生命危险,就有奋进之心,还想打着您的旗号在国内巡行,您反而把脸遮起来使民众断绝希望,不也太过分了吗!"叶公于是又脱下头盔行进。遇到箴尹固带领部属,打算去帮助白公胜。叶公说:"如果没有子西、子期这两人,楚国就不存在了。你放弃德行而跟从乱贼,难道能有保障吗?"箴尹固于是随从叶公。叶公派他和国人一起进攻白公胜,白公胜逃到山上自缢而死。手下人把他的尸体藏了起来。叶公的人活捉了石乞而追问白公胜的尸体下落。石乞说:"我知道它在哪里,但是白公胜要我不要说。"叶公说:"不说的话就煮了你。"石乞说:"这样的事成功了就是卿,不成功就要煮死,本来就是这样的结局,有什么妨害?"于是煮死了石乞。王孙燕出逃到頯黄氏。

叶公便自己兼任令尹、司马二职,国家安定后,任命宁为令尹,任命宽为司马,自己退休到叶地养老。